Tradición y racionalismo en al-Andalus: autores, textos y contextos

EDITORIAL
UNIVERSIDAD DE SEVILLA

Calidad en Edición Académica
Academic Publishing Quality

Tradición y racionalismo en al-Andalus: autores, textos y contextos

Edición de

Serena Masolini

EDITORIAL
UNIVERSIDAD DE SEVILLA

Excmo. Ayto. de
Almonaster la Real

Sevilla 2025

Colección de Estudios Árabo-Islámicos de Almonaster la Real
Núm.: 27

Motivo de cubierta: Juan F. Lacomba, *Germinalmarisma*, 2016 gouache 68 x 46 cm.

Porvenir, 27 - 41013 Sevilla.
Tfnos.: 954 487 447; 954 487 451
Correo electrónico: info-eus@us.es
Web: https://editorial.us.es

Impreso en papel ecológico
Impreso en España-Printed in Spain

ISBN: 978-84-472-2683-2
Depósito Legal: SE 2761-2025

Diseño de cubierta: Intergraf
Maquetación y realización de cubierta: Intergraf. intergraf@integraf.es
Impresión: Podiprint

ÍNDICE

Presentación

Los ensayos recopilados en este volumen exploran la relación entre razón y tradición en textos religiosos producidos en al-Andalus. La mayoría de los estudios, seis de los diez, se centran en la cultura arabo-islámica, mientras que los restantes se ocupan de la cristiana y la judía. Se ha planteado una perspectiva interdisciplinar que examina la interacción entre filosofía, teología, exégesis escrituraria, derecho y prácticas religiosas, con el objetivo de desentrañar la complejidad intelectual del objeto de estudio. Este enfoque permite poner de relieve los vínculos, divergencias y dinámicas compartidas entre las comunidades religiosas que habitaron la península ibérica en época medieval.

El volumen está dividido en dos partes. La primera parte incluye seis ensayos que analizan textos de carácter filosófico y teológico. Uno de los temas más recurrentes en esta sección es el problema de la delimitación entre lo cognoscible mediante la razón y lo accesible solo a través de la revelación, una cuestión que ocupa un lugar central en la reflexión de los intelectuales de las tres grandes religiones monoteístas. Los cuatro ensayos reunidos en la segunda parte del volumen examinan, a su vez, diferentes dinámicas de construcción y reinterpretación de la tradición en textos jurídicos, litúrgicos o, en general, relativos a prácticas sociorreligiosas. Entre las líneas de reflexión que afloran en estos capítulos se encuentran la influencia de las culturas locales en la reescritura de una tradición, el papel de la propaganda política en acciones de regulación de la moral pública, así como la fiabilidad de estas tipologías textuales como fuentes para el conocimiento de prácticas inherentes a cualquier comunidad.

Las dos primeras aportaciones de la primera sección del volumen analizan la relación entre razón y teología en la tradición islámica, partiendo de un intento de definición y cuestionamiento de las principales categorías conceptuales. El punto de partida del primer ensayo, de Pedro Mantas-España, se sitúa dentro de la reflexión epistemológica sobre los conceptos de «racionalidad» y «especulación». El capítulo muestra la dificultad de aplicar las visiones moderna y contemporánea de «razón» al pensamiento islámico andalusí. A través de una revisión de la obra de al-Fārābī (ca. 257/870-339/950) y sus concepciones sobre el *kalām*, Mantas-España sugiere que el concepto de «especulación» permite una comprensión más matizada de la teología islámica y su relación con la tradición de la *falsafa*. En particular, invita a leer en esta clave los textos de Ibn Tūmart (ca. 472/1080-524/1130) y las tradiciones intelectuales que en ellos convergen.

El segundo capítulo, por Jan Thiele, reconsidera la distinción entre teología tradicionalista y teología como «ciencia del discurso» (*'ilm al-kalām*), es decir la teología racional. Centrándose en las figuras de Abū 'Amr al-Dānī (m. 444/1053) e Ibn Ḥazm (m. 456/1064), Thiele muestra cómo ambos autores adoptaron posiciones híbridas, sugiriendo que los límites entre racionalismo y tradicionalismo en el pensamiento teológico andalusí eran más permeables de lo que habitualmente se supone.

Los tres ensayos siguientes presentan las actitudes de tres autores –pertenecientes al islamismo, judaísmo y cristianismo, activos en al-Andalus a caballo entre los siglos XI y XII– en torno a la oportunidad o no de utilizar argumentos racionales derivados del conocimiento filosófico-científico en el campo teológico. El primero, analizado por Miquel Forcada, es Ibn al-'Arabī (468/1076-543/1148). Tras presentar el importante papel desempeñado por las disciplinas filosófico-científicas en la formación intelectual de este pensador, Forcada analiza su conversión a la ortodoxia mālikí, su rechazo de las «ciencias de los antiguos», y el riesgo que encierran para una visión religiosa del mundo. Un ejemplo evidente es el ataque de Ibn al-'Arabī a la astronomía matemática como disciplina auxiliar de la religión. Forcada analiza, además, la revisión crítica que Ibn al-ʻArabī hace de la política cultural de los abasíes entre los siglos II/VIII y III/IX y su reescritura del llamado «mito de al-Ma'mūn». Según Ibn al-ʻArabī, el proceso de traducción al árabe y de asimilación del pensamiento griego por parte de la dinastía abasí –instigado por los visires barmaquíes en la corte y luego mitificado en los relatos de los cronistas– habría sido el origen de una peligrosa desviación de la ortodoxia, a la cual el mālikismo oficial de los almorávides podía poner freno.

Menos hostil al uso de teorías científicas para comprender la revelación fue Abraham ibn Ezra (ca. 1089-ca. 1160). Mariano Gómez Aranda analiza cómo, en sus comentarios al Pentateuco, Ibn Ezra combinó la tradición exegética judía con argumentos racionales, defendiendo la oportunidad de recurrir a ideas científicas externas al judaísmo para interpretar el texto sagrado, siempre y cuando estén basadas en un método racional y lógico. Como casos de estudio, Gómez Aranda propone la exégesis de las bendiciones de Dios en Ex 23,25-26 y la asignación de los astros a los pueblos de la tierra en Dt 4,19-20. En ambas ocasiones, Ibn Ezra discrepó de la traducción rabínica –considerada insuficiente o en contradicción con los conocimientos de la filosofía natural, medicina y astrología de su época– explicando el texto bíblico a partir de las obras de autores como Galeno o Abū Maʻshar, apelando además a la experiencia.

Una actitud similar hacia las facultades racionales humanas se puede encontrar en Petrus Alfonsi, judío de nacimiento y convertido al cristianismo en 1106. El ensayo de Serena Masolini intenta delinear la interacción entre la razón, las Escrituras, el conocimiento filosófico-científico greco-árabe, la observación empírica y la sabiduría popular en el *Dialogus*, la *Disciplina clericalis,* y la *Epistola ad Peripateticos*. Aunque no pueda demostrar todos los dogmas revelados en las Escrituras, la razón juega un papel fundamental en la polémica antijudía y apología del cristianismo realizada por Alfonsi. La razón, sin embargo, es un don universal otorgado a la humanidad para que, mediante el conocimiento de la creación, pueda regresar al creador. Dentro del ensayo, el estudio de la relación razón-tradición en Alfonsi se acompaña de un análisis sobre su concepto de prudencia y nobleza, así como de su modelo de artes liberales.

En el último ensayo de esta primera sección, Hanna Qabalan propone un estudio de la terminología teológica racionalista dentro del IV libro de *Qānūn al-Muqaddas* (1049). Qabalan identifica las posibles referencias orientales de una selección de términos, mostrando cómo este vocabulario técnico derivaba de autores musulmanes, cristianos y judíos orientales de los siglos IX y X –por ejemplo, al-Kindī, al-Fārābī, Yaḥyā b. 'Adī, 'Ammār al-Baṣrī, Abū Rā'iṭah al-Takrītī y Teodoro Abū Qurrah– que había quedado sistematizado entre los cristianos andalusíes en esos mismos siglos.

El ensayo que abre la segunda sección del volumen, firmado por Simone Petrillo, reflexiona acerca de la validez y los límites de las obras de *fiqh* en la investigación histórica. El caso que examina es la obra jurídica *Mustaḫrajah* de al-'Utbī, preguntándose si podría utilizarse para reconstruir la historia social de al-Andalus. Para Petrillo, aunque esta obra proporciona información relevante sobre la sociedad en la que se produjo, en realidad refleja una construcción teórica ideal de los juristas, motivada por sus propios intereses y objetivos. Por esta razón, es necesario aproximar este tipo de fuentes a través de un método histórico-crítico. Ello permitiría evitar perpetuar narrativas construidas por los propios *fuqahā'* con el objeto de contribuir a la historia social de al-Andalus.

En el capítulo siguiente, Pedro Buendía estudia la retórica utilizada en textos históricos y literarios sobre las campañas contra el vicio, emprendidas por diversos gobernantes islámicos para erradicar el consumo de alcohol y otras conductas reprobables en al-Andalus. Estas campañas, presentadas como esfuerzos por imponer la moralidad y la justicia, tuvieron en realidad una función estratégica. Su objetivo era, a menudo, legitimar y consolidar el poder político de los gobernantes a través de la construcción de una imagen pública de ortodoxia y celo religioso que los presentara como garantes del orden y bienestar de la comunidad. Sin embargo, Buendía señala que estas operaciones rara vez lograron eliminar de manera duradera el consumo de alcohol, que persistió a lo largo de los siglos. Así, estos textos reflejan una constante tensión entre la práctica social y la normativa islámica.

El capítulo de Rachid El Hour examina cómo el *Zahrat al-rawḍ* de Ibn Bāq (m. 763/1362), un experto en la evaluación de obligaciones y pagos legales, refleja la adaptación de la tradición jurídica mālikí a las circunstancias específicas de la sociedad nazarí de Almería en el siglo XIV. Aunque situada dentro de la tradición mālikí, la obra de Ibn Bāq incorporaba de hecho normas y costumbres locales, especialmente en asuntos como la vestimenta, el uso del *ḥammām*, la servidumbre y la pensión alimenticia. El Hour concluye que las circunstancias políticas y sociales de al-Andalus en época nazarí, junto con su condición de sociedad fronteriza, llevaron a una adaptación de la jurisprudencia mālikí que reflejaba las demandas y realidades locales.

Para concluir, Juan Pedro Monferrer-Sala aborda el estudio de cinco textos mozárabes sobre ritos de tradición cristiana preservados en la obra polemista *al-I'lām* del jurista *mālikī* al-Imām al-Qurṭubī (1182-1258). Estos textos proporcionan informaciones sobre las prácticas del ayuno, las festividades, la eucaristía, la santificación de hogares con sal y la señal de la cruz que nos ayudan a comprender aspectos relevantes de la vida de las comunidades mozárabes andalusíes arabizadas. El estudio de Monferrer-Sala sugiere que estos textos fueron destinados a instruir a los fieles cristianos sobre prácticas religiosas básicas y fueron escritos originariamente en árabe, testimoniando el alto nivel de arabización de la iglesia andalusí tanto a nivel de sus prelados como de sus feligreses en el medio urbano.

Serena Masolini
Universidad de Córdoba

Sistema de transliteración

Consonantes			
أ	’	ض	*ḍ*
ب	*b*	ط	*ṭ*
ت	*t*	ظ	*ẓ*
ث	*ṯ*	ع	‘
ج	*j*	غ	*ġ*
ح	*ḥ*	ف	*f*
خ	*ḫ*	ق	*q*
د	*d*	ك	*k*
ذ	*ḏ*	ل	*l*
ر	*r*	م	*m*
ز	*z*	ن	*n*
س	*s*	ه	*h*
ش	*š*	و	*w*
ص	*ṣ*	ي	*y*

Vocales breves	
ـُ	*u*
ـَ	*a*
ـِ	*i*

Vocales largas	
ـُو	*ū*
ـَا	*ā*
ـِي	*ī*

Vocales *tanwīn* (ـٌ / ـًا / ـٍ) *un, an, in*
Tā’ marbūṭah (ة / ـة) *–ah* / *–at* (*iḍāfah*)
Alif maqṣūrah (ـَى) *ā*
Alif mamdūdah (ـَا) *ā*
Diptongos *aw* (ـَو) / *ay* (ـَي)

PARTE I

La justificación del concepto de racionalidad en un análisis epistemológico en torno al *kalām*

Pedro Mantas-España
Universidad de Córdoba

I

Cuando realizaba el primer esbozo de este trabajo, tomaba como punto de partida el contenido de algunos párrafos del ensayo de Sarah Stroumsa *Andalus and Sefarad*[1]. En su obra, la autora hace referencia a un hecho tan estudiado como sustancial: lo mismo que sucedía en Oriente Próximo a lo largo del período que nos ocupa, el pensamiento especulativo desplegado en al-Andalus, no solo se produjo en el ámbito de la filosofía:

> La producción literaria de al-Andalus incluye algunas de las expresiones cumbre del pensamiento especulativo judío y musulmán en toda su diversidad: filosofía aristotélica y neoplatónica, teología racional y misticismo[2].

[1] Sarah Stroumsa, *Andalus and Sefarad. On Philosophy and Its History in Islamic Spain* (Princeton: Princeton University Press, 2019).

[2] Stroumsa, *Andalus and Sefarad*, pp. 18-19.

Como Stroumsa afirma:

> La categorización moderna del pensamiento islámico en escuelas de pensamiento, con la tendencia concomitante a reservar el término «filosofía» para la llamada tradición aristotélica, es ciertamente desventajosa a la hora de dibujar el mapa intelectual y filosófico de al-Andalus. Místicos, teólogos y filósofos de todas las escuelas pueden ser traídos a la discusión sobre el pensamiento especulativo, incluso los científicos –astrónomos y médicos–, ya que los filósofos a menudo también se dedicaban a estas ciencias[3].

Efectivamente, como ya ha sido subrayado por autores que conocen bien el contenido y el contexto del pensamiento medieval en árabe, no resulta especialmente adecuado emplear el término *falsafa* para referirse exclusivamente a la tradición intelectual que reflexiona en torno a filosofía clásica griega y sus problemas, pues la influencia que el Neoplatonismo ejerció entre los grandes maestros fue determinante:

> El pensamiento de Plotino representó un punto de inflexión en la historia de las ideas filosóficas, que iba a jugar un papel decisivo en la creación de la *falsafa* e influir indirectamente en la filosofía medieval, tanto en el ámbito latino como en el árabe[4].

Fue a través de la descripción con la que Stroumsa trazaba esta cuestión que me introduje en un contexto intelectual de debate en torno a un problema que ya había sido abordado, entre otros, por Dimitri Gutas[5], Richard Taylor o Peter Adamson:

> La filosofía árabe en el período clásico formativo no fue exclusivamente, ni siquiera siempre predominantemente, «aristotélica». [...] La herencia

---

[3] Stroumsa, *Andalus and Sefarad*, p. 21.

[4] Cristina D'Ancona, «Greek into Arabic: Neoplatonism in Translation», en Peter Adamson y Richard C. Taylor (eds.), *The Cambridge Companion to Arabic Philosophy* (Cambridge: Cambridge University Press, 2005), p. 10.

[5] Dimitri Gutas, *Avicenna and the Aristotelian Tradition. Introduction to Reading Avicenna's Philosophical Works* (Leiden: Brill, 2015), especialmente pp. 288-296.

griega incluía no solo a Aristóteles y sus comentaristas, sino también obras originales de los neoplatónicos. De hecho, es imposible trazar una línea clara entre el impacto del aristotelismo y el del neoplatonismo en la filosofía árabe. En este sentido, es común aludir a la llamada *Teología de Aristóteles*, que en realidad es una paráfrasis interpretativa de las *Enéadas* de Plotino[6].

De este modo, vemos cómo ya desde el inicio de una investigación que pretende profundizar en el concepto de racionalidad dentro del ámbito del *kalām*, uno se tropieza con dificultades previas, pues tanto la *falsafa* como el *kalām* son ámbitos especulativos que pueden compartir intereses intelectuales y, en algunos casos, ciertos conceptos comunes. Una primera aproximación a este hecho ya permite entrever algunas dificultades en relación con los conceptos empleados para su caracterización, entre ellos, «especulación» y «racionalidad». En mi análisis, estos problemas se plantean en un doble sentido. Por un lado, nos preguntamos si el uso del término «racionalidad» está epistemológicamente justificado en dichos contextos, al aludir a un concepto esencial: el concepto de «razón» y, en el caso que aquí nos ocupa, en compañía o en contraste con «especulación» –abordando una valoración del concepto de «racionalidad» y «especulación» que considero oportuna, si se tiene en cuenta el modo en que a menudo se usa un término tan caracterizado desde la Edad Moderna como el de «racionalismo».

A veces ocurre que, a medida que avanzamos en nuestro trabajo, la investigación se adentra en matices que enriquecen nuestro plan inicial. Así ha sido, pues, entre las obras que acabo de mencionar, todavía no he citado un volumen que, aunque no me era desconocido –y Stroumsa lo cita en más de una ocasión–, no me había detenido en él suficientemente. En realidad, se trata de una obra ineludible que permite ilustrar textualmente algunas de las modulaciones de significado que sus páginas incorporan. Me refiero al volumen *A Common Rationality*, editado por Camilla Adang, Sabine Schmidtke y David Sklare[7]. Si la obra

---

[6] Peter Adamson y Richard Taylor, «Introduction», en Adamson y Taylor (eds.), *The Cambridge Companion to Arabic Philosophy*, p. 4.

[7] Camilla Adang, Sabine Schmidtke y David Sklare (eds.), *A Common Rationality: Mu'tazilism in Islam and Judaism* (Würzburg: Ergon Verlag Würzburg, 2016).

es, en su conjunto, de indudable interés, el volumen contiene un trabajo que me ha resultado especialmente revelador[8]. Otra investigación, esta más reciente, que ha resultado ser de particular interés para mi trabajo, ha sido la tesis doctoral y el proyecto desarrollado por Daniel E. Watling –que ha contado con la ayuda de especialistas que conocen bien el tema de su investigación: la obra y el pensamiento atribuidos a Ibn Tūmart[9]. Entre otros motivos de interés, el contenido del trabajo de Watling me ha permitido reforzar algunas tesis que ya había esbozado en un trabajo sobre Ibn Tūmart[10] y otro sobre Marcos de Toledo[11]. Leer su tesis durante la preparación de mi trabajo me ha ayudado, he de decirlo, a reforzar mi hipótesis de partida. Más adelante volveremos a esto, aunque, ni en los dos trabajos que acabo de citar, ni dentro del material de análisis actual con el que estoy trabajando, se incide lo suficiente en un problema que aquí resulta del todo esencial: la clarificación y actualización de algunos conceptos que en epistemología contemporánea resultan ineludibles. Me refiero, cómo no, al uso de términos como «razón», «racionalidad», «racionalista», «especulación» y «especulativo». Es cierto que Watling dedica dos capítulos a introducirse en la cuestión epistemológica, incluyendo una incursión muy provechosa dentro de lo que

[8] Ulrich Rudolph, «Al-Fārābī und die Mu'tazila», en Adang, Schmidtke y Sklare (eds.), *A Common Rationality*, pp. 59-80.

[9] Daniel E. Watling, «The Dearest Desire: Philosophy and Islam in The Book of Ibn Tūmart», tesis doctoral defendida en junio de 2021 en la University of Chicago.

[10] Pedro Mantas-España, «Approaching Ibn Tūmart and Jiménez de Rada through Mark of Toledo», en Charles Burnett y Pedro Mantas-España (eds.), *Spreading Knowledge in a Changing World* (Córdoba-London: UCOPress-CNERU-The Warburg Institute, 2019), pp. 157-173.

[11] Se trata del volumen dedicado a Marcos de Toledo donde se abordan cuestiones vinculadas a la transmisión latina del texto atribuido a Ibn Tūmart. El volumen incluye una magnífica edición y traducción al inglés del texto latino de la primera *Muršida*, véase Charles Burnett, «Mark of Toledo's Rendering of the Declaration of Faith of the Almohads», en Charles Burnett y Pedro Mantas-España (eds.), *Mark of Toledo: Intellectual Context and Debates between Christians and Muslims in Early Thirteenth Century Iberia* (Córdoba-London: UCOPress-CNERU-The Warburg Institute, 2022), pp. 39-50. En este contexto, hemos de reconocer que, desgraciadamente, carecemos de una traducción al castellano del texto completo de la así llamada «profesión de fe» atribuida a Ibn Tūmart a partir del texto en árabe.

se conoce como *Standard Analysis*, pero sin profundizar en algo que resulta del todo necesario para hacer comprensibles los estudios de transmisión textual en el ámbito de la teoría del conocimiento. No basta con explicar el «problema del conocimiento» y la transformación del término *epistēmē* en la teoría del conocimiento actual, también resulta necesario abordar la reflexión actual sobre algunos de los conceptos a los que acabamos de aludir. Habitualmente asumimos que «razonar» consiste en deducir inferencias a partir de premisas; realizar procesos deductivos o inductivos de manera lógicamente bien estructurada; llegar a conclusiones mediante una comparación sistemática de hechos de forma no contradictoria. Por su parte, en sentido general, «especular» consiste en pensar, meditar, considerar, deliberar o reflexionar sobre algo, considerando la especulación como una actividad intelectual basada en conjeturas u opiniones más o menos fundadas.

El concepto de «razón» resulta ser uno de los más complejos entre los que han generado y conformado la reflexión filosófica y científica a lo largo de siglos, pues, aunque solemos asumir que nuestra forma concebir su significado es relativamente coincidente, dicha suposición solo parece verosímil en el contexto del lenguaje coloquial. Diremos que «razón» es tanto una facultad como un principio de explicación de la realidad, y que entre las enormes dificultades que encierra dicho término, una de las mayores consiste en el hecho de que para expresarlo se han usado, a partir de términos griegos como *lógos*, *phrónesis* o *nous*, expresiones tan diversas como «noción», «idea», «pensamiento», «palabra», «visión» (inteligible), «sentido», «significación» y, cómo no, «concepto». En general, la mayor parte de estas nociones asumen que la realidad tiene un fondo inteligible, y que es posible comprenderlo u orientarse dentro del mismo, vinculando la «razón como facultad» a la «razón como un orden de la realidad», lo que puede percibirse a través de la variedad de sentidos que adquiere «razón», así como la variedad de términos empleados para designarla. Sus múltiples matices han ido evolucionando en muy diversos contextos culturales e intelectuales, pero es a partir de los siglos XVII-XVIII cuando la historia de este concepto adquiere una serie de transformaciones radicales, de las que son sus primeros grandes renovadores desde Descartes o Leibniz hasta Hume o Kant.

A partir de ellos, «razón» adquiere nuevos sentidos u orientaciones. En Kant, de manera muy especial, la razón es «toda facultad de conocimiento superior», en cuyo caso lo racional se distingue de lo empírico, pues proporciona los principios del conocimiento *a priori* –la «razón pura» es la que contiene los principios para conocer algo absolutamente *a priori*[12]. En su evolución a lo largo de los siglos XIX y primera mitad del XX, los conceptos, ideas o nociones de «razón» y «racionalidad» adquieren una complejidad y un sentido crítico de alcances inusitados[13].

En cuanto a los términos «especulación» y «especulativo», hemos de recordar que el vocablo latino *speculatio* significa la acción y efecto de *speculare* –acción de observar, especialmente desde la altura. En este último sentido, designa la acción de observar los astros, pero también de espiar, escudriñar, examinar, escrutar (Cicerón)[14]; no trascribe el significado de 'concebir algo sin tener fundamento para ello', sino más bien el de escrutar algo atentamente. En latín *speculatio* también se usó para traducir el griego *theoría* que, a su vez, se vertió al latín como *contemplatio*[15]. La *speculatio* como *theoría* sería el conocimiento especulativo equivalente al conocimiento teórico, a la *epistéme theoretiké* de que

[12] Aunque a lo largo del Libro primero («De los conceptos de la razón pura») de la *Crítica de la razón pura*, Kant lo expone de modo tan detallado como sutil, sirva esta cita como ejemplo: «Como quiera que se resuelva la cuestión de la posibilidad de los conceptos por razón pura, ellos no son conceptos obtenidos por la mera reflexión, sino por inferencia. También los conceptos del entendimiento son pensados *a priori*»; cf. Immanuel Kant, *Crítica de la razón pura*. Ed. y trad. Mario Caimi (México: Fondo de Cultura Económica-Universidad Nacional Autónoma de México, 2010), p. 327 (B366).

[13] Entre los filósofos contemporáneos que han elaborado una reflexión crítica fundamental sobre el concepto de razón, resulta ineludible hacer referencia a Heidegger. En torno al «principio de razón», Heidegger impartió trece lecciones en la Universidad de Friburgo (curso 1955-56) que sintetizaban su reflexión sobre dicho concepto, con una perspectiva que abarca desde la tradición griega a la reflexión moderna. Véase Martin Heidegger, *Der Satz vom Grund* (Frankfurt a. M.: Klostermann, 1997). Para la traducción al español, véase Martin Heidegger, *La proposición del fundamento*. Trad. Félix Duque y Jorge Pérez de Tudela (Barcelona: Ediciones del Serbal, 1991).

[14] Cicerón, *Disputaciones tusculanas*, V, 20, 59; Cicerón, *Catilinarias*, I, 2, 6.

[15] Para Festugière, la *theoría* –como conocimiento de cosas celestes, de fenómenos de la naturaleza y contemplación religiosa– constituye un tema central en Platón, Plotino y los neoplatónicos. Véase André-Jean Festugière, *Contemplation et vie contemplative selon Platon* (Paris: Vrin, 1950), p. 50.

habla Aristóteles. Al mismo conocimiento teórico, contemplación o especulación se refiere Aristóteles al decir que la *theoría* es lo más grato, pues la felicidad se funda en la contemplación[16]. Y aunque la especulación suele considerarse un concepto ontológico que se refiere a la contemplación racional de la naturaleza esencial de la realidad, no obstante, en la filosofía de la ciencia, la especulación se aborda como una noción epistemológica empleada para significar que una proposición sobre la naturaleza de la realidad puede ser verdadera o falsa, y que la veracidad de esa proposición puede contrastarse con hechos observados empíricamente. Y aunque resulta excesivamente simplista hablar de especulación como cuestión metafísica, o como un concepto ontológico relativo a lo inobservable, en realidad, la especulación –así como la ambigüedad y la incertidumbre introducidas con ella– se han tratado como recursos provisionales y como elementos epistemológicos rechazables[17]. Sin embargo, para desarrollar una teoría del conocimiento empíricamente sensible y ontológicamente respetable, creemos que la especulación debe cultivarse y cuidarse como una consideración atenta a la multiplicidad de la experiencia. En otras palabras, la especulación debe preservarse como método para pensar con estrategias alternativas, como contramedida a una simplificación metodológica excesivamente reduccionista. Cuando se interpreta un problema o se realiza un análisis textual que de modo directo o indirecto se encuentra relacionado con el concepto de racionalidad, obviamente resulta de gran ayuda establecer el marco intelectual desde el que poder apelar a dicho concepto. De hecho, en la teoría de la racionalidad y en la epistemología actual son muchos los problemas que ponen de manifiesto posiciones tan distintas como distantes a la hora de afrontar estos problemas o, dicho de otro modo, de concretar qué entendemos por racionalidad. Para muchos epistemólogos resulta axiomático que nuestra racionalidad adopte aquellas actitudes doxásticas que

[16] Aristóteles, *Metafísica*, XII, 7, 1072 b 23-24.

[17] Para Kant, lo que él denomina «conocimiento fundado en principios especulativos de la razón» debe ser sometido a crítica, véase *Crítica de la razón pura*, B 662. Pero el mismo Kant, al poner definitivamente límites a la especulación, o «razón especulativa», abre la vía para una racionalidad instrumental práctica que integre los requisitos de la prudencia y la moralidad.

nuestras pruebas apoyan, pues respetar las evidencias es un signo concluyente de racionalidad. Thomas Kelly lo sintetiza de forma magistral:

> Es característico de los pensadores racionales respetar su evidencia. En la medida en que alguien es racional, está dispuesto a responder adecuadamente a su evidencia: en un momento dado, sus creencias reflejan con precisión la naturaleza de la evidencia que uno posee en ese momento, y muestran una sensibilidad o receptividad característica a los cambios en dicha evidencia a lo largo del tiempo. Por supuesto, la racionalidad no garantiza la veracidad. De hecho, en ciertos casos, seguir la propia evidencia puede llevar al error, como ocurre cuando la evidencia resulta engañosa. Sin embargo, equivocarse no es lo mismo que ser irracional. En la medida en que se respeta la propia evidencia, no se es irracional, incluso cuando se está equivocado[18].

Pero hay que tener cuidado pues, como Alex Worsnip ha puesto de manifiesto, más que avanzar por la vía de las evidencias, nuestro discurso sobre la racionalidad debería centrarse más en la coherencia entre actitudes mentales: «the requirement of inter-level coherence is a genuine coherence requirement of rationality»[19]. Curiosamente, son muy escasos los trabajos que han investigado la relación entre ambos enfoques, o son trabajos que asumen implícitamente que la receptividad a la evidencia garantiza la coherencia, de modo que la inadmisibilidad racional de la incoherencia se desprenderá simplemente del requisito asumido de adoptar las actitudes que la propia evidencia apoya –de modo que los requisitos de coherencia no necesitarían ser teorizados por derecho propio, aparte de las razones de evidencia[20]. Es decir, que al tratar de caracterizar la racionalidad de algo, aceptan su coherencia, pero solo cuando esta es reflejo de evidencia. Ahora bien, los requisitos con los que asumen lo que para ellos garantiza la evidencia están condicionados

[18] Thomas Kelly, «Evidence», en Edward N. Zalta (ed.), *Stanford Encyclopedia of Philosophy* (2014), § 2, https://plato.stanford.edu/entries/evidence/ (consultado 18-12-2023).

[19] Alex Worsnip, «The Conflict of Evidence and Coherence», *Philosophy and Phenomenological Research*, 96/1 (2018), p. 3.

[20] Worsnip, «The Conflict of Evidence and Coherence», p. 3.

por su modo de adoptar algo como evidente, y su modo de aceptar algo como evidente se basa en la racionalidad de dichos requisitos, todo lo cual nos introduce en un círculo vicioso de imposible resolución. Es por ello que el mismo Worsnip cree necesario teorizar por separado los requisitos de coherencia y las razones probatorias[21].

Finalmente, antes de entrar en lo que será la aplicación del problema que nos ocupa, y tratando de concretar un posicionamiento sobre el marco conceptual en torno a la racionalidad, me detengo muy brevemente en la posición epistemológica vinculada a las llamadas «teorías historicistas de la racionalidad» –dado que su campo de investigación encierra una cierta, aunque lejana, vinculación con nuestros intereses. Para la filosofía de la segunda mitad del s. XIX y hasta el presente, resulta inequívoca la determinación histórica del saber.

Al margen de todo ello y sin prestar la más mínima atención a estas tendencias, no fueron pocos los científicos e intelectuales que llegaron a considerar la ciencia como la única empresa humana con capacidad para quedar al margen de las contingencias de la historia y, de este modo, poder establecer postulados irrevocables mediante un método de investigación racional[22]. Sin embargo, resulta bien conocido cómo en las décadas de los años 50 y 60 (siglo XX), algunos filósofos de la ciencia con buena formación en humanidades, cuestionaron abiertamente las explicaciones dominantes del método científico propuestas por los popperianos y

[21] Hay algo que resulta especialmente interesante: en algunas ocasiones, cuando la epistemología analiza los múltiples aspectos del concepto de racionalidad, comienza haciéndolo por referencia a los procesos de irracionalidad. Entre otros motivos, recurre a esta estrategia para enfatizar la estrecha relación entre racionalidad y coherencia, asociando la falta de coherencia argumental con casos de irracionalidad y, por tanto, reforzando el papel primordial que la coherencia juega en el proceso. De hecho, muchos de estos casos de irracionalidad se explican como formas de «irracionalidad estructural», asumiendo, como ya se ha dicho, que dicha racionalidad guarda una estrecha relación con la manifestación de estados mentales coherentes entre sí.

[22] Resulta de gran interés el modo en que Thomas Nickles ejemplifica el problema remontándose a la filosofía de Hegel, y su insistencia en la necesaria «lógica» que la historia ha de poseer, tratando de superar el problema de las contingencias históricas. Véase Thomas Nickles, «The Strange Story of Scientific Method», en Joke Meheus y Thomas Nickles (eds.), *Models of Discovery and Creativity* (Dordrecht *et alii*: Springer, 2009), pp. 167-207.

los positivistas que no habían sabido integrar las tesis derivadas de las corrientes intelectuales que ya desde el siglo XIX insistieron en la historicidad de la transmisión del saber[23]. Será en la segunda mitad del s. XX cuando distintas concepciones de la racionalidad, con cierta sensibilidad histórica, desarrollen modelos muy competitivos. Entre algunos de sus más conocidos representantes uno siempre se cruza, cómo no, con Thomas Kuhn y sus derivaciones contemporáneas[24].

Para decepción del realismo epistemológico, no solo Kuhn, algunos de los más destacados teóricos del conocimiento abrieron un camino en el que se enfatizaba la determinación cultural e histórica del saber y los importantes desafíos que ello supone para la concepción acumulativa de la ciencia en la que el realismo positivista tanto había creído: la «lógica acumulativa de la ciencia» no se detiene en estudiar los cambios que se van introduciendo en los procesos de transmisión del saber. No obstante,

---

[23] Aunque historiadores como Ranke, Droysen, Dilthey, Rickert y Weber desarrollaron concepciones muy distintas sobre aquello que se requiere para una investigación histórica rigurosa, todos ellos se preocuparon por alcanzar una historiografía como ciencia autónoma de las ciencias naturales, asumiendo el sentido histórico en nuestra concepción del saber. Un historicismo e interés por la filosofía de la historia que encontrará una disputada reevaluación a partir del Husserl de la *Crisis*. Véase Edmund Husserl, *La crisis de las ciencias europeas y la fenomenología trascendental*. Trad. Julia Iribarne (Buenos Aires: Prometeo Libros, 2008). En cualquier caso, lejos de asumir un «método positivo», el historicismo de Dilthey se plantea la hermenéutica como metodología de las ciencias del espíritu, aunque dentro de un planteamiento todavía muy alejado de lo que más tarde formularán tanto Heidegger como, por derivación, el mismo Gadamer –como queda establecido en el epígrafe 9 de *Verdad y Método*, «La historicidad de la comprensión como principio hermenéutico». Véase Hans-Georg Gadamer, *Verdad y Método*. Trad. Ana Aparicio y Rafael de Agapito (Salamanca: Sígueme, 2010), pp. 331-377.

[24] El impacto de las tesis de Thomas Kuhn decayó a partir de las dos últimas décadas del siglo veinte. No obstante, algunas consideraciones mucho más recientes han venido a matizar y revalorizar algunos de los problemas que Kuhn había discutido de manera original. La obra de Gary Hatfield es un buen ejemplo ilustrativo del renovado interés por el problema de la «continuidad frente al cambio» en las teorías científicas. Véase, respectivamente, Gary Hatfield, «Was the Scientific Revolution really a Revolution in Science?», en Jamil Ragep, Sally P. Ragep y Steven Livesey (eds.), *Tradition, Transmission, Transformation* (Leiden-New York-Köln: Brill, 1996); Thomas S. Kuhn, *La estructura de las revoluciones científicas*. Trad. Agustín Contin (México: Fondo de Cultura Económica, 1971).

y aunque los resultados de estas nuevas tendencias fueron inicialmente bastante convincentes, no lograron formular una teoría adecuada de racionalidad que abarcase tanto el orden de las normas metodológicas científicas como el nivel metametodológico. Entre otros retos, han tenido que afrontar el problema de cómo seleccionar racionalmente y sin circularidad entre las distintas teorías competitivas de racionalidad científica, todo lo cual les llevó a plantear una cuestión tan radical como plantearse si es necesaria una teoría general de la racionalidad:

> Hoy, la mayoría de los filósofos aceptan ese veredicto de la historia. Menos exitoso fue el intento de formular una adecuada teoría positiva de la racionalidad, tanto en el nivel de primer orden, relativo a las normas metodológicas de la ciencia (por ejemplo, «Rechazar una hipótesis que haga predicciones claramente falsas» o «Utilizar métodos experimentales de doble ciego cuando se trabaja con agentes cognitivos»), como en el nivel metametodológico, donde se afronta el problema de cómo seleccionar racionalmente entre teorías rivales de la racionalidad científica sin incurrir en circularidad. Estos desacuerdos plantearon la cuestión de si existe una teoría general de la racionalidad científica por descubrir, o si realmente se necesita una[25].

Así, recapitulando brevemente lo expuesto hasta ahora, diremos que:

1. Hablar en términos de «racionalidad» y, por derivación, «racionalismo» y «racionalista», resulta mucho más complejo de lo que se asume en investigaciones que integran conceptos no revisados de epistemologías realistas –en mayor medida dentro de investigaciones que recogen una terminología de manera acrítica o sin un explícito posicionamiento sobre conceptos clave que forman parte de su propio análisis.
2. Existe un cierto consenso en evaluar la racionalidad en términos de coherencia más que de evidencia.

[25] Thomas Nickles, «Historicist Theories of Scientific Rationality», en Edward N. Zalta (ed.), *Stanford Encyclopedia of Philosophy* (2017), § 1 https://plato.stanford.edu/entries/rationality-historicist (consultado 18-12-2023).

3. A pesar de los enormes retos que ello supone en cuanto a fundamentación y método, hoy no resulta epistemológicamente rechazable asumir la historicidad de la racionalidad, es decir, aceptar que los fenómenos resultantes de la transmisión del saber han sido cultural e históricamente condicionados, incluidos los términos mismos con los que se alude a dichos fenómenos.
4. «Racionalidad» y «especulación», «racional» y «especulativo», son pares conceptuales que la tradición epistemológica concibió en un sentido epistemológico opuesto, no ya con Descartes[26] o Kant y sus límites a la razón especulativa[27], sino a lo largo de los aproximadamente cien años que transcurren desde la mitad del siglo XIX hasta mediados del siglo XX, con el positivismo[28] y buena parte del pensamiento analítico –la única excepción histórica la constituye el pensamiento de Hegel, que no el de la izquierda hegeliana (Feuerbach y Marx), pues al potenciar el papel de la intuición en el proceso de conocimiento, llegará a considerar que el pensamiento especulativo es el único capaz de conciliar los opuestos del proceso dialéctico. En cualquier caso, hoy se insiste

[26] Una crítica que se destila a lo largo del *Discurso*. Téngase en cuenta el sentido peyorativo con el que Descartes opone lo especulativo a lo práctico: «En cuanto a mis especulaciones, aunque eran muy de mi gusto, he creído que los demás tendrían otras también que acaso les gustaran más. Pero tan pronto como hube adquirido algunas nociones generales de la física y comenzado a ponerlas a prueba en varias dificultades particulares, notando entonces cuán lejos pueden llevarnos y cuán diferentes son de los principios que se han usado hasta ahora [...]. Pues esas nociones me han enseñado que es posible llegar a conocimientos muy útiles para la vida». Véase René Descartes, *Discurso del método*. Trad. Manuel García Morente (Madrid: Espasa Calpe, 2006), p. 90.

[27] KrV B662.

[28] Desde sus inicios, el positivismo subraya su oposición a todo pensamiento no fundado en la ciencia como conocimiento auténtico derivado de la experiencia sensorial, preferiblemente a través de métodos científicos; nuestro conocimiento de la realidad ha de arraigarse en fenómenos observables y medibles más que en teorizaciones abstractas o especulaciones metafísicas: «La preferencia tan pronunciada que casi todas las mentes, desde las más preparadas a las menos dotadas, conceden hoy a los conocimientos positivos, sobre las especulaciones vagas y rústicas, hace presagiar la enorme acogida que tendrá esta filosofía, cuando adquiera la única cualidad que todavía le falta: su carácter de generalidad conveniente». Véase August Comte, *Curso de Filosofía positiva*. Trad. José Manuel Revuelta (Buenos Aires: Aguilar), p. 68.

en la coherencia de la argumentación, así como en el «escrutinio atento» (especular) de aquello en lo que resulta tan extraordinariamente difícil encontrar unanimidad sobre su sentido o realidad.

II

Con la expresión *'Ilm al-kalām* se suele aludir a un saber, un *arte* de la palabra o del discurso –en nuestro ámbito lingüístico algunos traducen como «teología»–, aunque *'ilm* también pudo adquirir el sentido de «discusión» o «conversación». El término árabe *kalām* significa, entre otras cosas, «discurso», «palabra», «enunciado»[29]. Son muchas las interpretaciones posibles sobre por qué esta disciplina se llamó así originalmente,

[29] No obstante, hay que tener en cuenta que, como explica Alexander Treiger: «The term *kalām* (literally, 'speech') [...] has two distinct meanings which ought to be clearly differentiated. First, it is a particular style of theological argumentation which, to quote van Ess once again, "talks (*kallama*) with the opponent by asking questions and reducing his position to meaningless alternatives" (van Ess 1975a: 89; cf. van Ess 1976; van Ess 1982: 109; Frank 1992). Second (capitalized as '*Kalām*' in what follows), it is the kind of Islamic theology –in Arabic: *'ilm al-Kalām*– that habitually employs this style of argumentation, or at least is within the tradition that does so. [...] Though the term is often used generically for 'Islamic theology' *tout court*, this usage might be misleading, because there are Islamic theologies (discourses about the divine) distinct from, and in some cases critical of, *Kalām* (e.g. Ḥanbalite theology, Ismā'īlī theology, Ṣūfī theology, Philosophical theology –i.e. the theological part of metaphysics, often called 'the divine science', *al-'ilm al-ilāhī*– and so on) and, moreover, because *Kalām* covers both theological and non-theological areas of inquiry (e.g. epistemology and physics)». Véase Alexander Treiger, «Origins of *Kalām*», en Sabine Schmidtke (ed.), *The Oxford Handbook of Islamic Theology* (Oxford: Oxford University Press, 2016), p. 45 (p. 3 para la edición online). En su artículo sobre la investigación reciente en torno al *kalām*, Jan Thiele ha profundizado en torno a las distintas y nuevas caracterizaciones del *kalām* en el modo en que se ofrecen a partir de las más recientes investigaciones, así como nuevas estrategias que permiten sobrepasar algunos de los tradicionales límites excluyentes entre teología y filosofía. Como así lo afirma Thiele: «It is now beyond doubt that later *kalām* made a significant contribution to the continuity of *falsafa* (as opposed to the outdated narrative of the 'decline' of philosophy caused by the attacks of the theologians). The methodological distinction between the 'demonstrative' nature of *falsafa* and the 'dialectic' (and therefore inferior) nature of *kalām* appears no longer tenable in the light of recent research». Véase Jan Thiele, «Recent Scholarship in the Field of *kalām*», *Studia Islamica*, 113 (2018), p. 242.

no obstante, tal y como brevemente lo describe Camilla Adang en la introducción del volumen sobre racionalidad y *mu'tazilismo*:

> La *mu'tazila* fue una escuela de la teología racionalista islámica conocida como *kalām*, y una de las corrientes más importantes del pensamiento islámico. Los *mu'tazilīs* enfatizaban la primacía de la razón y la libre voluntad, y desarrollaron una epistemología, ontología y psicología que aportó la base para poder explicar la naturaleza del mundo, Dios, el hombre y los fenómenos religiosos como la revelación y la ley divina. En su ética, los *mu'tazilīs* mantenían que el bien y el mal pueden conocerse a través de la razón humana[30].

Así pues, los mutazilíes subrayan la primacía de la razón, al acometer una epistemología que pueda explicar la naturaleza del mundo y de Dios. Pero hoy nos preguntamos: ¿de qué «razón» estamos hablando?, ¿asumimos alguno de los sentidos con los que el racionalismo, la filosofía trascendental de Kant, el positivismo, ciertas formas de historicismo, e incluso la epistemología analítica más tradicionales, hacen referencia este concepto?

En el *Catálogo de las ciencias* V, al-Fārābī diferencia la teología de otras ciencias y se propone caracterizarla a su manera. Su análisis y comentarios no solo contienen información muy relevante, también presentan una serie de comentarios críticos que están formulados de una manera directa. En la sección dedicada al *kalām*, al-Fārābī afirma:

> El arte del *kalām* es una propiedad [*malaka*][31] por la cual el hombre puede defender los dogmas, los actos arriba mencionados exigidos por el fundador de la religión [*wāḍi' al-milla*], y condenar todo lo que se oponga a ellos por medio de razonamientos[32].

---

30 Adang, Schmidtke y Sklare (eds.), *A Common Rationality*, p. 11.

31 Rudolf emplea «destreza». Véase Rudolph, «Al-Fārābī und die Mu'tazila», p. 61.

32 Al-Fārābī, *Catálogo de las ciencias* (*Iḥša' al-'ulūm*). Ed. y trad. Ángel González Palencia (Madrid: Consejo Superior de Investigaciones Científicas, 1953), p. 73. Al detenernos en el *Kitāb Iḥša' al-'ulūm* (*Libro sobre la clasificación* [«enumeración» o «inventario»] *de las ciencias*), hemos optado por tomar como referencia la obra de al-Fārābī, básicamente por dos razones: porque reflexiona y evalúa el *kalām* desde una perspectiva crítica analizada por un maestro vinculado a la tradición griega –dando toda la impresión de conocer de forma muy próxima algunas de las tradiciones que

Rudolf traduce como «refutación» («refutar todas las objeciones...»), no como «condenar»[33]. Cherni traduce *tazyīf* como «refutación» («et la réfutation de ce qui s'y oppose»)[34]. En la traducción de Gerardo de Cremona se traduce como «rechazar» (*reicere*): «Et ars elocutionis, est uirtus qua homo potest defendere sententias et actiones determinatas quas secte positor propalauit, et reicere totum quod diuersificatur eis cum sermonibus»[35]. No se habla de «condenar» ni de «razonamientos» sino de «defender... mediante la palabra» y «refutar» aquello que se le opone. En el contexto de nuestra argumentación y con respecto a la traducción de González Palencia, dicha matización resulta fundamental: que no se emplee la expresión «condenar... por medio de razonamiento», sino «refutar... por medio de la palabra» resulta de particular interés, pues pone de manifiesto un modo de presentar el *kalām* mucho más comprensible y acorde a un pensamiento premoderno.

Aunque el leer este texto resulta evidente que su contenido no guarda relación alguna con el contexto en el que al-Fārābī habría situado a la

critica–; porque se trata de un bellísimo ejemplo de transmisión textual del árabe al latín en la segunda mitad del siglo doce en la península ibérica (Toledo, en el caso que nos ocupa). Dos de los más grandes traductores que actúan en Toledo durante dicho período, Domingo Gundisalvo y Gerardo de Cremona, traducirán la obra al latín como *De scientiis*. Gundisalvo realiza una adaptación condensada, simplificada y truncada al final; Gerardo de Cremona lleva a cabo una magnífica traducción de todo el texto. El prólogo de la edición y traducción de González Palencia que hemos citado puede servir de introducción a la historia de la transmisión del texto, los manuscritos existentes y las distintas ediciones. Para un estudio reciente y de muy alto nivel investigador sobre la transmisión latina, véase Alain Galonnier, *Le* De scientiis Alfarabii *de Gérard de Crémone. Contribution aux problèmes de l'acculturation au xiie siècle* (Turnhout: Brepols, 2016). Para la edición crítica del texto árabe más reciente y estudio preliminar, véase Abū Nasr al-Fārābī, *Al-Iḥša' (Le recensement des sciences)*. Ed. y trad. Amor Cherni (Ozoir-la-Ferriere: Albouraq, 2015). Para Jules Janssens, la traducción inglesa de este párrafo, realizada por Butterworth, es más rigurosa que la propuesta por Cherni: «The art of dialectical theology is a disposition by which a human being is able to defend the specific opinions and actions that the founder of the religion declared and to refute by arguments whatever opposes it». Véase Alfarabi, *The Political Writings. «Selected Aphorisms» and Other Texts*. Ed. Charles E. Butterworth (Ithaca-London: Cornell Univesity Press, 2001), p. 80.

[33] Rudolph, «Al-Fārābī und die Mu'tazila», p. 61.

[34] Véase Al-Fārābī, *Al-Iḥša' (Le recensement des sciences)*, p. 208.

[35] Véase Galonier, *Le* De scientiis Alfarabii *de Gérard de Crémone*, p. 300.

teología como parte de la filosofía: en la *Epístola de introducción al arte de la lógica*, podemos ver cómo para al-Fārābī, la filosofía, en tanto que arte de la demostración y única que lleva a la certeza, se divide en cuatro partes: «Matemáticas, Física, Teología y Política. [...] La Teología comprende el estudio de aquello que no es cuerpo ni está en cuerpo y las causas últimas de todo lo que contienen las otras restantes ciencias»[36]. Así, la teología podría formar parte del ámbito de la filosofía, pero obviamente, en este texto al-Fārābī se está refiriendo a la teología en el sentido de la «teología» de Aristóteles, en ningún caso al *kalām*: «Por Teología hay que entender la ciencia de la Metafísica, es decir, aquella ciencia a la que el mismo Aristóteles dio el nombre de Teología»[37].

A esto último ya hemos aludido en las primeras páginas de este trabajo: en sentido amplio y dentro de un conjunto de pensadores diversos –autores de escuelas o raíces tan distantes y distintas como al-Fārābī, Yaḥyā Ibn 'Adī o Judah Halevi, por mencionar tres ejemplos–, el término *faylasūf* se empleaba para describir a aquel que busca o aspira a un saber de carácter teórico; pero también era un epíteto de pensador profundo, o un seguidor de la tradición filosófica clásica de base aristotélica y neoplatónica. Así, el término *falsafa* llegó a identificarse estrechamente con la tradición aristotélica de la filosofía árabe, con los filósofos cristianos aristotélicos de Bagdad y con el mismo Avicena. No obstante, en un sentido restringido, la *falsafa* distingue la escuela aristotélica de pensamiento de otras tradiciones intelectuales como el *kalām* mismo. Aunque, como ya hemos visto al inicio de este trabajo citando las palabras de Sarah Stroumsa, la categorización moderna del pensamiento islámico en escuelas de pensamiento, con la tendencia concomitante a reservar el término «filosofía» para la llamada tradición aristotélica, resulta muy poco ventajosa[38].

---

36 Rafael Ramón Guerrero, «Al-Fārābī lógico: su "Epístola de introducción al arte de la lógica"», en *Homenaje al profesor Darío Cabanelas Rodríguez, O.F.M., con motivo de su LXX aniversario* (Granada: Publicaciones de la Universidad de Granada, 1987), vol. I, p. 451.

37 Ramón Guerrero, «Al-Fārābī lógico», p. 447.

38 Véase n. 1.

Una vez que hemos postulado la posibilidad de una racionalidad donde el principio de coherencia y los procesos especulativos no se autoexcluyen, de lo que se trata es de establecer una conjetura que pueda contrastarse con algunos de los actores que conformaron este fenómeno multiforme que representa el *kalām*. Para ello, intentamos contrastar los términos con los que se explican las particularidades de ciertas escuelas o interpretaciones y determinar si hay algo en la *mu'tazila* que, efectivamente, nos permita vincularla a ciertos rasgos propios de la *falsafa*.

Partiendo del texto del *Catálogo* que hemos citado, al-Fārābī realiza cinco caracterizaciones del *kalām* que ponen de manifiesto hasta qué punto el «segundo maestro» y su propia filosofía se encuentran muy alejadas del *kalām*. Es cierto que, en la primera de las caracterizaciones que acabamos de leer –«El arte del *kalām* es una destreza» que se puede emplear para defender los dogmas mediante la palabra por medio de «refutaciones»–, encontramos una versión que, en general, podría resultar perfectamente comprensible en el contexto especulativo que estamos analizando. Sin embargo, antes de proseguir con la descripción de otros grupos de *mutakallims*, al-Fārābī afirma:

> La única manera de que el hombre saque alguna utilidad de la religión y de la revelación está en que no las comprenda por su entendimiento y no disminuya su inteligencia por ello; de no ser así, no tendría la revelación ningún sentido ni utilidad alguna, puesto que al hombre sólo aprovecha lo que conoce y lo que es posible, cuando lo medita, que lo comprenda por su entendimiento. Y si fuese así, los hombres confiarían en su inteligencia y no tendrían necesidad de la profecía ni de la revelación, pero tampoco ejercerían en ellos estas dos cosas efecto alguno. De todo lo cual se deduce que conviene que los conocimientos que las religiones enseñan al hombre sean algo cuya comprensión no esté al alcance de nuestros entendimientos. Pero no es esto sólo: sino que también sean algo que nuestras inteligencias no lo repugnen, pues cuanto más repugnante [a nuestro juicio] es, tan o más provechoso [para los intelectos divinos][39].

---

[39] Al-Fārābī, *Catálogo de las ciencias*, p. 74. La versión de González Palencia resulta de difícil compresión. En la edición y traducción de Cherni (y también en la traducción de Gerardo de Cremona), la última frase de este párrafo dice: «ce que nous apportent les *milal* et qui répugne à nos intellects [Gerardo de Cremona: "et abhorrent

Algo que resulta extraordinariamente interesante: por un lado, que el hombre no comprenda por su entendimiento la utilidad de la religión y de la revelación, aunque por ello no disminuya su inteligencia, es decir, que la revelación es inabarcable para el entendimiento, pues su comprensión no está al alcance del entendimiento. Por tanto, no hay que aspirar a que nuestra comprensión alcance lo que solo está reservado al intelecto divino.

Pero a medida que avanza la descripción de los distintos grupos de *mutakallims*, la presentación se hace cada vez más crítica e incluso irónica:

> Otros, considerando a su propia religión verdadera y no dudando acerca de su verdad, opinan que deben defenderla respecto de los demás, elogiándola como la mejor y suprimiendo lo que en ella hay de reprobable, y rechazando a sus enemigos con cualquier cosa que les ocurra, sin preocuparse de emplear la mentira, el sofisma, la calumnia o el desdén[40].

El análisis en torno a la *mu'tazila* a partir de las descripciones y evaluaciones presentes en el *Catálogo de las ciencias*, puede complementarse sintetizando la valoración del *kalām* que al-Fārābī realiza en el *Libro de las letras* (*Kitāb al-Ḥurūf*)[41]. La obra también trata sobre las ciencias, pero desde una perspectiva diferente. Mientras que en el *Catálogo* se describen y clasifican las distintas disciplinas, aquí se interroga sobre su origen, por qué se crearon. Para responder, al-Fārābī recurre a su teoría sobre el desarrollo del pensamiento humano: las facultades lingüísticas y reflexivas de los seres humanos se fueron diferenciando cada vez más con el paso del tiempo, dando lugar a un vocabulario complejo y, posteriormente, a la poética, la retórica, la gramática, las matemáticas, la física, la dialéctica y sofística, la filosofía apodíctica y, por último, la

mentes"] et effarouche notre imagination, n'est ni répugnant en réalité, ni impossible. Au contraire, il est vrai pour les intellects divins». Véase respectivamente al-Fārābī, *Al-Iḥša' (Le recensement des sciences)*, ed. Cherni, p. 210; Galonnier, *Le* De scientiis Alfarabii *de Gérard de Crémone*, p. 304.

40 Al-Fārābī, *Catálogo de las ciencias*, p. 78.

41 Rudolph, «Al-Fārābī und die Mu'tazila», pp. 67-68. Para la versión en español de este tratado, véase Al-Fārābī, *Libro de las letras. El origen de las palabras, la filosofía y la religión.* Trad. José Antonio Paredes Gandía (Madrid: Trotta, 2004).

religión (como su imitación). Aquí, al-Fārābī también discute la teología: sostiene que los *mutakallims* –junto con los juristas– se encuentran al servicio de la religión, aunque en el *Libro de las letras* nunca hable de grupos específicos, sino de la teología en su conjunto. En dos breves pasajes se exponen las razones para su distanciamiento del *kalām* –que sirven para confirmar su desconfianza hacia los teólogos, debido al enfoque metodológico que emplean, pues parten de premisas que evalúan mal, ya que parecen no tener claro el carácter de las escrituras reveladas y de la religión en general. Tal y como Ulrich lo sintetiza:

> [Para al-Fārābī] La religión (*milla*) presenta la verdad por medio de conceptos (*ḥayālāt*) y parábolas (*miṯālāt*). Por tanto, los textos sagrados deben también entenderse en este sentido. Pero precisamente aquí comienza el problema de los teólogos. Pues consideran que las afirmaciones que son simbólicas o pretenden ser parábolas son la verdad real (demostrativamente) asegurada (*al-ḥaqq al-yaqīn*) y, en consecuencia, creen que tienen que defenderlas y justificarlas (*taṣḥīḥ*) como tales[42].

Por otra parte, al-Fārābī es consciente de que los eruditos religiosos, a pesar de que su materia está muy próxima a la que plantean ciertas áreas filosóficas, a menudo se muestran como acérrimos adversarios de los filósofos. Al-Fārābī lo expresa de este modo:

> Es claro que en todo credo religioso que se enfrenta a la filosofía, el arte de la teología se opone también a la filosofía, y los teólogos a los filósofos, en la medida en que su religión es opuesta a la filosofía[43].

El modesto nivel intelectual que al-Fārābī atribuye a los eruditos religiosos en su conjunto queda claro a lo largo del texto: aunque todos ellos se encuentran en una posición intelectual más elevada en comparación con el pueblo llano, dentro de su clase hay que distinguir entre cuatro rangos: 1) los filósofos, que son los únicos a lo que se les puede llamar eruditos sin restricción alguna; 2) los dialécticos y los sofistas;

---

[42] Rudolph, «Al-Fārābī und die Mu'tazila», p. 67.

[43] Al-Fārābī, *Libro de las letras*, p. 93.

3) los legisladores; 4) los teólogos y los juristas. Al mismo tiempo, al-Fārābī insiste en que la religión es posterior a la filosofía, y la teología, posterior a la religión:

> Hemos mostrado que la teología y el derecho religioso son posteriores a la religión, y que la religión es posterior a la filosofía, y las disposiciones dialécticas y sofísticas son anteriores a la filosofía, y la filosofía dialéctica y la filosofía sofística son anteriores a la filosofía demostrativa. Pues, en suma, la filosofía es anterior a la religión como el usuario de los instrumentos es anterior a los instrumentos. Y las facultades dialécticas y sofísticas son anteriores a la filosofía como el alimento del árbol es anterior al fruto o como la flor precede al fruto, y la religión es anterior a la teología y al derecho religioso como el amo es anterior al sirviente y como el usuario del instrumento es anterior al instrumento[44].

Resulta particularmente interesante constatar cómo una religión puede alcanzar el grado de excelencia en función de la filosofía que la precede:

> Si la religión es posterior a la filosofía, que se ha completado después de que se hayan distinguido todas las artes demostrativas, según el método y el orden que se exigen, será una religión correcta y tendrá el grado máximo de excelencia[45].

En cualquier caso, da toda la impresión de que al-Fārābī no guardaba mucho aprecio por los teólogos islámicos. Cuando habla de ellos suele hacerlo con la intención de subrayar las diferencias que veía entre sus esfuerzos argumentativos y los logros intelectuales de los filósofos, unas diferencias que le parecen más que considerables: que eran los filósofos y no lo teólogos quienes partiendo de premisas seguras pueden alcanzar conclusiones irrefutables. En consecuencia, que solo ellos consiguen desarrollar una ciencia apodíctica que cumpla los criterios formulados por Aristóteles en los *Segundos analíticos*, mientras que los teólogos se contentan con retomar opiniones generalmente reconocidas,

---

[44] Al-Fārābī, *Libro de las letras*, p. 59.

[45] Al-Fārābī, *Libro de las letras*, p. 89.

defendiendo los pros y los contras de la controversia, pero sin alcanzar un nivel de conocimiento demostrativo y teniendo que soportar la acusación de contentarse con estrategias de argumentación discutibles propias de la retórica.

Desde la perspectiva de al-Fārābī, no solo algunas escuelas, sino todos los teólogos parten de la premisa de que la verdad –independientemente de posibles otras fuentes de conocimiento– es auténtica y tangible en el texto revelado. Lo que haría que algunos críticos, como el mismo Ulrich Rudolf[46], pongan en duda el argumento con el que Richard Frank justificó que la doctrina Ašharí debe haber sido el modelo para la descripción del *kalām* que emplea al-Fārābī[47]. Richard Frank se basó en el supuesto de que solo la teología Ašharí satisface plenamente las condiciones que al-Fārābī identificó como características del *kalām* (primacía de la revelación; la razón se utiliza solo para defender los dictados de la revelación). Pero esto no haría justicia a su punto de partida porque, en su opinión, todo teólogo respeta la primacía de la revelación, pues la teología (a diferencia de la filosofía) solo comienza después de que ha ocurrido la revelación. En este sentido, desde la perspectiva de al-Fārābī, no puede haber reflexión teológica sin la aceptación previa de lo revelado.

Ahora bien, nos confundiríamos si lo dicho hasta ahora nos llevase a pensar que para al-Fārābī, la crítica a los *mutakallims* y la actividad intelectual de la que se reviste el *kalām*, implican una crítica más o menos velada hacia la religión. Nada más lejos: lo que el filósofo rechaza es la argumentación religiosa que intenta explicar por falsas vías demostrativas lo que solo se puede mostrar, aquello que es materia de creencia, aquello que puede exponerse mediante la palabra y la argumentación. Como ha apuntado Paredes Gandía:

> Para comprender la explicación de al-Fārābī de las relaciones entre filosofía y religión, partiremos de su idea de sabiduría, entendida como

[46] Rudolph, «Al-Fārābī und die Muʿtazila», p. 65.

[47] Richard M. Frank, «Reason and Revealed Law. A Sample of Parallels and Divergences in *kalām* and *falsafa*», en *Recherches d'islamologie. Recueil d'articles offert à Georges C. Anawati et Louis Gardet par leurs collègues et amis* (Leuven: Peeters, 1977), véase especialmente pp. 133-137.

meta última a la que han de orientarse la vida humana y la organización de la sociedad. Esa sabiduría incluye los conocimientos particulares acerca del mundo que nos proporcionan la experiencia y las ciencias, pero es, ante todo, una sabiduría religiosa, que informa al hombre acerca de las cuestiones más fundamentales sobre Dios, el universo y el hombre, y que enseña a éste a vivir correctamente y a alcanzar la felicidad, la cual –según al-Fārābī– sólo se alcanza por completo en la otra vida[48].

En todo ello insiste al-Fārābī al explicar el papel que pueden jugar la retórica y la dialéctica en el modo en que se puede hacer compresible lo que una religión expone. Como se afirma en el *Libro de la religión* (*Kitāb al-Milla*):

> Y puesto que la religión virtuosa no es sólo para los filósofos ni para aquellos cuya situación es comprender filosóficamente lo que se dice, sino que la mayoría de aquellos a quienes se les da a conocer y se les hace comprender las opiniones de la religión y aceptan sus acciones o están en aquella situación –sea por naturaleza, sea porque se han despreocupado de ello–, no siendo de aquellos que no comprenden las opiniones generalmente conocidas o los argumentos persuasivos, entonces, por esa razón la dialéctica y la retórica son de gran utilidad para que por medio de ellas las opiniones de la religión entre los ciudadanos sean confirmadas, asistidas, defendidas y consolidadas firmemente en sus almas, y para que por medio de ellas esas opiniones sean auxiliadas cuando se presente quien quiera inducir a error y a equivocación a sus habitantes por medio de la palabra y oponerse encarnizadamente a ellas[49].

Pero entonces, tomando como referencia la actitud intelectual y el método de las escuelas de *kalām* que presenta al-Fārābī, ¿puede hablarse de una «racionalidad» que las caracterice? No lo parece, pues, por un lado, el modelo de filosofía que al-Fārābī asume al evaluar el proceder de las escuelas, en ningún caso le permite asumir los encubrimientos y falsos recursos intelectuales que nada se parecen a lo que al-Fārābī

[48] Al-Fārābī, *El libro de las letras*, p. 28.

[49] Al-Fārābī, *Libro de la religión*. Trad. Rafael Ramón Guerrero (Madrid: Debate-CSIC, 1992), p. 79.

puede reconocer como «racional». Ahora bien, la exposición del maestro se basa, lógicamente, en «su» análisis y en la experiencia, seguramente bastante fiable, que acompaña a sus descripciones. Sin embargo, la evolución y la diversidad de las escuelas de *kalām* tuvieron un nivel de profundidad reflexiva muy distinta de aquellas que al-Fārābī critica de manera incisiva debido, entre otras razones, a su forma de concebir la filosofía.

No obstante, cuando se nos presentó la primera de las caracterizaciones, aquella en la que nos hemos detenido e ilustrado a través de los matices que transmiten las distintas traducciones (véase n. 31 y texto al que alude), hemos podido constatar una vía que podríamos vincular al fenómeno de la «especulación» como estrategia alternativa a la idea de «racionalidad» y su método (véase n. 31 y texto al que alude). Algo que se aproxima más a la evaluación más positiva de al-Fārābī sobre la religión.

Concluyo este trabajo situándome en una época, un contexto intelectual y político posterior al experimentado por al-Fārābī. Al inicio de este trabajo he aludido a la tesis doctoral y el proyecto desarrollado por Daniel E. Watling sobre la obra y el pensamiento atribuidos a Ibn Tūmart. La lectura de su tesis me hizo recordar algo que ya había advertido cuando hace algún tiempo leí los textos y analicé el pensamiento atribuido al *Mahdī*.

Dichos textos abordan de un modo tan estricto como profundo una reflexión teológica extraordinariamente más rica y compleja que el *kalām* descrito por al-Fārābī. No es este el espacio para detenernos en una exposición sobre dichos textos, tan solo advertir que dichos texto podrían ser una espléndida respuesta al interés de al-Fārābī por conducirnos a una reflexión de tono sublime en torno a la divinidad.

Los textos atribuidos a Ibn Tūmart podrían servir de respuesta a algunas de las críticas de expuesta por al-Fārābī, y como una manifestación que permite integrar los rasgos eminentes de una profunda especulación. Así pues, resulta del todo recomendable que quien sienta interés por una vía de aproximación que enlace el problema de la relación entre racionalidad y especulación –aplicándolo a un pensamiento doctrinal de primer orden–, se detenga en los textos a los que estamos haciendo referencia (especialmente la *'Aqīda*)[50]. Todo ello sin perder de vista que lo que anima este trabajo consiste en responder a una pregunta: ¿Cómo podría un epistemólogo o un intelectual contemporáneo recepcionar, de un modo comprensible, la especulación teológica que se presenta en textos tan sugerentes como los atribuidos a Ibn Tūmart y las tradiciones intelectuales que convergen en estos escritos?

Resulta extremadamente complejo que una reflexión teológica –y filosófica en general– pueda situarse en un nivel especulativo donde la clave del método se sitúe en la coherencia y la capacidad de mantener un diálogo intelectual que no pretenda dar un problema por acabado. En un análisis de lo que se hizo en el pasado, resultara del todo anacrónico imponer modelos metodológicos basados en conceptos modernos y contemporáneos de racionalidad. Pero resultaría del todo incomprensible entender, entonces y ahora, una reflexión que impusiese de manera excluyente modelos estrictamente filosóficos o una mística alejada de toda lucidez.

En el estudio introductorio de Paredes Gandía al *Libro de las letras*, aparece citado un texto de Heidegger que hace algunos años traduje y que, aunque referido a la Edad Media latina, me parece especialmente oportuno para el contexto temático que estamos abordando:

---

[50] La *'Aqīda* de Ibn Tūmart pertenece a un grupo de textos que se conocieron en primer lugar a través del Ms. Paris, BN arabe 1451, titulado *Sifr fi-hi ǧamī' ta'ālīq al-Imām al-ma'sūm al-Mahdī al-ma'lūm* [...]. Fue recopilado por el Califa 'Abd al-Mu'min b. 'Alī pocos años después de la muerte de Ibn Tūmart, aunque basándose en notas tomadas a partir de la enseñanza oral de Ibn Tūmart. Usando una copia del manuscrito de París (fechado en 1178), el texto árabe lo fijó Jean Dominique Luciani y Muhammad al-Kamal en una edición con introducción de Ignaz Goldziher. Véase *Le Livre de Mohammed Ibn Toumert, Mahdi des Almohades. Texte arabe, accompagné de notices biographiques et d'une introduction par Ignaz. Goldziher*. Ed. Jean Dominique Luciani y Muhammad al-Kamāl (Algiers: Pierre Fontana, 1903). La edición más reciente parte del manuscrito de París y de un segundo manuscrito (Ms. Rabat Bibliothèque Générale 1214q). Véase 'Abd al-Ǧani Abū l-'Azm (ed.), *A'azz mā yuṭlab* (Beirut: Dar al-Kutub al-'Ilmiyyah, 1997). La *'Aqīda* fue traducida por Henri Massé en «La profession de foi et les guides spirituels», en *Mémorial Henri Basset. Nouvelles études nordafricaines et orientales. Publié par l'Institut des Hautes-Études Marocaines* (Paris: Librarie Orientaliste Paul Geuthner, 1928), vol. II, pp. 105-121.

Si se medita sobre la esencia más profunda de la filosofía como cosmovisión, entonces aparecerá errada desde el principio la concepción de la filosofía cristiana de la Edad Media como una Escolástica opuesta a la mística de la misma época. Para la cosmovisión medieval, escolástica y mística se pertenecen esencialmente la una a la otra. Los dos pares de «opuestos»: racionalismo e irracionalismo, escolástica y misticismo, no se superponen. Y cuando se intenta su identificación, ésta se basa en una extrema racionalización de la filosofía. La filosofía, como estructura racional separada de la vida, es impotente, la mística, como experiencia irracional, está sin rumbo[51].

[51] Pedro Mantas España, «La "Conclusión" de la tesis de habilitación de Heidegger. Traducción y comentario», *Cauriensia*, 7 (2012), p. 473. El texto forma parte de las «Conclusiones» de la tesis de habilitación de Heidegger (*La doctrina de las categorías y del significado en Duns Escoto*), redactada para su publicación en 1916. Se trata de un texto del período que hoy se caracteriza como «primer Heidegger» o «Heidegger inicial», incluido en el primer volumen de la obra completa, titulado *Escritos de juventud.* Véase Martin Heidegger, «Schluss. Das Kategorienproblem», en *Die Kategorien-und Bedeutungslehre des Duns Scotus* (Frankfurt am Main: Klostermann, 1978), pp. 399-411.

Teólogos andalusíes navegando entre el racionalismo y el tradicionalismo: Abū ʿAmr al-Dānī e Ibn Ḥazm*

Jan Thiele
ILC-CCHS, CSIC, Madrid

La tensión entre racionalismo y tradicionalismo es uno de los problemas centrales a los que se enfrenta el pensamiento teológico. El marco de las religiones monoteístas hace probablemente inevitable que los teólogos confronten esta tensión. Al basarse en textos revelados, todas las religiones monoteístas se fundan en Escrituras cuyo origen divino les confiere una autoridad superior y desafía a otras fuentes de conocimiento, incluida la reflexión humana. En consecuencia, los teólogos tienen que posicionarse sobre si aceptan o no el uso de la razón. ¿Es una fuente válida para establecer conocimiento teológico, o incluso para anticipar lo que dios comunica a través de la revelación? ¿Es legítimo su uso solo para confirmar la validez del mensaje divino, pero nunca independiente de él? ¿O las verdades teológicas trascienden por completo las capacidades racionales del ser humano?

* Este trabajo se ha realizado en el marco del Proyecto Intramural Especial 202210I171, «Ideas in Motion: Theological doctrines and writings in the Islamicate World», financiado por el Consejo Superior de Investigaciones Científicas.

Los teólogos musulmanes tampoco pudieron escapar a estos problemas. Es más, la tensión entre racionalismo y tradicionalismo es especialmente visible en el contexto de las culturas islámicas. A diferencia del contexto cristiano, en el que un único término «teología» abarca cualquier indagación sobre dios y su relación con el mundo, la tradición intelectual islámica distingue entre dos formas de practicar la teología, en función de su fundamento metodológico y epistemológico[1]. En efecto, como préstamo del griego, el término «teología» se arabizó como *u̱tūlūǧiyya*, como en el título de la llamada *Teología de Aristóteles*, paráfrasis de Plotino, pero su uso se vinculó a la filosofía greco-árabe (*falsafa*) y a la teología filosófica de influencia aviceniana[2]. Para nombrar lo que la tradición latina medieval entendía por teología, podemos conformarnos con la noción de «los principios de la religión» (*uṣūl al-dīn*)[3]. Este término fue aceptado por los teólogos tradicionalistas, mientras que los teólogos racionalistas lo utilizaban junto a la etiqueta «ciencia del discurso» (*'ilm al-kalām*; sus practicantes se denominaban en consecuencia *mutakallimūn*)[4], una etiqueta que se limitaba exclusivamente al enfoque de teología racional que, por tanto, describía una disciplina propia.

En su *Islamic Theology: Traditionalism and Rationalism*, Binyamin Abrahamov ofreció un útil intento de describir sistemáticamente

---

[1] Los teólogos judíos y cristianos del mundo islámico encajan en el mismo modelo de disciplinas teológicas que surgió tras el ascenso del islam, en gran medida como resultado de los debates entre los miembros de estas tres comunidades.

[2] Para el uso que hace Avicena de *u̱tūlūǧiyya* para referirse a la disciplina de la metafísica –junto con *'ilm ilāhī* («ciencia divina»), *ilāhiyyāt* («asuntos divinos») y otras– véase Amos Bertolacci, *The Reception of Aristotle's* Metaphysics *in Avicenna's* Kitāb al-Šifā'*: A Milestone of Western Metaphysical Thought* (Leiden: Brill, 2006), pp. 593-605. Para la adopción de la terminología por los teólogos filosóficos post-avicénicos, que lo utilizan para referirse a la teología o a la metafísica, véase Heidrun Eichner, «Handbooks in the Tradition of Later Eastern Ash'arism», en Sabine Schmidtke (ed.), *The Oxford Handbook of Islamic Theology* (Oxford: Oxford University Press, 2016), pp. 494-514.

[3] También encontramos el término *'aqīda* (credo).

[4] Los teólogos tradicionalistas se identificaban a sí mismos como *ahl al-iṯbāt*, pero esta noción se refiere menos a una metodología que a doctrinas específicas y, por tanto, también era aplicable a los seguidores de escuelas específicas de *kalām* como los aš'aríes.

los fundamentos, las características, así como los conflictos y las actitudes entre los teólogos tradicionalistas y racionalistas de la tradición islámica[5]. Para el tradicionalismo, Abrahamov enumera fundamentos tanto positivos como negativos. Los tradicionalistas limitan las fuentes válidas del conocimiento teológico humano a la revelación islámica, es decir, el Corán, los relatos sobre dichos atribuidos al Profeta Muḥammad, es decir, la *sunna*, y el consenso (*iǧmāʿ*) de la comunidad y, en particular, de sus primeras generaciones de eruditos. Tan importantes como estas fuentes son los fundamentos negativos de los tradicionalistas, a saber, la negación de que la razón pueda ser fuente de conocimiento en cuestiones teológicas. Esto incluye el rechazo de cualquier interpretación especulativa y comparación de la tradición textual, así como la negación de que la razón humana sea capaz de establecer doctrinas teológicas independientemente de cualquier fundamento escritural.

Para los tradicionalistas, las Escrituras contienen en consecuencia todo lo que los seres humanos pueden y deben saber y creer. Afirman que todas las doctrinas derivadas de las fuentes son homogéneas y, por tanto, no es necesario compararlas. Los humanos carecen de capacidad para investigar el cómo y el porqué de la verdad de las doctrinas teológicas de las Escrituras[6]. Por tanto, consideran que tratar racionalmente cuestiones metafísicas –como el propio ser de dios, sus atributos o su determinación de los actos humanos en virtud de su omnipotencia– conduce a innovaciones y, en consecuencia, está prohibido[7]. Como parte de la prohibición de lo que los tradicionalistas perciben como innovaciones, rechazan explícitamente la terminología técnica para conceptos metafísicos introducida por los teólogos racionales, ya que estos

[5] Binyamin Abrahamov, *Islamic Theology: Traditionalism and Rationalism* (Edimburgo: Edinburgh University Press, 1998).

[6] Esta postura está representada por la fórmula *bi-lā kayf*, que significa «sin preguntar cómo». La fórmula original fue transformada por teólogos ašʿaríes en una herramienta hermenéutica que intentaba evitar la atribución de características antropomórficas a dios. Véase Binyamin Abrahamov, «The *bi-lā kayfa* Doctrine and Its Foundations in Islamic Theology», *Arabica*, 42 (1995), pp. 365-379; Livnat Holtzman, *Anthropomorphism in Islam: The Challenge of Traditionalism (700-1350)* (Edimburgo: Edinburgh University Press, 2018), pp. 185-266.

[7] Abrahamov, *Islamic Theology*, pp. 1-11.

términos no pertenecen al lenguaje de las fuentes consideradas legítimas por los tradicionalistas y, por tanto, presupondrían la imperfección de las Escrituras y la ignorancia de las primeras generaciones de musulmanes. Los tradicionalistas rechazaban métodos específicos utilizados por los teólogos racionales para establecer doctrinas, entre ellos analogías entre «lo visto» (es decir, este mundo) y «lo ausente» (es decir, lo trascendente) (*al-istidlāl bi-l-šāhid ʻalā l-ġā'ib*), así como las interpretaciones figurativas de las Escrituras (*ta'wīl*), en concreto de las descripciones antropomórficas de dios[8].

Sin embargo, malinterpretaríamos la metodología de los tradicionalistas si considerásemos que el uso de la razón y la argumentación racional están prohibidos en la teología tradicionalista. Lo importante es que, para ellos, los argumentos racionales solo pueden tener una función secundaria: sirven para probar sus doctrinas, pero nunca pueden ser la fuente de ninguna afirmación teológica[9]. A su vez, los racionalistas afirmaban que nuestro conocimiento de dios y del mundo puede y –al menos en un primer momento– debe derivarse de la investigación racional en vez de las Escrituras. Típicamente, nuestras capacidades racionales se extenderían, según los racionalistas, a probar la existencia de dios, su unidad, establecer la verdad de algunos de sus atributos, demostrar la creación del mundo y entender su estructura ontológica, así como investigar a los seres humanos y sus acciones[10]. Los muʻtazilíes iban aún más lejos, afirmando que la ética obedece a principios objetivos y que el bien y el mal, las obligaciones y prohibiciones morales, pueden conocerse por la razón. A diferencia de los tradicionalistas, los racionalistas no niegan que la revelación pueda contradecir principios fundamentales del dogma, al menos cuando se toma literalmente. Por ejemplo, las descripciones antropomórficas de dios en las Escrituras contradicen para ellos la trascendencia de dios y su absoluta distinción de su creación. Tales contradicciones son abordadas y resueltas por los racionalistas sobre la base de argumentos racionales. Por ejemplo, las expresiones

---

[8] Abrahamov, *Islamic Theology*, pp. 23-27.
[9] Abrahamov, *Islamic Theology*, pp. 12-13.
[10] Abrahamov, *Islamic Theology*, p. 32.

antropomórficas se interpretan en sentido figurado, con el fin de encontrar su verdadero significado que se esconde tras el sentido literal[11].

La retórica entre tradicionalistas y racionalistas fue en ocasiones tensa. Entre los tradicionalistas existía la tendencia a declarar apóstatas a los racionalistas. Como consecuencia, algunos prohibieron relacionarse con ellos y animaron a romper cualquier relación con ellos. Otros eran más moderados e incluso creían en la necesidad de debatir con los racionalistas para refutar sus postulados. La elección entre ambas opciones causó cierto dilema a algunos tradicionalistas, ya que cualquiera de ellas se consideraba problemática[12]. La actitud de los racionalistas hacia los tradicionalistas implicaba sobre todo una crítica de sus fundamentos y de su enfoque a los mismos. Por ejemplo, el texto coránico como palabra revelada de dios estaba fuera de toda crítica, incluso para casi la totalidad de los racionalistas. Sin embargo, los racionalistas criticaron la forma en que los tradicionalistas abordaban los textos y, en concreto, el hecho de que permitieran interpretaciones que no concordaban con la razón. Asimismo, la crítica de los racionalistas a la tradición profética requería cierta cautela, y su rechazo de algunos de los dichos atribuidos al Profeta tuvo que formularse principalmente sobre la base de dudar de la autenticidad de tradiciones concretas[13].

Abrahamov admite que el racionalismo puro no existió en la teología islámica, considerando que la revelación siempre desempeñó un papel, con la excepción de Ibn al-Rāwandī (m. 298/910?)[14], que llegó a ser conocido como el archi-heterodoxo de la tradición islámica. El tradicionalismo puro, afirma Abrahamov a su vez, existió entre un pequeño número de eruditos[15].

---

[11] Abrahamov, *Islamic Theology*, p. 33.

[12] Abrahamov, *Islamic Theology*, pp. 27-31.

[13] Abrahamov, *Islamic Theology*, pp. 41-48.

[14] Para Ibn al-Rāwandī véase Sarah Stroumsa, *Freethinkers of Medieval Islam: Ibn al-Rāwandī, Abū Bakr al-Rāzī, and Their Impact on Islamic Thought* (Leiden: Brill, 1999), pp. 37-86; Elizabeth G. Price, *The Barāhima's Dilemma: Ibn Al-Rāwandī's 'Kitāb Al-Zumurrud' and the Epistemological Turn in the Debate on Prophecy* (Berlin: de Gruyter, 2024).

[15] Abrahamov, *Islamic Theology*, pp. x, 32.

Sin embargo, me pregunto si esas supuestas formas puras de racionalismo y tradicionalismo son realmente categorías significativas. Mi impresión es que lo que realmente importa es preguntarse cuál fue el fundamento o punto de partida de los sistemas doctrinales: ¿la razón o la revelación? De hecho, incluso un sistema teológico que intente partir de un argumento especulativo o lógico puede limitar las capacidades de la razón solo a áreas específicas entre un abanico más amplio de indagaciones teológicas, e incluso proporcionar un fundamento racional para esta elección. ¿Es entonces correcto afirmar que un sistema que aplica las reflexiones racionales a todo el abanico de preocupaciones teológicas es más racional que una escuela que limita de algún modo su uso? Concretando: ¿son los muʿtazilíes, que afirman que tanto la metafísica como la ética son accesibles a la razón humana, más racionales que los ašʿaríes, que intentan establecer los fundamentos del credo mediante una metafísica racional que les lleva a la conclusión de que dios es omnipotente, y luego argumentan que, en virtud de su omnipotencia, el fundamento de la ética debe ser el voluntarismo divino, lo que contradice la idea de que la razón humana es capaz de captar los valores morales que guían el juicio de dios?

En su estudio, Abrahamov señala otro fenómeno importante, el que denomina «compromisos» entre tradicionalismo y racionalismo. Distingue dos formas. La primera «consistía en decir que la razón y la tradición constituyen herramientas separadas, cada una responsable del conocimiento de ciertos principios religiosos». Un ejemplo obvio es la mencionada división en el ašʿarismo entre metafísica y ética, siendo la primera el ámbito de los argumentos racionales y la segunda el de las Escrituras. Abrahamov añade también al muʿtazilí Abū l-Ḥusayn al-Baṣrī (m. 436/1044) como uno de los defensores de este enfoque de «compromiso»[16]. Sin embargo, incluso estos teólogos optan por dar primacía a la razón en el sentido de que es la herramienta fundacional sobre la que se sustenta el resto del sistema[17], sobre todo la demostración de la autenticidad de las Escrituras, algo que no es requerido para el tradicionalismo.

[16] Abrahamov, *Islamic Theology*, pp. 49-50.

[17] Véanse a continuación las referencias citadas en las notas 21 y 22.

En cualquier caso, y hablando en abstracto, hay que elegir entre dar la primacía a la razón o a la tradición para quien pretenda que se utilicen cada una para principios religiosos diferentes.

El segundo compromiso que Abrahamov identifica en la tradición teológica islámica consiste en la afirmación de teólogos de que los argumentos racionales no contradicen la tradición[18]. Sin embargo, si no me equivoco, esto es lo que afirmaban todos los practicantes de la teología racional; de lo contrario, no tendría sentido desarrollar métodos como las interpretaciones figurativas de las Escrituras: si contradicciones entre razón y revelación no fueran un problema para ellos, no habrían sentido la necesidad de resolverlas. Para los tradicionalistas, a su vez, aceptar que los argumentos racionales y la tradición se contradicen no suponía ningún problema. Al contrario, fundamentaban su criticismo de la metodología de sus detractores diciendo que la razón en sí misma es fuente de contradicciones[19]. Sin embargo, el rechazo de la razón no es una parte esencial del planteamiento de los tradicionalistas, como pueden comprobar muchos representantes del tradicionalismo que utilizan argumentos racionales para demostrar sus nociones basadas en la tradición[20].

En consecuencia, tradicionalismo y racionalismo no son en muchos casos distinciones binarias. Más bien, las manifestaciones históricas de la teología islámica podían ser formas más o menos híbridas que permitían, y a veces incluso exigían, a los tradicionalistas utilizar o aceptar métodos racionales y viceversa. Un examen más profundo de casos concretos puede revelar incoherencias aparentes, como por ejemplo

---

[18] Abrahamov, *Islamic Theology*, pp. 50-51.

[19] Abrahamov, *Islamic Theology*, pp. 20-21.

[20] Entre los ejemplos más destacados de estos tradicionalistas se encuentra Ibn Taymiyya (m. 728/1328): investigaciones recientes han puesto de relieve el componente racional de su teología. Véase, por ejemplo, Jon Hoover, *Ibn Taymiyya's Theodicy of Perpetual Optimism* (Leiden: Brill, 2007); Sophia Vasalou, *Ibn Taymiyya's Theological Ethics* (Oxford: Oxford University Press, 2015); Carl Sharif El-Tobgui, *Ibn Taymiyya on Reason and Revelation: A Study of* Dar' ta'āruḍ al-'aql wa-l-naql (Leiden: Brill, 2020); Farid Suleiman, *Ibn Taymiyya and the Attributes of God*. Trad. Carl Sharif El-Tobgui (Leiden: Brill, 2024); lo mismo se ha argumentado con respecto a Ibn Qayyim al-Ǧawziyya (m. 751/1350); véase Miriam Ovadia, *Ibn Qayyim al-Jawziyya and the Divine Attributes: Rationalized Traditionalistic Theology* (Leiden: Brill, 2018).

tradicionalistas que aceptan o incluso aplican fundamentos del racionalismo, o racionalistas que comparten gran parte del escepticismo de los tradicionalistas sobre las capacidades de la razón humana en el ámbito de la teología. Como argumentaré en la siguiente presentación de dos casos del ámbito andalusí, no debemos suponer que los teólogos premodernos sean explícitos acerca de la hibridez de sus enfoques. Más bien, podían identificarse con uno u otro bando como un mero gesto retórico. Posiblemente lo hicieran para satisfacer las expectativas de su público o para ocultar sus fuentes controvertidas.

Como hemos visto, la teología racionalista sostenía que no se puede validar la autenticidad de la revelación si no se demuestra previamente la existencia de dios. En consecuencia, había que corroborar su existencia independientemente de las Escrituras. El imperativo de tener un conocimiento sólido (*ma'rifa*) para que la creencia fuera válida estaba ampliamente aceptado entre los teólogos, independientemente de que fueran tradicionalistas o racionalistas. Sin embargo, para los racionalistas, esto implicaba que también era obligatorio realizar pruebas racionales de la existencia de dios. En varios tratados mu'tazilíes, encontramos en una discusión epistemológica introductoria la afirmación de que es la primera obligación de todo ser humano ejercer reflexiones que lleven a probar la existencia de dios. (A veces esta doctrina se modifica en el sentido de que esta reflexión debe ir precedida de la duda)[21]. El aš'arismo se desarrolló a partir del mu'tazilismo y ahondándose críticamente en él. En varios de sus textos vemos que los aš'aríes siguieron a los mu'tazilíes al aceptar explícitamente la doctrina de que la reflexión es la primera obligación

[21] Fuentes de la mu'tazila de Baṣra que formulan esta doctrina incluyen Abū l-Ḥusayn Aḥmad Mānkdīm Šešdīw, *Šarḥ al-uṣūl al-ḫamsa*. Ed. 'Abd al-Karīm 'Uṯmān (El Cairo: Maktabat al-Wahba, 1384/1965), p. 39; Abū Muḥammad al-Ḥasan b. Aḥmad Ibn Mattawayh, *Kitāb al-Maǧmū' fī l-Muḥīṭ bi-l-taklīf*. Ed. J.J. Houben, Daniel Gimaret y Jan Peters (Beirut: Imprimerie Catholique, 1965-1999), vol. I, p. 19; y para la escuela de Abū l-Ḥusayn al-Baṣrī véase Rukn al-Dīn Ibn al-Malāḥimī al-Ḫwārazmī, *Kitāb al-Fā'iq fī uṣūl al-dīn*. Ed. Wilferd Madelung y Martin McDermott (Teherán: Iranian Institute of Philosophy-Freie Universität Berlin, 2007), pp. 7-9; Rukn al-Dīn Ibn al-Malāḥimī al-Ḫwārazmī, *Kitāb al-Mu'tamad fī uṣūl al-dīn*. Ed. Wilferd Madelung (Teherán: Mīrāṯ-e Maktūb-Freie Universität Berlin, 2012), pp. 75-78.

humana[22]. Un ejemplo temprano de esta adopción es una obra de un aš'arí de la tercera generación, Abū Bakr al-Bāqillānī (m. 403/1013), que circuló bajo dos títulos, *al-Risāla al-ḥurra* y *al-Inṣāf fī mā yağibu i'tiqāduhu wa-lā yağūzu l-ğahl bihi*[23]. Fue con el primer título, *al-Risāla al-ḥurra*, con el que el libro se introdujo y difundió en al-Andalus. Se encuentra entre las obras cuya circulación en la península ibérica documentó Fórneas Besteiro basándose en las dos *Fahrasa*s de 'Abd al-Ḥaqq Ibn 'Aṭiyya (m. 541/1147) e Ibn Ḫayr (m. 575/1180), así como la *Ġunya* de Qāḍī 'Iyāḍ (m. 544/1149)[24]. Las citas que Ibn Ḥazm (m. 456/1064) hace del tratado de al-Bāqillānī ofrece una posible prueba adicional de la presencia del texto en al-Andalus, como destaca Sabine Schmidtke[25].

---

[22] Aunque el fundador de la escuela Abū l-Ḥasan al-Aš'arī (m. 324/935-6) parece haber afirmado en ocasiones que la primera obligación humana es el conocimiento firme (*ma'rifa*) de dios, adoptó la postura mu'tazilí de que el razonamiento es un requisito previo para conocer a dios y, por tanto, la primera obligación real de los humanos; véase Daniel Gimaret, *La doctrine d'al-Ash'arī* (Paris: Cerf, 1990), pp. 212-213, apoyándose en Abū Bakr Muḥammad b. al-Ḥasan Ibn Fūrak, *Muğarrad maqālāt al-šayḫ Abī l-Ḥasan al-Aš'arī*. Ed. Daniel Gimaret (Beirut: Dār al-Mašriq, 1987), pp. 32, 190, 250. Un extenso análisis de la cuestión desde la perspectiva aš'arí se encuentra en Imām al-Ḥaramayn Abū l-Ma'ālī al-Ğuwaynī, *al-Šāmil fī uṣūl al-dīn*. Ed. 'Alī Sāmī al-Naššār, Fayṣal 'Awn y Šuhayr Muḥammad Muḫtār (Alexandria: Munša'at al-Ma'ārif, 1969), pp. 120-122, que aprueba la afirmación de que la reflexión es la primera obligación de los humanos; véase también Imām al-Ḥaramayn Abū l-Ma'ālī al-Ğuwaynī, *Kitāb al-Iršād ilā qawāṭi' al-adilla fī uṣūl al-i'tiqād*. Ed. Muḥammad Yūsuf Mūsā y 'Alī 'Abd al-Mun'im 'Abd al-Ḥamīd (El Cairo: Maktabat al-Ḫānğī, 1369/1950), p. 3. Para el rechazo de los aš'aríes a la «imitación ciega» (*taqlīd*) de autoridades y sus debates sobre el deber humano de reflexionar véase también Richard M. Frank, «Knowledge and *Taqlîd*: The Foundations of Religious Belief in Classical Ash'arism», *Journal of the American Oriental Society*, 109 (1989), pp. 37-62.

[23] El pasaje se encuentra en Abū Bakr Muḥammad Ibn al-Ṭayyib al-Bāqillānī, *al-Inṣāf fī mā yağibu i'tiqāduhu wa-lā yağūzu l-ğahl bihi*. Ed. Muḥammad Zāhid b. al-Ḥasan al-Kawṯarī (El Cairo: Maktabat al-Ḫānğī, 1431/2010^5), p. 22.

[24] José Maria Fórneas Besteiro, «*Al-Tamhīd* de al-Bāqillānī y su transmisión en al-Andalus», *Miscelánea de Estudios Árabes y Hebraicos: Sección Hebreo*, 26-28 (1977-1979), pp. 439-440.

[25] Véase Sabine Schmidtke, «Ibn Ḥazm's Sources on Ash'arism and Mu'tazilism», en Maribel Fierro, Camilla Adang y Sabine Schmidtke (eds.), *Ibn Ḥazm of Cordoba: The Life and Works of a Controversial Thinker* (Leiden: Brill, 2013), p. 386, quien admite que sigue siendo incierto si Ibn Ḥazm citó directamente de *al-Risāla al-ḥurra* o a través de una fuente intermediaria.

Si solo fuera sobre la base de nuestra evidencia de que *al-Risāla al-ḥurra* había llegado a al-Andalus entre otras obras aš'aríes, una cita de este texto en un credo de Abū 'Amr al-Dānī (m. 444/1053), titulado *al-Risāla al-wāfiya li-maḏhab ahl al-sunna fī l-i'tiqādāt wa-uṣūl al-diyānāt*, no sería especialmente sorprendente. Abū 'Amr al-Dānī era famoso por su erudición sobre las lecturas coránicas. Como explica en el prefacio de su *al-Risāla al-wāfiya*, escribió este credo en un intento de ofrecer una recopilación exhaustiva y un fundamento minucioso de las creencias y los principios teológicos que todo musulmán y, más en general, todo aquel que sea moralmente responsable (*mukallaf*) necesita conocer. Esto, dice, se aplica tanto a los expertos como a las personas que confían en la pericia de los expertos (*muqallid*)[26]. Abū 'Amr al-Dānī comienza el primer capítulo de su credo con una cita de *al-Risāla al-ḥurra* de al-Bāqillānī, afirmando que existe un amplio consenso entre los eruditos sobre la primera obligación de los humanos:

> La gente de la *sunna* y la comunidad (*ahl al-sunna wa-l-ǧamā'a*), los eruditos musulmanes tempranos y tardíos, la gente del hadiz, los juristas y los practicantes del *kalām* afirman que la primera obligación religiosa que Dios impone (*iftaraḍa*) a todos sus servidores una vez que han alcanzado la edad de ser moralmente responsables (*iḏā balaġū ḥadd al-taklīf*) es reflexionar racionalmente sobre los signos [de Dios], examinar Su creación e inferir Su [existencia] de las trazas de Su poder y de los testimonios de Su divinidad, porque Él (exaltado sea) no puede ser conocido inmediatamente (*bi-iḍṭirār*) y no es perceptible por los sentidos. Más bien, Su existencia y Su ser se conocen en virtud de pruebas visibles y demostraciones claras que conllevan Sus actos[27].

Leyendo *al-Risāla al-wāfiya* hasta este punto, podríamos suponer con razón que este tratado es un credo al estilo racionalista del *kalām*. El pasaje alude claramente a una línea de argumentación convencional

[26] Abū 'Amr 'Uṯmān b. Sa'īd b. 'Uṯmān al-Umawī al-Qurṭubī al-Maqqarī al-Dānī, *al-Risāla al-wāfiya li-maḏhab ahl al-sunna fī l-i'tiqādāt wa-uṣūl al-diyānāt*, ed. Daġash b. Šabīb al-'Aǧamī (Kuwait: Dār al-Imām Aḥmad, 2000/1421), p. 116.

[27] Abū 'Amr al-Dānī, *al-Risāla al-wāfiya*, pp. 117-118.

para demostrar por meras razones lógicas la existencia de dios y atribuirle omnipotencia[28]. Sin embargo, no es así como Abū 'Amr al-Dānī procede metodológicamente en lo que sigue. En lugar de ofrecer argumentos racionales, cita pruebas textuales de las Escrituras, a saber, versículos coránicos que sostienen que dios es el creador del mundo y, lo que es aún más sorprendente, versículos en los que dios llama a los seres humanos a investigar la creación con el fin de demostrar cómo fue creada[29]. No obstante, argumentos racionales están completamente ausentes, tanto en estos pasajes como en la siguiente sección sobre los atributos de dios. De hecho, Abū 'Amr al-Dānī establece que dios es uno, sempiterno, eternamente oyente, vidente, vivo, omnipotente, omnisciente, volitivo y hablante exclusivamente sobre bases escriturales[30]. En

[28] Basándose en los escritos de Ibn Rušd al-Ǧadd (m. 520/1126), Serrano sostiene que la doctrina de la obligación inicial de los humanos de probar racionalmente la existencia de dios se introdujo en al-Andalus solo cuando surgió el movimiento almohade; véase Delfina Serrano Ruano, «Entre almorávides y almohades: el concepto de *taklīf* (responsabilidad individual) y la introducción del imperativo de razonar la fe en el aš'arismo andalusí», en Dolores Villalba (ed.), *Al-Muwahhidūn: El despertar del califato almohade* (Granada: Patronato de la Alhambra y el Generalife, 2019), pp. 42-59. Como puede verse a continuación, el caso de al-Dānī apoya la suposición de Serrano de que la adopción de esta doctrina en el occidente islámico requiere una consideración matizada. No obstante, aparte de las evidencias de la circulación de obras aš'aríes orientales que afirman la obligación de los humanos de reflexionar –como *al-Risāla al-ḥurra* de al-Bāqillānī o el *Iršād* de al-Ǧuwaynī (véase Fórneas Besteiro, José Maria, «De la transmisión de algunas obras de tendencia aš'arī en al-Andalus», *Awrāq*, 1 [1978], pp. 7-8)– algunos textos aš'aríes occidentales, que han aparecido más recientemente en forma impresa o manuscrita, también sugieren que esta postura fue adoptada con anterioridad: la doctrina es aprobada, por ejemplo, por Abū Bakr al-Murādī (m. 489/1095) en su credo (*'Aqīdat Abī Bakr al-Murādī*. Ed. Ǧamāl 'Allāl al-Baḫtī [Tetuán: Markaz Abī l-Ḥasan al-Aš'arī, 1433/2012], p. 189), Abū 'Abd Allāh Muḥammad b. Muslim al-Māzārī (m. 530/1136) en su comentario sobre el *Iršād* de al-Ǧuwaynī (al-Māzārī, *al-Mihād fī šarḥ al-Iršād*, Ms. Tunis, Biblioteca Nacional, A-MSS-18586(01), fol. 3a-b), o Abū Bakr Ibn al-'Arabī (m. 543/1148) en su *al-Mutawassiṭ fī l-i'tiqād* (Abū Bakr Muḥammad Ibn al-'Arabī, *Kitāb al-Mutawassiṭ fī l-i'tiqād*. Ed. Abd Allāh al-Tawrātī [Tanger: Dār al-Ḥadīṯ al-Kattāniyya, 2015], pp. 113-116). Ibn Ḥazm también analiza críticamente la doctrina aš'arí de que es obligatorio demostrar racionalmente la existencia de dios, algo que señala que estaba familiarizado con la doctrina (véase más adelante).

[29] Abū 'Amr al-Dānī, *al-Risāla al-wāfiya*, p. 118.

[30] Abū 'Amr al-Dānī, *al-Risāla al-wāfiya*, pp. 120-122.

otras palabras, practica aquí pura teología tradicionalista. Sin embargo, en lugar de polemizar o incluso adoptar una actitud hostil, aprueba y legitima la afirmación de los racionalistas de que su método no solo es correcto, sino incluso obligatorio. Pero, sorprendentemente, lo hace sin aplicar él mismo el método.

La posición de Abū ʻAmr al-Dānī entre tradicionalismo y racionalismo es, en consecuencia, ambigua. Y podríamos seguir dando ejemplos de su elusiva postura. Siguiendo con la sección sobre los atributos de dios en *al-Risāla al-wāfiya*, podemos leer cómo Abū ʻAmr al-Dānī aborda las descripciones corpóreas de dios, como su rostro, sus manos y sus ojos[31], y más adelante las descripciones espaciales como su asiento en el trono y su estar por encima de su creación[32]. Abū ʻAmr al-Dānī se preocupa de establecer la verdad de estas descripciones mediante citas escriturales que deja sin interpretar. En línea con la teología tradicionalista, sostiene que afirmar los ojos de dios no implica asimilar a dios a su creación (*lā tašbīh*), aunque sin ofrecer ninguna comprensión alternativa. El hecho de que dios esté por encima, prosigue, debe profesarse sin tratar de explicar su modalidad ni de definirlo, ni debemos entenderlo en términos de proximidad espacial (*bi-ġayr kayfiyya wa-lā taḥdīd wa-lā muǧāwara wa-lā mumāssa*). En respuesta a quienes se interrogan sobre la modalidad en que dios esté por encima, Abū ʻAmr al-Dānī rechaza su tentativa, apoyándose en la autoridad de Mālik b. Anas (m. 179/795), quien consideró ininteligible (*ġayr maʻqūl*) la modalidad en que dios esté por encima y denunció todo intento de investigar su significado como una innovación ilegítima (*wa-l-suʼāl ʻanhu bidʻa*)[33]. Como hemos visto, los racionalistas hicieron precisamente lo contrario: no se contentaron con los sentidos literales de las descripciones antropomórficas de dios en las Escrituras, convencidos de que entrarían en contradicción con la razón y, por tanto, serían inconcebibles. En consecuencia, desarrollaron el método de la interpretación figurada (*taʼwīl*). Una de las exposiciones más importantes de este método fue una obra del teólogo ašʻarí Abū Bakr Ibn

[31] Abū ʻAmr al-Dānī, *al-Risāla al-wāfiya*, pp. 122-123.

[32] Abū ʻAmr al-Dānī, *al-Risāla al-wāfiya*, pp. 129-134.

[33] Abū ʻAmr al-Dānī, *al-Risāla al-wāfiya*, p. 130.

Fūrak (m. 406/1015), titulada *Muškil al-ḥadīṯ*[34]. Abū ʻAmr al-Dānī fue uno de los transmisores de *Muškil al-ḥadīṯ* en al-Andalus y, en consecuencia, se formó en el método de la interpretación figurada[35].

Dejemos de lado a Abū ʻAmr al-Dānī y exploremos un caso adicional. Uno de los más conocidos y declarados adversarios andalusíes de la teología racional fue el polígrafo cordobés Ibn Ḥazm. Polemizó con el muʻtazilismo, cuyas doctrinas conocía con toda probabilidad exclusivamente a través de textos heresiográficos, así como con el ašʻarismo, que conocía por encuentros personales con los representantes andalusíes de la escuela, así como por haber accedido a una parte de su literatura[36]. Ibn Ḥazm atacó a los practicantes del *kalām* desde la perspectiva de un literalista, ya que adoptó las enseñanzas de la escuela ẓāhirí. Esto significa que consideraba que las fuentes legítimas del conocimiento doctrinal se limitaban al Corán y a la tradición profética. Sin embargo, a diferencia de la forma más agnóstica de teología tradicionalista que hemos visto en el caso de Abū ʻAmr al-Dānī, Ibn Ḥazm afirmaba que las Escrituras deben entenderse en su sentido llano (*ẓāhir*)[37]. Otros rasgos centrales de

[34] Abū Bakr Muḥammad b. al-Ḥasan Ibn Fūrak, *Kitāb Muškil al-ḥadīṯ aw Ta'wīl al-aḫbār al-mutašābiha*. Ed. Daniel Gimaret (Damasco: Institut Français d'Études Arabes de Damas, 2003).

[35] Fórneas Besteiro, «De la transmisión», p. 7.

[36] Schmidtke, «Ibn Ḥazm's Sources».

[37] La literatura no suele distinguir claramente entre etiquetas como tradicionalismo, escrituralismo y literalismo, o las utiliza con connotaciones distintas. Patricia Crone y Fritz Zimmermann, *The Epistle of Sālim Ibn Dhakwān* (Oxford: Oxford University Press, 2001), p. 292, definen a un escrituralista como «a person who regards the scripture as the only authoritative source of law and doctrine, everything else being fallible human reasoning or custom»; Robert Gleave, *Scripturalist Islam: The History and Doctrines of the Akhbārī Shīʻī School* (Leiden: Brill, 2007) utiliza «escrituralista» en el mismo sentido, incluyendo en el concepto de Escritura el Corán y la tradición, empleando así «Escritura» como equivalente de *šarʻ*; Binyamin Abrahamov, «Scripturalist and Traditionalist Theology», en Schmidtke (ed.), *The Oxford Handbook of Islamic Theology*, pp. 263-264, identifica el escrituralismo y el literalismo, citando a Crone y Zimmermann, pero añadiendo (en silencio) que el escrituralismo también entiende las Escrituras literalmente; aplica la etiqueta de tradicionalista solo a personas a partir del siglo III/X. Refiriéndose a la a veces pretendida equivalencia entre el ẓāhirismo y el caraísmo, Stroumsa opone literalismo y escrituralismo, caracterizando a los ẓāhiríes como un movimiento literalista que se basa en las fuentes primarias y rechaza el razonamiento (*qiyās*), y a los caraítas

su enfoque son su rechazo del razonamiento por analogía (*qiyās*) y de la opinión informada (*ra'y*) en la interpretación de las fuentes.

En su *Kitāb al-Fiṣal fī l-milal wa-l-ahwā' wa-l-niḥal*, la obra que probablemente expone de forma más sistemática el pensamiento de Ibn Ḥazm, también aborda las cuestiones teológicas que examinamos anteriormente en *al-Risāla al-wāfiya* de Abū 'Amr al-Dānī. Ibn Ḥazm dedica un capítulo de esta obra al debate sobre los fundamentos racionales de la creencia, planteando si alguien puede ser considerado creyente en virtud de sus firmes convicciones creenciales, aunque no se basen en pruebas inferenciales (*istidlāl*). El *Fiṣal* está escrito en un estilo polémico y el capítulo comienza con Ibn Ḥazm citando, entre otros, a los «aš'aríes en su totalidad», nombrando a uno de sus destacados representantes, Abū Ǧa'far al-Simnānī (m. 444/1052), como defensores de la doctrina de que la verdadera creencia requiere tales pruebas. Ibn Ḥazm especifica que los aš'aríes limitan esta obligación a los adultos (*ba'd al-bulūġ*)[38]. Ibn Ḥazm lo rebate con la siguiente proposición:

> El resto del pueblo del islam (*sā'ir ahl al-islām*) afirma que quien mantiene una firme convicción en su corazón y no duda de ella, profiere con su lengua (*qāla bi-lisānihi*) que no hay más deidad que Dios, que Muḥammad es el mensajero de Dios, que todo lo que de él proviene es verdad, y se desvincula de toda religión excepto de la de Muḥammad (que Dios le bendiga y le conceda paz) es un musulmán [y] un creyente que no tiene más obligación que esa (*laysa 'alayhi ġayr ḏālik*)[39].

Ibn Ḥazm era consciente de las críticas que los teólogos racionalistas plantearían en respuesta a él. Siguiendo las pautas formales de la

---

como escrituristas por su rechazo de la tradición oral rabínica (en cierto modo correspondiente al hadiz musulmán) y por basarse, por tanto, en el razonamiento adoptando *kalām* mu'tazilí; véase Sarah Stroumsa, *Andalus and Sefarad: On Philosophy and Its History in Islamic Spain* (Princeton: Princeton University Press, 2019), p. 77.

[38] El capítulo se encuentra en Abū Muḥammad 'Alī b. Aḥmad Ibn Ḥazm, *al-Fiṣal fī l-milal wa-l-ahwā' wa-l-niḥal*. Ed. Muḥammad Ibrāhīm Naṣr y 'Abd al-Raḥmān 'Umayra (Beirut: Dār al-Ǧīl, 1405/1985), vol. IV, pp. 67-78; el comienzo del capítulo con la cita de al-Simnānī se cita en Schmidtke, «Ibn Ḥazm's Sources», pp. 396-397.

[39] Ibn Ḥazm, *al-Fiṣal*, vol. IV, p. 67.

argumentación dialéctica, reformula los contraargumentos de sus detractores en el *Fiṣal*: las convicciones sin pruebas equivalen a una imitación ciega (*taqlīd*); quien no tiene pruebas no habla con credibilidad; el verdadero conocimiento presupone pruebas; y lo que no es conocimiento es, en el mejor de los casos, duda o presunción (*ẓann*)[40]. A diferencia de tradicionalistas que prohíben debatir con los practicantes del *kalām*, Ibn Ḥazm se enfrenta a sus doctrinas y se esfuerza por refutarlas en una larga respuesta. Admite que la imitación ciega y acrítica de las autoridades (*taqlīd*) no es una fuente de conocimiento válido, pero al mismo tiempo rechaza que sus distractores apliquen esta noción a la aceptación del mensaje del Profeta, quien a diferencia del resto de los humanos recibió su mandato de dios[41]. Se trata, en efecto, de un argumento racional, que corrobora con textos escriturales. No es sorprendente, tratándose de un literalista, que una parte significativa de sus argumentos consista en citas del Corán y de la tradición profética. Sin embargo, también defiende racionalmente una definición alternativa del conocimiento o se opone a los argumentos de los racionalistas.

En cuanto a los atributos de dios, Ibn Ḥazm sostiene que la única fuente para describir a dios con propiedades específicas son las Escrituras[42]. Dios, afirma, solo puede ser descrito por los nombres que se da a sí mismo[43]. Basándose en el uso coránico del término árabe para «eterno» (*qadīm*), rechaza su atribución a dios, argumentando que en un versículo coránico *qadīm* se aplica a la luna. En lugar de *qadīm*, la única forma correcta de referirse a la eternidad de dios es el término «primero» (*awwal*), corroborado por el Corán y aplicado exclusivamente a dios. Defiende su planteamiento como una cuestión de coherencia

[40] Ibn Ḥazm, *al-Fiṣal*, vol. IV, pp. 67-68.

[41] Ibn Ḥazm, *al-Fiṣal*, vol. IV, pp. 68-69. Sobre el rechazo de Ibn Ḥazm a seguir acríticamente a autoridades distintas del Profeta, véase Camilla Adang, «"This Day Have I Perfected Your Religion For You": A Ẓāihīrī Conception of Religious Authority», en Gudrun Krämer y Sabine Schmidtke (eds.), *Speaking for Islam* (Leiden: Brill, 2006), pp. 15-48.

[42] Ignaz Goldziher, *The Ẓāhirīs: Their Doctrine and their History. A Contribution to the History of Islamic Theology*. Trad. Wolfgang Behn (Leiden: Brill, 2008), pp. 133-146.

[43] Ibn Ḥazm, *al-Fiṣal*, vol. II, p. 325.

metodológica. Obviamente, apunta con su argumento a los practicantes del *kalām*: recurriendo al rechazo categórico de los *mutakallimūn* a concebir a dios como un cuerpo, afirma que no hay diferencia entre, por un lado, llamar a dios cuerpo, argumentando que «cuerpo» es una mera afirmación de su existencia y una negación de su inexistencia, y, por otro lado, llamar a dios *qadīm* para afirmar que es eterno y negar que es creado. Aceptar una y rechazar la otra descripción no solo es incoherente, sino cualquiera de las dos descripciones se debe considerar herética (*ilḥād*) por los mismos motivos[44].

En consecuencia, dice Ibn Ḥazm, no es menos herético atribuir a dios nombres que presumimos que tiene por meras consideraciones racionales –por ejemplo, que debe estar vivo por negar que esté muerto o inanimado. Ya sea que los *mutakallimūn* afirmen que dios es vivo sin afirmar una entidad de vida eterna (como hacen los mu'tazilíes), o que afirmen que dios es vivo en virtud de una entidad de vida que subsiste en él (como hacen los aš'aríes), ambas doctrinas no son válidas porque se basan en reflexiones inferenciales, según Ibn Ḥazm[45]. Ofrece una larga refutación que intenta demostrar la falta de solidez de los racionalistas (*bāṭil al-'aql*) desde un punto de vista racional[46]. Sin embargo, el literalismo de Ibn Ḥazm también tiene sus límites, como ya había demostrado Goldziher con respecto a su enfoque de la comprensión de las descripciones corporales de dios en las Escrituras[47]. Sorprendentemente, Ibn Ḥazm niega que las Escrituras que aluden al rostro o las manos de dios se refieran a un rostro real o a unas manos como las que poseen los humanos. Aquí, Ibn Ḥazm concede explícitamente que su rechazo de entender estos pasajes en un sentido literal es una consecuencia lógica de su refutación anterior de los corporalistas[48].

Asimismo, Ibn Ḥazm desechó otros principios literalistas, por ejemplo, cuando abandona el axioma de permitir el discurso sobre dios solo en una terminología corroborada por el uso escriturario. Un capítulo del

[44] Ibn Ḥazm, *al-Fiṣal*, vol. II, pp. 325-326.
[45] Ibn Ḥazm, *al-Fiṣal*, vol. II, pp. 329-330.
[46] Ibn Ḥazm, *al-Fiṣal*, vol. II, pp. 334-340.
[47] Goldziher, *The Ẓāhirīs*, pp. 151-154.
[48] Ibn Ḥazm, *al-Fiṣal*, vol. II, pp. 347-349.

Fiṣal discute si dios tiene una «quiddidad» (*māhiyya*)[49]. En la introducción de este capítulo, Ibn Ḥazm relata que los muʻtazilíes negaron que dios tuviera una «quiddidad». Hay que señalar que esta afirmación no es correcta si no se matiza. De hecho, a Ḍirār b. ʻAmr (m. ca. 200/815), uno de los primeros miembros de la escuela muʻtazilí que fue finalmente expulsado de ella, le culparon los muʻtazilíes por plantear que dios tiene una naturaleza *oculta*, y rechazaron la idea de Ḍirār de que la «quiddidad» de dios solo la conoce dios mismo[50]. Notablemente, Ibn Ḥazm está de acuerdo con la doctrina de Ḍirār b. ʻAmr, argumentando sobre la base de un análisis morfológico común del término *māhiyya*, que lo explica como un derivado del interrogativo *mā huwa* (¿qué es?)[51]. Este interrogativo, sigue argumentando Ibn Ḥazm, se encuentra efectivamente en el Corán y se aplica a dios en la pregunta «¿qué es el Creador?» (*mā huwa l-bāri'*). Se refiere a Q 26 (al-Šuʻarā'):23-24, donde el faraón pregunta a Moisés «¿qué es el Señor del mundo?». Según Ibn Ḥazm, la respuesta a esta pregunta solo la conoce dios. Moisés responde al faraón con la aprobación de dios, aunque no de forma exhaustiva (*lam yakun ǧawāban ṣaḥīhan tāmman*), como argumenta Ibn Ḥazm. Concluye que la Escritura avala la concepción de una quiddidad divina y que los humanos son incapaces de captarla. Sin embargo, este razonamiento implica cierto grado de flexibilidad por parte de Ibn Ḥazm (sin ser explícito al respecto), ya que un rechazo categórico de cualquier terminología técnica que no aparece literalmente en las Escrituras lo excluiría de hecho.

El conflicto entre racionalismo y tradicionalismo marcó profundamente el discurso de los teólogos musulmanes. Con Abū ʻAmr al-Dānī

---

[49] Ibn Ḥazm, *al-Fiṣal*, vol. II, pp. 359-361.

[50] Para la teoría de Ḍirār, véase Josef van Ess, *Theology and Society in the Second and Third Centuries of the Hijra*. Trad. John O'Kane, Gwendolin Goldbloom y Renee Otto (Leiden: Brill, 2016-2020), vol. III, pp. 52-54. Para algunos debates muʻtazilíes sobre la teoría de Ḍirār de la «quiddidad» y la crítica a la concepción de la quiddidad de dios como incognoscible véase Jan Thiele, «The Jewish and Muslim Reception of ʻAbd al-Jabbār's *Kitāb al-Jumal wa-l-ʻuqūd*: A Survey of Relevant Sources», *Intellectual History of the Islamicate World*, 2 (2014), pp. 109-111.

[51] Véase R. Arnaldez, «Māhiyya», en P. Bearman, Th. Bianquis, C.E. Bosworth, E. van Donzel y W.P. Heinrichs (eds.), *Encyclopaedia of Islam Online*, 2.ª ed. (Leiden: Brill, 1960-2007), http://dx.doi.org/10.1163/1573-3912_islam_SIM_4787.

e Ibn Ḥazm revisitamos a dos teólogos andalusíes que participaron activamente en este debate durante la primera mitad del siglo V/XI. Aunque ninguno de los dos hace un intento explícito de ofrecer un compromiso entre racionalismo y tradicionalismo o incluso de trascender el conflicto, nuestra lectura de algunos pasajes seleccionados de sus obras nos presenta a dos teólogos que no encajan en los estereotipos del antagonismo entre racionalistas y tradicionalistas.

Abū Bakr Ibn al-ʻArabī contra los barmaquíes: religión y ciencias de los antiguos en la época almorávide*

Miquel Forcada
Universitat de Barcelona

I. Introducción

Ibn al-ʻArabī (468/1076-543/1148) es uno de los ulemas más importantes de la primera mitad del siglo XII[1], una época especialmente fértil del malikismo andalusí en la que conviven maestros de la talla de Abū Bakr al-Ṭurṭūšī, Abū ʻAlī al-Ṣadafī, Ibn Rušd al-jādd o el Qāḍī ʻIyāḍ. Para las ciencias de los antiguos, este periodo es menos favorable

* Este artículo se ha escrito en el marco del proyecto «Aspectos sociales en fuentes astrológicas árabes medievales: herencias y discontinuidades respecto a la tradición griega» / «Social aspects in medieval Arabic astrological sources: their legacy and discontinuity in the Greek tradition», PID2021-126415NB-I00, financiado por MCIN / AEI /10.13039 /501100011033/ FEDER, UE.

1 Sobre la vida y la obra de Abū Bakr ibn al-ʻArabī, véase Pedro Cano Ávila, Alejandro García Sanjuán y Aḥmad Tawfiq, «Ibn ʻArabī al-Maʻāfirī, Abū Bakr», *Biblioteca de al-Andalus* (Almería: Fundación Ibn Ṭufayl, 2004-2012), vol. II, pp. 129-58, y Maribel Fierro, *Historia de los autores y transmisores de al-Andalus* (= HATA), https://www.eea.csic.es/red/hata/autor.php?idg=909&pag_o=1 (consultado 25-01-24).

que para las ciencias religiosas, ya que coincide con el dominio almorávide que interrumpe la dinámica positiva propiciada por las cortes de taifas[2]. El giro hacia el malikismo ortodoxo que caracteriza la política almorávide conlleva un replanteamiento de la relación del poder con las disciplinas racionales. Los reyes taifas habían promovido intensamente la actividad científica y filosófica imitando a la Córdoba omeya que, a su vez, imitaba el Bagdad abasí. Desde el siglo III/IX, la práctica científica fomentada en al-Andalus por las cortes había propiciado, en algunas minorías ilustradas, una cosmovisión racionalista que tenía, además, algunas manifestaciones muy populares como la astrología. Un literato andalusí tardío, Ibn Sa'īd al-Maghribī (m. 685/1286) señala que, en al-Andalus, todas las ciencias están permitidas excepto la astrología y la Filosofía, que, sin embargo, agradan a las élites; el «pueblo», es decir, los buenos creyentes musulmanes impulsados por los ulemas, reacciona contra estas disciplinas, circunstancia de la que se aprovechan algunos dirigentes, para perseguir las ciencias conflictivas cuando les conviene por motivos políticos[3]. Aunque el autor no define qué quiere decir con filosofía, hay que sobrentender un sentido casi etimológico que abarca todos los saberes que permiten el conocimiento de las cosas de este mundo y el otro mediante la sola razón humana. Es decir, los conocimientos que pueden inducir en el ser humano la creencia de que los textos revelados por Dios son secundarios, porque la razón puede descubrir todas las verdades posibles, del mismo modo que se puede discernir racionalmente el curso del futuro si se considera, como creían muchos, que la astrología es una ciencia. Precisamente estas materias son las más problemáticas durante la era almorávide.

En el mundo islámico, y desde el principio de la era abasí, el núcleo fundamental del problema es la lucha por el poder, en este caso el poder inmaterial, pero altamente importante, del derecho a tener la máxima autoridad y la última palabra sobre el discurso religioso que fundamenta y

---

[2] «Ciencias de los antiguos» es una de las denominaciones que, en muchas fuentes árabes, recibe el legado científico y filosófico de origen griego con aportaciones indo-iranias traducido al árabe.

[3] Al-Maqqarī, *Nafḥ al-ṭīb*. Ed. Iḥsān 'Abbās (Beirut: Dār Sādir, 1988), vol. I, p. 221.

vertebra las sociedades medievales[4]. Muchos ulemas andalusíes, la mayoría de ellos miembros de la escuela mālikí, reaccionan contra la difusión de las ciencias que cuestionan el monopolio intelectual de la religión y son capaces de condicionar la postura que algunos soberanos adoptan hacia las mismas. El conocido episodio de la destrucción por parte de Almanzor de los libros sobre filosofía y astrología contenidos en biblioteca de al-Ḥakam II, para que el usurpador obtuviera la legitimización de los ulemas, es un buen ejemplo de la postura de los religiosos y sus implicaciones políticas. Pero solo es un contratiempo temporal y las cortes taifas asumen como propia la herencia de la cultura científica de los omeyas, incluyendo una firme afición por la astrología. Los ulemas del siglo V/XI tienen, en las cortes taifas, seguramente menor capacidad de presión política colectiva que sus predecesores de la etapa del califato, concentrados en Córdoba. Según reza el tópico, cierto en muchos extremos, los reyes taifas pueden beber vino, cobrar impuestos ilegales o consultar al astrólogo con cierta o mucha tranquilidad debido a la impotencia y la dejadez de los religiosos. Sin embargo, en el siglo V/XI, las ciencias religiosas se desarrollan tanto como las de los antiguos y los grandes ulemas y teólogos de la época, como Ibn Ḥazm, Ibn ʻAbd al-Barr y al-Bājī[5], conviven con científicos y filósofos, en unas cortes que apoyan tanto al saber religioso como al racional. Esta convivencia les lleva a elaborar un discurso coherente y relativamente homogéneo ante las ciencias de los antiguos, diferenciando dos esferas que coinciden con los dos ejes maestros de la ley islámica: la *ʻibāda*, la esfera de la relación del ser humano con Dios y lo divino, y el *muʻāmalāt*, la esfera de la relación de los seres humanos entre sí en la vida terrenal. La razón y los saberes que esta desarrolla son insuficientes y hasta contraproducentes en la primera, pero pueden ser prácticos en la segunda. Las ciencias de los antiguos son aceptables si nos ayudan en nuestro tránsito por el mundo terrenal o si nos enseñan a

---

[4] Véase *infra* §IV.

[5] Sobre la actitud de estos autores hacia las ciencias de los antiguos, véase Miquel Forcada, «Al-Mu'taman ibn Hūd in Context: Kingship and Philosophy in al-Andalus (10th-11th Centuries)», *Studia Islamica*, 118 (2023), p. 10, bibliografía de la n. 29; véase, además, Miquel Forcada, «Ibn ʻAbd al-Barr y los anwā': astronomía y religión en al-Andalus», *Al-Qanṭara*, 44 (2023), e07.

conocer la obra de Dios y, gracias a este conocimiento, facilitan que nos inclinemos ante su gloria. Por poner un ejemplo de uno de los problemas más acuciantes, la astronomía: la ciencia de las estrellas es reprobable si tiene por finalidad la astrología judiciaria, pero es admisible si nos explica cómo es el universo de los cielos y nos ayuda a calcular mejor las horas del rezo o la orientación de las mezquitas. Los almorávides representan la restitución de la ortodoxia mālikí y, por lo tanto, significan el triunfo de las ideas de los ulemas del siglo V/XI. Ibn al-ʻArabī, discípulo indirecto de estos sabios, elabora en plena época almorávide un discurso hacia las ciencias y la filosofía que es más crítico que el de sus predecesores. Sus argumentos aparecen dispersos en varios de sus libros, aunque la mayor fuente es el principal libro de teología escrito por el autor, *al-ʻAwāṣim min al-qawāsim*[6]. Las siguientes páginas pretenden realizar un análisis preliminar de este discurso. Dada la extensión cuantitativa y cualitativa del mismo, nos centraremos, por una parte, en profundizar el papel de las ciencias de los antiguos en la formación intelectual de Ibn al-ʻArabī en el contexto de la Sevilla ʻabbadí de finales del siglo V/XI. Por otra, en analizar el relato que efectúa Ibn al-ʻArabī del proceso de

[6] Sobre el cual, véase Frank Griffel, *Al-Ghazālī's Philosophical Theology* (Oxford: Oxford University Press, 2009), pp. 66-69 y la introducción de ʻAmmār Ṭālibī a su edición de la obra, *Arā'Abī Bakr ibn al-ʻArabī al-kalāmiyya* (Argel: al-Šarika al-Waṭaniyya li-l-Našr wa-l-Tawzīʻ, 1974), vol. II. El título puede traducirse literalmente como «las defensas contra las fuerzas destructoras» y parece claramente inspirado por el *Tahāfut al-falāsifa* de al-Ġazālī Siguiendo la interpretación de Griffel, el título puede ser entendido como «argumentos contrarios a las serias objeciones», es decir, refutaciones de Abū Bakr ibn al-ʻArabī a las opiniones contrarias que manifiestan una larga serie rivales religiosos, intelectuales e ideológicos. Griffel indica que el destinatario principal de este libro es el propio al-Ġazālī, cuya teología estaba demasiado influenciada por los filósofos según Abū Bakr ibn al-ʻArabī. En esencia, hay dos versiones distintas de la obra. Una, incompleta, se debe a Muḥibb al-Dīn al-Ḫaṭīb (primera ed., El Cairo, 1951, reeditada y reimpresa varias veces; se utilizará la edición de Beirut: Dār al-Jīl, 1986). El texto lleva el título *al-ʻAwāṣim min al-qawāsim fī taḥqīq mawāqīf al-ṣaḥāba baʻda wafāt al-Nabbī*, es decir, «las defensas contra los ataques sobre las posiciones de los compañeros después de la muerte del Profeta» y trata de los conflictos políticos y religiosos surgidos en los primeros tiempos del islam. La edición completa es la de Ṭālibī antes citada e incluye la edición de Muḥibb al-Dīn al-Ḫaṭīb entre las pp. 275 y 356. Salvo indicación distinta, se utilizará la ed. de Ṭālibī. Para otras ediciones, véase HATA, https://www.eea.csic.es/red/hata/obra.php?ido=11810 (consultado 25-01-24).

aculturación de las ciencias de los antiguos de origen griego en la civilización araboislámica realizado por los abasíes entre los siglos II/VIII y III/IX, que tiene como impulsor fundamental al califa al-Ma'mūn. La reconstrucción que realiza Ibn al-ʻArabī, proyectando su presente en el pasado, es esencial para entender su relación difícil con la filosofía y las ciencias, porque, para él, en este episodio histórico nace uno de los males fundamentales de la sociedad musulmana: la desviación de la ortodoxia que la razón no guiada por los religiosos engendra en el islam. De esta manera, podremos comprender un poco mejor las dinámicas de la evolución de las ciencias y la filosofía en al-Andalus entre la época taifa y la almohade, marcada por hechos tan aparentemente contradictorios como la dificultad del cultivo de la astronomía y la astrología, por un lado, y, por otro, la irrupción del aristotelismo de la mano de Ibn Bājja y su escuela, a pesar de la aparente hostilidad ambiental[7].

II. Abū Bakr Ibn al-ʻArabī y la transición intelectual de los taifas a los almorávides

II.1. La autobiografía formativa de Ibn al-ʻArabī en contexto

Según el propio testimonio de Ibn al-ʻArabī, su educación, a pesar de estar centrada en la religión y la lengua, abarcó un amplio espectro de materias astronómicas y matemáticas[8]. Hacia los dieciséis años había aprendido:

> las ciencias de la aritmética, [es decir], la aritmética comercial (*muʻāmalāt*), el álgebra y las particiones sucesorias (*farā'iḍ*) en la práctica, y después el tratado de Euclides[9] y lo que sigue [de geometría] hasta el teorema de

---

[7] Queda fuera del ámbito de este estudio un análisis detallado de las opiniones de Ibn al-ʻArabī sobre la filosofía y la teología racional. Sobre este extremo, sigo las líneas trazadas por ʻAmmār Ṭālibī en *Arā' Abī Bakr ibn al-ʻArabī,* vol. I, pp. 89-285. A pesar de que este estudio debiera ser puesto al día y ampliado, todavía ofrece una base muy sólida para entender a Ibn al-ʻArabī.

[8] Ibn al-ʻArabī, *Qānūn al-ta'wīl*. Ed. Muḥammad Sulaymān (Yeda-Beirut: Dār al-Qibla-Mu'assassa ʻUlūm al-Qur'ān, 1986), pp. 418-419; *Muḫtaṣar tartīb al-Riḥla*, ed. Saīd Aʻrāb, *Maʻa al-Qāḍī Abī Bakr ibn al-ʻArabī* (Beirut: Dār al-Ġarb al-Islāmiyya, 1987), vol. II, pp. 189-190.

[9] Debe referirse a los *Elementos.*

Menelao (*al-šakl al-qaṭṭā'*)[10]; hice cálculos con los tres *zījes*[11], y estudié el astrolabio y la proyección del punto (*masqaṭ al-nuqṭa*)[12].

Se considera que este relato autobiográfico se puede corresponder con la educación de matemáticas y astronomía que recibían las élites de la época de los taifas[13], pero la singularidad intelectual de Ibn al-ʻArabī (y su padre) invita a ser cautos con las generalizaciones, como veremos a continuación. Además, el párrafo transmite una impostada exhibición de erudición con la cual el autor quiere dejar claro al lector que tuvo una formación en las disciplinas matemáticas muy cuidada y que, cuando efectúa sus críticas, sabe de lo que habla. Independientemente del valor histórico que podamos atribuir a esta declaración, la misma indica que la formación de Ibn al-ʻArabī incluía tanto los aspectos más prácticos de la matemática útil para la vida cotidiana y legal, como la teoría abstracta de la matemática y la astronomía. Las menciones del astrolabio y del cálculo de posiciones planetarias mediante tablas sugieren que Ibn ʻArabī también tuvo una formación astrológica que, paradójicamente, se transluce en los textos que escribió contra esta materia. Este hecho sería perfectamente natural en el hijo de un destacado servidor de al-Muʻtamid, gran aficionado a los juicios de las estrellas[14]. Los escritos de Ibn

---

10 Podría referirse a algún tratado sobre el teorema de Menelao como, por ejemplo, el que escribió Ṯābit ibn Qurra. En cualquier caso, el teorema de Menelao es el teorema fundamental de la trigonometría esférica de Ptolomeo, es decir, de una de las bases más importantes de la astronomía matemática.

11 Es decir, «las tres tablas astronómicas». Esta expresión es inusual. Parece querer decir «las tres tablas por antonomasia». Según Julio Samsó (comunicación personal que agradezco), los tres *zijes* más importantes que podía conocer un autor del siglo VI/XII en al-Andalus serían el de al-Ḫwarīzmī, el de al-Baṭṭānī y las «tablas de Toledo».

12 El astrolabio, otros instrumentos astronómicos como la azafea, y las representaciones geográficas, se basan en la proyección de los puntos de las esferas en el plano bidimensional. En consecuencia, Ibn al-ʻArabī nos dice que no solo sabía cómo manejar un astrolabio, sino que también conocía sus fundamentos teóricos.

13 Véase, por ejemplo, Muqtadir Zarrūqī, «Taʻlīmiyya al-ḥisāb wa-l-jabr fī l-anẓima al-taʻlīmiyya al-jazā'iriyya wa-l-andalusiyya», *Taʻlīmāt*, 14 (2018), pp. 227-228.

14 Marie Geneviève Balty-Guesdon, «Médecins et hommes de science en Espagne Musulmane (II/VIIIe-V/XI s.)», tesis doctoral inédita presentada en la U. de la Sorbonne Nouvelle en 1988 (Lille: Atelier des microfiches, 1992), p. 315.

al-ʻArabī también transmiten que su autor poseía una cultura médica, que incluía los fundamentos de la medicina en la filosofía natural y un conocimiento relativamente amplio de las obras de los filósofos. La medicina y las ciencias naturales fueron unas materias especialmente florecientes en la taifa sevillana (piénsese en la escuela agronómica o en la familia de los Banū Zuhr)[15]. Teniendo en cuenta que la medicina era una de las disciplinas más populares entre las élites cultivadas, es lógico suponer que el joven Ibn al-ʻArabī hubiera adquirido conocimientos sobre estas temáticas de manos de sus preceptores, aunque no hable de ello. La filosofía y la teología no eran especialmente florecientes en Sevilla[16] y, como es bien sabido, el emir al-Muʻtaḍiḍ ordenó la quema de las obras de Ibn Ḥazm[17]. Sin embargo, las causas fueron políticas y no religiosas y, como veremos, los discípulos de Ibn Ḥazm frecuentaron la corte ʻabbādí. Sin que haya pasado a la historia como un protector de la filosofía, parece que el emir al-Muʻtamid debió tener una actitud, por lo menos, tolerante[18]. Al-Muʻtamid, que creía firmemente en la astrología y fue mecenas del célebre astrónomo Azarquiel, sabía que esta solo tenía sentido en el marco conceptual de la filosofía griega y, por lo tanto, debía aceptar de algún modo la cosmovisión de los filósofos. Por otra parte, las disciplinas filosóficas eran comúnmente estudiadas por los sabios del siglo XI, muchos de los cuales tenían un perfil

---

[15] Balty-Guesdon, «Médecins», pp. 316-320.

[16] Balty-Guesdon, «Médecins», pp. 322-324, con las puntualizaciones que se efectúan a continuación.

[17] Janina M. Safran, «The Politics of Book Burning in al-Andalus», *Journal of Medieval Iberian Studies*, 6 (2014), pp. 154-155.

[18] La actitud de al-Muʻtamid fue contradictoria como se puede ver en el episodio de la persecución de Ibn Ḥātim al-Ṭulayṭulī (m. 464/1072) estudiado en detalle por Maribel Fierro, «El proceso contra Ibn Ḥātim al-Ṭulayṭulī (años 457/1064-464/1072)», en Manuela Marín (ed.), *Estudios onomástico-biográficos de al-Andalus 6* (Madrid: CSIC, 1994), pp. 187-216. Ibn Ḥātim tuvo que huir de Toledo por una acusación de herejía que lanzaron contra él algunos ulemas. Huyendo de Toledo hacia Zaragoza, fue capturado por al-Muʻtamid, que lo ejecutó. Por otra parte, Sevilla fue en esta época un centro de estudios *ẓāhiríes* según Camilla Adang, «The Spread of Zahirism in Post-Caliphal al-Andalus: The Evidence from the Biographical Dictionaries», en Sebastian Günther (ed.), *Ideas, Images, and Methods of Portrayal: Insights into Classical Arabic Literature and Islam* (Leiden-Boston: Brill, 2005), p. 313.

intelectual polifacético. Dos de estos sabios trabajaron estrechamente para al-Muʻtamid: el judío Isaac Albalia, que ejercía de ministro y astrólogo, y el citado Mālik ibn Wuhayb. Ibn al-ʻArabī hubiera podido ser, en teoría, su discípulo, aunque la situación parece haber sido más compleja como veremos seguidamente.

II.2. La educación de Ibn al-ʻArabī y la influencia de ʻAbd Allāh Ibn al-ʻArabī e Ibn Ḥazm

Aunque en los estudios biográficos sobre Ibn al-ʻArabī se suele hacer poco hincapié en la influencia de su padre, Abū Muḥammad ʻAbd Allāh b. Muḥammad b. Aḥmad b. al-ʻArabī al-Maʻāfirī (435/1043-493/1099)[19], esta debió ser considerable en la educación del hijo. Como es obvio, debió dirigirla de algún modo, pero parece ser que era un hombre muy ocupado y se cuidó a distancia de este asunto. El padre se habría limitado a ponerle cuatro maestros: uno para aprender el Corán, que dominó a los nueve años, otro para enseñarle las siete lecturas del Corán, otro más para la lengua y un cuarto para las disciplinas matemáticas (*al-ḥusbān*) antes vistas[20]. En los textos autobiográficos sobre su educación, Ibn al-ʻArabī expresa un cierto distanciamiento respecto a su padre, como si el conocimiento de los libros y las materias complejas se debiera, sobre todo, a su propio esfuerzo e interés. A hurtadillas, el hijo escuchaba las conversaciones de su padre con otros sabios y tomaba buena nota[21]. Puede ser que este distanciamiento se debiera a la ajetreada vida cortesana del padre, pero puede haber una razón religiosa

---

[19] María Luisa Ávila (ed.), *Proposopografía de los ulemas de al-Andalus,* ID 5370, https://www.eea.csic.es/pua/personaje/consulta_personaje.php?id=5370 (consultado 25-01-24).

[20] Ibn al-ʻArabī, *Qānūn*, p. 415.

[21] Ibn al-ʻArabī, *Qānūn*, pp. 421-422, *Muḫtaṣar*, 192-193; véase una traducción en Houari Tourati, *Islam et voyage au Moyen Âge* (Paris: Éditions du Seuil, 2000), pp. 289-290. El padre hace un hueco en la agenda para ir a ver los avances de la educación de su hijo, que entonces está recibiendo clase. Sin embargo, llegan unos colegas y un librero que trae unos volúmenes, entre los cuales uno del teólogo *ašʻarī* Ibn Samāma, quien había sido maestro de al-Bāŷī, se ponen a conversar y terminan elogiando a este último y el hijo manifiesta su propósito de llegar a ser tan grande como al-Bāŷī.

que explique el alejamiento, real o literario, que expresa el hijo respecto a su padre. Este último fue discípulo de Ibn Ḥazm, y no un discípulo cualquiera. Según el propio testimonio de Ibn al-Arabī padre[22], este «siguió a Ibn Ḥazm durante siete años», en los que escuchó[23] «todas sus obras excepto el último volumen del *Qaṣd*[24], que representa sólo un sexto de la obra». Ibn al-'Arabī padre fue un *ẓāhirí* convicto y confeso[25], es decir, el seguidor de una escuela legal minoritaria y enfrentada al malikismo dominante en al-Andalus y que abrazó plenamente Abū Bakr ibn al-'Arabī. Las fuentes son algo contradictorias porque también dicen que el padre fue discípulo de al-Bājī, pero lo cierto es que no fue un ulema malikí convencional sino, sobre todo, un literato que se formó en buena medida en Oriente. El célebre antólogo Ibn Ḫāqān lo describe con estas palabras:

> Fue un plenilunio en el cielo de Sevilla y un puntal en el consejo de sus monarcas, y al-Mu'tamid ibn 'Abbād lo prefirió del mismo modo que al-Ma'mūn a Ibn Abī Du'ād[26].

La frase aparece en medio de una nota biográfica sobre Ibn al-'Arabī hijo, llena de elogios hacia este último. Como es bien sabido, Ibn Ḫāqān es uno de los testimonios más importantes de la época almorávide y un destacado enemigo de los filósofos y las disciplinas heterodoxas. La

[22] Ibn 'Asākir, *Ta'rīḫ madīnat Dimašq*, ed. 'Umar ibn Ġarāma al-'Amrawī (Beirut: Dār al-Fikr, 1995-2000), vol. XXXII, pp. 231-232, n.º 3510; sobre la relación con Ibn Ḥazm, véase además al-Ḏahabī, *Siyar a'lām al-nubalā'*. Ed. Ša'īb al-Arna'ūṭ (Beirut: Mu'assasat al-Risāla, 1986), vol. XIX, pp. 130-131, n.º 68. Las fuentes biográficas andalusíes como la *Ṣila* de Ibn Baškuwāl o la *Buġya* de al-Ḍabbī omiten su relación con Ibn Ḥazm. Más fuentes biográficas en Adang, «The Spread of Zahirism», pp. 297-298, n.º 4, donde no se menciona, sin embargo, la entrada de *Ta'rīḫ madīnat Dimašq*.

[23] Aprendió mediante la «audición» (*samā'a*); es decir, escuchó las obras directamente de Ibn Ḥazm.

[24] Se refiere al célebre *Fiṣal* de Ibn Ḥazm.

[25] Adang, «The Spread of Zahirism», pp. 303 y 313.

[26] Ibn Ḫāqān, *Maṭmaḥ al-anfus*. Ed. Muḥammad 'Alī Šawābika (Beirut: Dār 'Ammār-Mu'assasat al-Risāla, 1983), p. 297. Reproducido defectuosamente por al-Ḍabbī, *Buġyat al-Multamis*. Ed. Ibrāhīm al-Abyārī (El Cairo-Beirut: Dār al-Kitāb al-Miṣrī-Dār al-Kitāb al-Lubnānī, 1989), vol. II, p. 436, n.º 894.

comparación entre ʿAbd Allāh ibn al-ʿArabī y el teólogo muʿtazilí Ibn Abī Duʾād[27] no parece coincidencia. Entre los muchos ejemplos de favoritismo de un rey hacia un cortesano que hay en la literatura árabe, Ibn Ḫāqān escoge la íntima relación que hubo entre el califa abasí al-Maʾmūn y el que fuera seguramente el máximo ideólogo y ejecutor de la *miḥna* en su calidad de juez supremo[28], es decir, uno de los máximos enemigos de los ulemas suníes ortodoxos. Parece que Ibn Ḫāqān advierte, de manera subrepticia, que ʿAbd Allāh ibn al-ʿArabī era un heterodoxo, quizá porque, como hizo Ibn Abī Duʾād con el *muʿtazilismo*, había difundido las ideas heterodoxas de Ibn Ḥazm entre el rey y la corte[29]. Esta circunstancia sería una de las posibles causas que explicaría el aludido distanciamiento del hijo respecto al padre[30] y también de que el primero pase como pisando ascuas por las causas de la desgracia del segundo[31].

---

[27] Sobre el cual, véase Karl Vilhelm Zetterstéen y Charles Pellat, «Aḥmad b. Abī Duʾād», *Encyclopaedia of Islam*, 2.ª ed. (Leiden: Brill, 1960), vol. I, p. 271.

[28] Sobre la *miḥna*, véase *infra* §IV.

[29] Adang, «The Spread of Zahirism», pp. 311-313. Adang indica que desde la época de al-Muʿtaḍiḍ había altos funcionarios *ẓāhiríes* en la corte, y que el hijo de al-Muʿtamid, al-Rāḍī, fue también *ẓāhirí* y pudo ser discípulo de un cortesano como ʿAbd Allāh Ibn al-ʿArabī.

[30] Abū Bakr ibn al-ʿArabī fue altamente crítico con Ibn Ḥazm y dedicó dos obras completas a su refutación que se han perdido. Sobre los fragmentos que han quedado, véase Samir Kaddouri, «Refutations of Ibn Ḥazm by Mālikī Authors from al-Andalus and North-Africa», en Camilla Adang, Maribel Fierro y Sabine Schmidtke (eds.), *Ibn Ḥazm of Cordoba: The Life and Works of a Controversial Thinker* (Leiden: Brill, 2013), pp. 574-577; véase, además, Xavier Casassas Canals y Delfina Serrano Ruano, «Putting Criticisms against al-Ghazālī in Perspective. New Materials on the Interface between Law, Rational Theology and Mysticism in Almoravid and Almohad al-Andalus (Ibn Rushd al-Jadd and al-Qurṭubī)», en Ayman Shihadeh y Jan Thiele (eds.), *Philosophical Theology in Islam: Later Ashʿarism East and West* (Leiden: Brill, 2020), p. 275 y n. 6, bibliografía.

[31] Ibn al-ʿArabī, *Qānūn*, pp. 419-420. Sin entrar en detalles, el autor menciona la aparición de los almorávides como un periodo triste y turbulento, diciendo que, sin embargo, «fue bueno para nosotros y el islam». Teniendo en cuenta que un hombre como Ibn Wuhayb, de quien todo el mundo parecía saber que era un sabio heterodoxo, pudo pasar de la corte de al-Muʿtamid a la de Yūsuf ibn Tašfīn, el exilio ʿAbd Allāh Ibn al-ʿArabī tuvo que deberse a un cúmulo de causas complejo, en el que la religión fue solo uno de sus elementos. La incautación de las tierras de la familia indica que el poder

En realidad, la propia enseñanza de Ibn al-'Arabī hijo puede explicarse por la influencia de Ibn Ḥazm en su padre. Ibn Ḥazm, criado en la corte omeya de Córdoba donde las ciencias de los antiguos constituían una parte destacable de la cultura de los cortesanos, fue uno de los autores que más se preocupó por la compatibilización de las mismas con la religión. En varias obras, pero especialmente en *Marātib al-'Ulūm,* Ibn Ḥazm habla de la naturaleza de las ciencias y de su importancia relativa en la formación de las personas destinadas a dominar la alta cultura árabe. Además, esboza un programa educativo de estructura tripartita, que empieza a los cinco años del alumno[32]:

1. Lecto-escritura, que culmina en al conocimiento del texto del Corán, incluyendo sus distintas lecturas[33].
2. Lengua y gramática, con especial énfasis en la poesía.
3. Disciplinas matemáticas.

Este currículo coincide bien con el que sigue Ibn al-'Arabī según su propio testimonio. Lo más significativo no es la coincidencia de la estructura, por otra parte, muy común, ni de los detalles específicos, como el aprendizaje de los *Elementos* de Euclides o la especial atención a la poesía recomendados por Ibn Ḥazm. Como se ha dicho antes, hay que ser prudentes a la hora de generalizar experiencias concretas sobre las que tenemos pocos datos contextuales. El factor común más importante es que la formación astronómico-matemática que acredita Ibn al-'Arabī es igual de profunda y extensa que la que Ibn Ḥazm reclama para cualquier estudiante, y es la misma profundidad que aconseja para las demás ciencias de los antiguos. Para Ibn Ḥazm, las ciencias disciplinas filosóficas y científicas son importantes, y especialmente la astronomía y la filosofía natural,

---

económico y político de 'Abd Allāh Ibn al-'Arabī fue una razón más importante. En cualquier caso, Abū Bakr ibn al-'Arabī no trata de justificar a su padre frente a los almorávides que lo expulsaron y condenaron a morir en el exilio. La afirmación de que la llegada de los almorávides «fue buena para nosotros y el islam», parece ser, además de un cumplido hacia el poder, la expresión de una experiencia personal salvadora.

[32] Ibn Ḥazm, *Marātib al-'ulūm*, ed. Iḥsān 'Abbās, *Rasā'il Ibn Ḥazm al-Andalusī* (Beirut: al-Mu'assassa al-'Arabiyya li-l-Dirasāt wa-l-Našr, 1983), vol. IV, pp. 65-69.

[33] Ibn Ḥazm, *Marātib,* p. 66.

porque, por un lado, son útiles[34] y, por otro, permiten comprender la perfección y la inmensidad de la obra de Dios[35]. Es decir, la formación científica sirve para entender, aunque no completamente, a Dios. Podemos razonablemente pensar que 'Abd Allāh ibn al-'Arabī intentó transmitir a su hijo esta visión positiva sobre las ciencias de los antiguos, que incluía, probablemente, una enseñanza tan amplia como la que describe Ibn Ḥazm[36]. Es posible también que 'Abd Allāh Ibn al-'Arabī transmitiera a su hijo la postura radicalmente negativa de Ibn Ḥazm frente a la astrología y otras disciplinas ocultas[37], aunque la citada «astrolofilia» de la corte sevillana bajo al-Mu'tamid obligan a ser cautos al respecto, ya que incluso desde la perspectiva de la religión se puede justificar la astrología[38]. Más allá del testimonio de Abū Bakr ibn al-'Arabī, solo sabemos de lo que sabía por lo que dice en sus obras. Este segundo testimonio habla de un conocimiento significativo de las ciencias de los antiguos, aunque superficial, y de una capacidad para la dialéctica y la refutación que implican un buen dominio del razonamiento lógico, otra habilidad que pudo serle inculcada por su padre, ya que, para Ibn Ḥazm, la lógica era esencial tanto para la religión como la ciencia, como es bien sabido.

III. La «reinvención» o «conversión» de Abū Bakr ibn al-'Arabī contras las ciencias de los antiguos

Las élites de las taifas habían integrado en su cultura a las ciencias de los antiguos demasiado profundamente como para que los almorávides puedan eliminarlas por completo. El alto nivel alcanzado por las ciencias

[34] Ibn Ḥazm, *Marātib,* p. 82, referido a las matemáticas y a la astronomía.

[35] Ibn Ḥazm, *Marātib,* p. 69, el *Almagesto* de Ptolomeo contendría una prueba de la grandeza de Dios; véase p. 72 sobre la filosofía natural.

[36] Sin embargo, hay que tener siempre en cuenta que los estudios de Ibn al-'Arabī quedaron truncados a los dieciséis años a causa de la huida de Sevilla.

[37] Ibn Ḥazm, *Marātib,* pp. 61 y 69-71.

[38] El argumento sería que las estrellas son meramente indicios de la voluntad de Dios; Miquel Forcada, «Astrology in al-Andalus during the 11th and 12th Centuries: Between Religion and Philosophy», en Charles Burnett y Dorian Gieseler Greenbaum (eds.), *From Masha'allah to Kepler: Theory and Practice in Medieval and Renaissance Astrology* (Ceredigion: Sophia Centre Press, 2015), pp. 157-158.

de los antiguos propició, además, la aparición de autores de gran talla que florecieron durante la primera mitad de siglo VI/XII, como Jābir ibn Aflaḥ, Mālik ibn Wuhayb, Ibn Bājja, al-Ṭiġnārī o Abū-l ʿAlā Zuhr y su hijo Abū Marwān, la mayor parte de ellos relacionados con el entorno de Sevilla. A pesar de que los astrólogos desaparecieron, los médicos florecieron y los Banū Zuhr ocuparon una posición relativamente distinguida en la sociedad almorávide. Hubo, además, altos funcionarios almorávides que aparecen en las fuentes como «protectores» de científicos y filósofos relacionados con el círculo de Ibn Bājja. Uno es el bien conocido Mālik ibn Wuhayb, otro es Abū Muḥammad ibn Mālik[39]. Esta circunstancia, junto a la presencia de Ibn Bājja y su discípulo Ibn al-Imām en la administración almorávide, indica una cierta tolerancia de los almorávides hacia la heterodoxia científico-filosófica, que puedo incluso crear ciertas tensiones como manifiesta la enemistad, real y legendaria a la vez, entre Ibn Bājja y Abū-l ʿAlāʾ Zuhr[40]. A pesar de esta actividad científico-filosófica, es evidente que el discurso dominante fue restrictivo hacia estas materias, y este ambiente influyó en la generación de andalusíes, especialmente en los sevillanos, que se había formado en el reino de al-Muʿtamid y se encontraron con el cambio de dinastía. Garden, en su estudio biográfico sobre Ibn al-ʿArabī[41], dice que este tuvo que «auto-reinventarse» para prosperar en el nuevo régimen. Aunque la idea de reinvención hay que ponerla en su justa medida, ya que Ibn al-ʿArabī salió de Sevilla siendo muy joven y, por lo tanto, no tenía ni una personalidad ni una carrera formadas, es adecuada para describir la situación del autor. Y no fue el único. En el grupo de autores relacionados, a la vez, con la taifa sevillana y las ciencias, hay documentados dos otros casos parecidos. El primero es, seguramente, el más significativo porque su protagonista es semejante a Ibn al-ʿArabī, es decir, un retoño de la alta nobleza sevillana. Se trata del hijo de al-Muʿtamid

---

[39] Sobre este último, véase Forcada, «Ibn Bāŷŷa», p. 10. Puede tratarse de Abū Muḥammad ibn Mālik al-Maʿāfirī. Puede incluso considerarse que este Abū Muḥammad ibn Mālik es Mālik ibn Wuhayb, pero tiendo a pensar que se trata de dos personas distintas ya que la *kunya* de Ibn Wuhayb es Abū ʿAbd Allāh.

[40] Forcada, «Ibn Bāŷŷa», pp. 11-12.

[41] Kenneth Garden, «The *riḥla* and Self-Reinvention of Abū Bakr Ibn al-ʿArabī», *Journal of the American Oriental Society*, 135 (2015), pp. 1-17.

llamado 'Abd al-Wahhāb y conocido por 'Izz al-Dawla en sus tiempos de gloria. El citado Mālik ibn Wuhayb fue su preceptor en la corte taifal y debió enseñarle diversas disciplinas entre las cuales, seguramente, las ciencias de los antiguos que dominaba. Después 'Abd al-Wahhāb siguió a Mālik en el exilio magrebí y este, en Marrakech, le enseñó *fiqh* y *ḥadīṯ*[42], lo que permitió al otrora 'Izz al-Dawla reconvertirse en modesto ulema en la capital almorávide. El segundo caso se refiere Ibn al-Amīn, que fue el único discípulo conocido del gran astrónomo Ibn al-Zarqālluh (Azarquiel). Toledano como este último, lo siguió hasta Córdoba, entonces posesión de la taifa de Sevilla, donde Azarquiel se instaló para trabajar para al-Mu'tamid. La biografía de Ibn al-Amīn nos dice que, en época almorávide, no pudo aprovechar todas las enseñanzas astronómicas y astrológicas que su maestro debió trasmitirle, sino que se dedicó a la matemática aceptable, es decir, la aritmética, la geometría práctica aplicada a la medición de superficies (*misāḥa*), y al cálculo de particiones sucesorias (*farā'iḍ*), que había aprendido con otro maestro, 'Āmir al-Ṣaffār[43].

La «reinvención» de Ibn al-'Arabī tuvo lugar durante su periplo oriental, que, como se ha avanzado, no fue la habitual *riḥla fī ṭalab al-'ilm*. En la salida de su padre a la llegada de los almorávides concurrieron razones que permanecen oscuras. La *riḥla* de los Banū al-'Arabī al-Ma'āfirī debió empezar como una huida, pero se convirtió en una especie de misión diplomática informal, sobre la que no sabemos si realmente fue solicitada por los almorávides. Sus frutos políticos[44] parecen ser solo prendas entregadas para recuperar la posición social y económica perdida. La naturaleza de la misión familiar imponía un acercamiento a

[42] Ibn al-Abbār, *al-Takmila.* Ed. 'Abd al-Raḥmān al-Harrās (Beirut: Dār al-Fikr li-l-Ṭabā'a, 1995), vol. I, p. 106, n.º 264; Ibn 'Abd al-Mālik al-Marrākušī, *al-Ḏayl wa-l-takmila.* Ed. Iḥsān 'Abbās, Muḥammad Ibn Šarīfa y Baššār 'Awwād (Túnez, Dār al-Ġarb al-Islāmī, 2012), vol. III, pp. 79-80, n.º 178. La biografía menciona, asimismo, la formación científica del príncipe, diciendo que aprendió medicina de un médico llamado al-Mu'ayṭī.

[43] Ibn al-Abbār, *al-Takmila,* vol. I, p. 361, n.º 1285; Ibn 'Abd al-Mālik al-Marrākušī, *al-Ḏayl*, vol. IV, p. 117, n.º 279.

[44] La fetua de al-Ġazālī y la carta de Abū Bakr al-Ṭurṭūšī legitimando la toma de poder almorávide, por una parte; la carta de reconocimiento del califa abasí al-Mustaẓhir a la dinastía, por otra.

las autoridades religiosas ortodoxas y, por lo tanto, el distanciamiento de las disciplinas problemáticas con la ortodoxia. Como se ha visto antes, en el punto de partida de la *riḥla,* la postura tanto del padre como del hijo hacia las ciencias de los antiguos pudo haber sido similar a la de Ibn Ḥazm, es decir, crítica en ciertos aspectos, pero muy tolerante en otros[45]. En las obras de Ibn al-ʻArabī, la actitud es mucho más restrictiva. Parece como si la «reinvención» hubiera sido más bien una «conversión», una conversión hacia la pura ortodoxia malikí, sobre la cual un freudiano de la vieja escuela mencionaría la expresión «matar al padre».

Seguramente durante esta *riḥla*, Ibn al-ʻArabī consolida el bagaje teológico con el que se enfrenta las ciencias de los antiguos. Por una parte, está el ašʻarismo, que se ha difundido en al-Andalus durante el siglo V/XI por algunos autores, y muy especialmente, al-Bājī[46]. Ibn al-ʻArabī nos explica en una sola frase que, en su juventud, había llegado al poder de su padre una obra de un maestro ašʻarí de al-Bājī y que admira a este último y aspira a ser como él[47]. La influencia de al-Bājī puede haberle llegado por su relación personal en Egipto con Abū Bakr al-Ṭurtūšī[48], uno de los discípulos predilectos de al-Bājī. Por otra parte, está la influencia de al-Ġazālī, con el que mantuvo una relación más estrecha que ningún otro andalusí[49]. Un poco antes de que los almorávides quemaran los libros de al-Ġazālī en al-Andalus a principios del siglo XII[50], Ibn al-ʻArabī seguía las lecciones de este en Bagdad. En relación con las ciencias, Ibn al-ʻArabī manifiesta

---

[45] No obstante, Ibn al-ʻArabī, *Qānūn*, p. 419, cierra el relato de su formación diciendo que se esforzaba tanto en los estudios «para poder refutar a los *mulḥidūn* [desviados de la recta religión] y como introducción a los *uṣūl al-fiqh*». Esta frase combativa puede ser, simplemente, un intento de compensar *a posteriori* la mala conciencia que le dejó la influencia *ẓāhirí* del padre.

[46] Jan Thiele, «Notes sur l'ašʻarisme d'Abū l-Walīd al-Bāǧī», en *Ishām al-Bājī wa-l-Laḫmī fī taṭawwur al-maḏhab al-mālikī / Contribution d'al-Béji et d'al-Lakhmi à l'évolution du malikisme* (Túnez: Université Ez-Zitouna, 2015), pp. 411-431.

[47] *Supra*, n. 21.

[48] Sobre al-Ṭurṭūšī y el ašʻarismo, véase Maribel Fierro, «al-Ṭurṭūšī, Abū Bakr», en Jorge Lirola Delgado y José Miguel Puerta Vílchez (eds.), *Biblioteca de al-Andalus* (Almería: Fundación Ibn Tufayl, 2004-2012), vol. VII, p. 514.

[49] Griffel, *Al-Ghazālī's Philosophical Theology*, pp. 62-71.

[50] Sobre la cuestión de al-Ġazālī en el entorno almorávide, véase Delfina Serrano Ruano, «Why Did the Scholars of al-Andalus Distrust al-Ghazāli? Ibn Rushd al-Jadd's

el ocasionalismo y la consiguiente negación de las leyes naturales propias del aš'arismo clásico[51]. Del aš'arismo renovado por al-Ġazālī, Ibn al-'Arabī se adhiere fundamentalmente a la crítica metodológica sistemática, que señala la insuficiencia de la experiencia humana como fuente de conocimiento científico y la relativización de las conexiones causales[52]. Por otro lado, la actitud de Ibn 'Arabī hacia las ciencias es mucho más restrictiva que la de al-Ġazālī[53], o la de Ibn Ḥazm, como veremos. A pesar de sus críticas, estos autores consideran que las ciencias son un instrumento válido para conocer el mundo y la obra de Dios, compatible con la religión. Ibn al-'Arabī ve, ante todo, el peligro que el racionalismo y las ciencias plantean a una concepción estrictamente religiosa del mundo.

Aunque no podemos detenernos aquí en el análisis detallado de la cuestión, la astronomía ofrece un buen ejemplo de la radicalización de la postura de Ibn al-'Arabī. Este, gracias a su formación, sabe perfectamente que la astronomía matemática ha conseguido un buen conocimiento y una eficaz representación geométrica de los movimientos planetarios. Dicho saber es útil para muchos fines, entre los que se encuentra la determinación exacta de la alquibla o de las horas de los rezos y, desde muy antiguo, los astrónomos matemáticos desarrollan procedimientos para estos fines[54]. La utilidad y licitud de estos procedimientos

Fatwā on Awliyā' Allāh», *Der Islam*, 83 (2006), pp. 137-156 y Casassas Canals y Serrano Ruano, «Putting Criticisms against al-Ghazālī», pp. 254-297.

[51] Ulrich Rudolph, «Sientific Matters in *Kalām* (Theology)», en Sonja Brentjes (ed.), *Routledge Handbook on the Sciences in Islamicate Societies. Practices from the 2nd/8th to the 13th/19th Centuries* (London-New York: Routledge, 2023), pp. 394-402. Un ejemplo de estos argumentos aplicados a la comprensión de la astronomía puede verse en la obra de Ibn 'Abd al-Barr; Forcada, «Ibn 'Abd al-Barr», pp. 6 y 7.

[52] Frank Griffel, «The Role of Sense Perception and Experience (*Tajriba*) in Arabic Theories of the Sciences», en Brentjes (ed.), *Routledge Handbook on the Sciences in Islamicate Societies,* pp. 416-417.

[53] Sobre la postura de al-Ġazālī respecto a las ciencias y a la causalidad, véase Frank Griffel, «Ash'arite Occasionalism, Cosmology, al-Ghazālī and the Pursuit of the Natural Sciences in Islamicate Societies», en Brentjes (ed.), *Routledge Handbook on the Sciences in Islamicate Societies,* pp. 406-411; el autor rompe con el mito de un al-Ghazālī «destructor de las ciencias».

[54] David A. King, «Mīḳāt», en Hamilton A. R. Gibb, Clifford E. Bosworth *et alii*, *Encyclopaedia of Islam*, 2.ª ed. (Leiden: Brill, 1993), vol. VII, pp. 26-32, y

es reconocida por los ulemas andalusíes de la generación anterior a la Ibn al-ʻArabī, tanto el *ẓāhirí* Ibn Ḥazm como los mālikíes al-Bājī como Ibn ʻAbd al-Barr[55]. Sin embargo, Ibn al-ʻArabī es contrario a que la astronomía matemática sea una disciplina auxiliar de la religión. En su tratado sobre los nombres de Dios encontramos el siguiente pasaje, que resulta hasta cierto punto chocante en un hombre, que como hemos visto, se ufana de conocer bien el funcionamiento del astrolabio:

> Ya dijo Abū l-Dardā': «Habrá siete personas que estarán bajo la sombra de Dios en el día de la resurrección», y entre ellas mencionó a «un hombre que observa el movimiento del sol para las horas del rezo»[56]. Y hay que entender que quiere decir '[observa] con su vista', no con un instrumento, ya que la observación con un instrumento es una innovación (*muḥdaṯ*) que no existía en los tres siglos reverenciados[57]. ¡Expulsad [el instrumento] de vuestros corazones antes de arrojarlo de vuestras manos! Porque Satanás, cuando vio que las gentes habían abandonado el culto al astrolabio, las atacó con un instrumento que llamó balanza (*mīzān*). La gente se confundió con ella porque no sabían qué platillo (*kimma*) de la balanza había que poner ni qué [extraño] poder había hecho descender Dios con ella porque no trajo nada bueno en ningún momento[58].

«Science in the Service of Religion: the Case of Islam», *Impact of Science on Society* (U.N.E.S.C.O.), 159 (1991), pp. 245-262, reimpreso en David A. King, *Astronomy in the Service of Islam* (Aldershot: Variorum, 1993), introducción. Para una síntesis extensa sobre el *mīqāt* en al-Andalus, véase Julio Samsó, *On Both Sides of the Strait of Gibraltar. Studies in the History of Medieval Astronomy in the Iberian Peninsula and the Maghrib* (Leiden-Boston: Brill, 2020), pp. 44-151.

[55] Ibn Ḥazm, *Marātib,* 82; al-Bājī, *Waṣiyya li-walīdayhi*. Ed. Ibrāhīm Bājis ʻAbd al-Majīd (Beirut: Dār Ibn Ḥazm, 2000), p. 33; Ibn ʻAbd al-Barr, *Jāmiʻ bayān al-ʻilm*. Ed. Abū l-Ašbal al-Zuhayrī (Riad: Dār Ibn al-Jawzī, 1994), vol. II, p. 790.

[56] Abū l-Dardā' (m. 32/652) es un célebre *tābiʻ* (es decir, miembro de la generación que siguió a la generación de los compañeros del Profeta). No encuentro la fuente en que se basa Ibn al-ʻArabī. La frase completa aparece en al-Suyūṭī, *al-Durr al-manṯūr* (Beirut: Dār al-Fikr), vol. III, pp. 326-327, atribuida a otro *tābiʻ* igualmente famoso, Salmān al-Fārisī (m. 33/653); aquí aparecen, asimismo, otras variantes de la noción «observar el sol», una de ellas atribuida a Abū Dardā'.

[57] La primera época del islam, la edad dorada de los *salaf ṣāliḥ*.

[58] Ibn al-ʻArabī, *Sirāj al-murīdīn*. Ed. ʻAbd Allāh al-Tawrātī (Beirut: Dār al-Ḥadīth al-Kattānīya, 2017), vol. II, pp. 236-237.

Ibn al-ʻArabī da la vuelta a un posible argumento religioso en favor de la astronomía y lo convierte en un ataque al uso de instrumentos astronómicos, empezando por el astrolabio, con el que se puede determinar la hora de las oraciones y la posición de la alquibla[59]. El texto es complejo porque parece aludir a unos usos para la determinación de las horas que desconocemos por otra fuente. Ibn al-ʻArabī parece querer decir que hubo un tiempo en que el astrolabio era frecuentemente usado y que después declinó en favor de la «balanza», que seguramente hay que identificar con el *mīzān fazārī*. Este es un complejo instrumento en forma de paralelepípedo con varias funciones, la principal de las cuales es la determinación del tiempo[60]. No sabemos mucho sobre este instrumento, pero se utiliza en el *mīqāt* en al-Andalus en esta época, ya que la primera mención conocida hasta ahora del instrumento era la del tratado de *anwā'*, escrito durante la segunda mitad del siglo VI/XII por al-Ḥasan ibn ʻAlī al-Ḫaṭīb al-Umawī al-Qurṭubī (m. 602/1205-6)[61]. Ibn al-ʻArabī lo cualifica de «instrumento del diablo», seguramente por la complejidad de su construcción y uso, que pueden justificar que los usuarios se equivocaran al intentar obtener una medida precisa de la hora.

La idea que nos transmite Ibn al-ʻArabī es que el uso de instrumentos lleva a equívocos y que hay que evitarlo. Pero el posible error en el manejo no es la principal razón ni la más importante. En un pasaje de un comentario a la *Muwaṭṭā'* de Mālik, el autor discute el problema de si es

---

59 Raymond d'Hollander, *L'astrolabe: histoire, théorie et pratique* (Paris: Institut Océanographique, 1999), pp. 98-105 y 135-137.

60 Véase, sobre el *mīzān fazārī,* François Charette, *Mathematical Instrumentation in Fourteenth-Century Egypt and Syria: the Illustrated Treatise of Najm al-Din al-Miṣrī* (Leiden-Boston: Brill, 2003), esp. pp. 147, 163-164, 323 y, del texto árabe, p. 107; referencias complementarias en Mónica Rius, *La alquibla en al-Andalus y al-Magrib ai-Aqṣà* (Barcelona: Anuario de Filología de la Universidad de Barcelona-IMVHCA, 2000), p. 219.

61 Miquel Forcada, *Ibn ʻĀṣim (m. 403/1013), Kitāb al-Anwā' wa-l-azmina –al-Qawl fi l-šuhūr-(Tratado sobre los anwā' y los tiempos –capítulo sobre los meses)* (Madrid-Barcelona: CSIC-ICMA-IMVHCA, 1993), pp. 110-111; véase al-Ḥasan ibn ʻAlī, *al-Mustawʻib al-kāfī wa-l-muqniʻ al-šāfi*ʻ. Ed. Yūsuf al-Ṣamadī (Rabat: Wizarat al-Awqāf, 2019), p. 225. La coincidencia de dos menciones en el siglo VI/XII parece justificar que Ibn al-ʻArabī diga indirectamente que este instrumento tuvo una cierta popularidad en la época.

lícito aplicar conocimientos astronómicos para determinar el inicio del mes de ramadán cuando no se puede observar el creciente. Se trata de un problema complejo sobre el que, incluso los autores que admiten la astronomía en la religión, tienen dudas y plantean soluciones contrarias[62]. La postura de Ibn al-'Arabī es la siguiente:

> En cuanto a lo segundo[63], no está permitido basarse en lo que dice el cálculo, y no porque sea falso, sino para preservar las creencias de las personas. Que ellas dependan de los fenómenos celestes y que se vinculen sus actos de culto con los ciclos de las esferas y sus posiciones en conjunción y recepción significa meterse en un mar agitado. ¿Es que los tabī'es y otros[64] no habían pensado en lo que dijo el Profeta (y es un hadiz reconocido): «Somos analfabetos, no escribimos ni calculamos el mes así»[65]. Si el Profeta, que Dios le bendiga y le salve, se negó a calcular con los dedos como hacen habitualmente los aritméticos, con mayor razón han de desterrarse los procedimientos basados en los astros y los cálculos astronómicos[66].

El problema de la astronomía matemática, en principio, una ciencia aséptica y exacta, es que pude suscitar creencias astrológicas en la gente y, por lo tanto, mejor evitarla a toda costa. Más vale un pueblo ignorante que pecador. Según Ibn al-'Arabī, Mahoma ya lo había advertido y no solo se negaba a contar con exactitud los días del mes, sino que evitaba la dactilonomía, es decir, la técnica del cálculo mental ayudado con los dedos. Que Mahoma calculara con los dedos o no, es, por lo menos,

---

62 Forcada, «Ibn 'Abd al-Barr», pp. 14-15.

63 Se refiere a la interpretación del hadiz «ayunad cuando lo veáis [el creciente] y romped el ayuno cuando lo veáis, y si las nubes lo ocultan, completad la cuenta de treinta días»; Forcada, «Ibn 'Abd al-Barr», p. 15, n. 125.

64 Se refiere a Ibn Sirīn, quien, mediante el conocimiento de las mansiones lunares en que la luna estaba cada mes, determinaba el inicio de ramadán; Forcada, «Ibn 'Abd al-Barr», p. 14.

65 Hadiz de autenticidad dudosa; véase Abū Hājir Muḥammad al-Sa'īd ibn Basyūnī Zaġlūl, *al-Mawsū'a al-kubrā li-aṭrāf al-ḥadīṯ al-nabbawī al-šarīf* (Beirut: Dār al-Kutub al-'Ilmiyya, 2021), vol. XIII, p. 216, y la n. correspondiente del editor de *al-Qabas*.

66 Ibn al-'Arabī, *al-Qabas fī šarḥ al-Muwaṭṭa'*. Ed. Muḥammad 'Abd Allāh Walad Karīm (Beirut: Dār al-Ġarb al-Islāmī, 1986), vol. I, p. 484.

discutible[67]. Lo que Ibn al-ʻArabī nos dice es que hay que evitar hasta el más simple método de cálculo en la religión, y el mismo razonamiento vale para justificar la condena del astrolabio y del *mīzān fazārī*.

La aversión a la astronomía matemática se justifica, además, por el miedo a que un mundo tan complejo y organizado impresione al público ingenuo[68]. El astrónomo/astrólogo actuará ante ti como un geómetra[69] frente al que «lucharás sin tus armas» y te acabará convenciéndote de que su conceptualización del universo es cierta[70]. Es interesante resaltar el hecho de que Ibn al-ʻArabī no diferencia entre astrónomo y astrólogo. Los dos son *munajjimūna* (astrólogos), sin importar si se dedican estudiar en detalle el movimiento de los astros o a levantar horóscopos. Este «astrólogo» es, a la vez, igual que un filósofo natural, cuya finalidad es negar la acción del creador[71]. Finalmente, la ciencia de ambos se asienta sobre unas premisas débiles, especialmente en el caso del astrónomo/astrólogo que pretende, a partir de unas observaciones inexactas e insuficientes, dar una imagen del universo, junto la interrelación de sus partes entre sí, que bien pudiera ser otra[72]. La conclusión a la que Ibn al-ʻArabī

---

[67] Precisamente los tratados de dactilonomía árabe mencionan que Mahoma contaba con los dedos y aducen un hadiz para justificar la legitimidad de la técnica; Charles Pellat, *Textes arabes relatifs à la dactylonomie* (Paris: Maisonneuve et Larose, 1977), pp. 17, 48-49 y 60. Es un ejemplo más de las posturas enfrentadas que generan las ciencias entre los religiosos.

[68] Ibn al-ʻArabī, *ʻAwāṣim*, 173. La idea parece tomada de al-Ġazālī, *al-Munqiḏ min al-ḍalāl*. Ed. Muḥammad Muḥammad Abū Layla y Nūr Šīf ʻAbd al-Raḥīm Rifʻat (Washington: The Council for Research in Values and Philosophy, 2001), pp. 193-194; véase la traducción al español de Emilio Tornero, *Algazel: Confesiones. El salvador del error* (Madrid: Alianza, 1989), p. 46.

[69] Es decir, un sabio cuya ciencia no puede ser puesta en duda.

[70] Para pone mayor énfasis, el autor se dirige directamente al lector.

[71] Ibn al-ʻArabī, *al-Kitāb al-mutawassiṭ li-l-iʻtiqād*. Ed. ʻAbd Allāh al-Tawratī (Tánger-Beirut: Dār al-Ḥadīṯ al-Kattānīya, 2015), p. 128. La relación de Ibn al-ʻArabī con la medicina entendida como filosofía natural, y con los médicos (especialmente Galeno) es también muy conflictiva, pero no se puede abordar en estas páginas.

[72] Ibn al-ʻArabī, *ʻAwāṣim*, pp. 171-173. El texto es complejo y merece un análisis detallado que realizaré en otro artículo. Para el propósito de este trabajo, basta señalar lo siguiente: Ibn al-ʻArabī habla del astrólogo como si fuera un astrónomo y no aborda en este pasaje la astrología judiciaria, sino la cosmología y la relación entre las esferas celestes y el mundo material, es decir, trata también los fundamentos de la filosofía

espera que lleguemos es que la astronomía, a pesar de sus aciertos y utilidad, es una ciencia dudosa que comparta mayores males que beneficios.

IV. La reescritura del mito de al-Ma'mūn

La consciencia del peligro que plantea la ciencia al buen creyente, que acabamos de ver en el epígrafe anterior, influye directamente en la versión que da Ibn al-'Arabī del fenómeno que podemos llamar «el mito de al-Ma'mūn». Se puede sostener que, en al-Andalus, existe tal mito[73], consistente en la idealización del proceso por el cual, a instancias del califa abasí al-Ma'mūn (r. 198/813-218/833), se intensifica la aculturación de las ciencias de los antiguos mediante las traducciones al árabe empezada unas décadas antes por el califa al-Mansūr (r. 136-158/754-775), y, a la vez, se intenta limitar la influencia de los ulemas de las nacientes escuelas jurídicas mediante la promoción, para ocupar los cargos de responsabilidad en asuntos religiosos, a *mu'tazilíes*, es decir, teólogos racionalistas. Para elegir los candidatos adecuados, al-Ma'mūn instituye la *miḥna*, en la que se pregunta si el Corán es creado o increado, porque la idea de que el Corán es un texto creado es uno de los postulados esenciales del mu'tazilismo[74]. Este episodio parece configurar en las mentes de muchos andalusíes una especie de modelo de la conducta ideal del soberano hacia el saber racional y sus practicantes, que empieza en el relato de cómo el emir de 'Abd al-Raḥmān II (r. 206/822-238/852) imitó a

---

natural. El argumento principal es la inconsistencia metodológica de la astronomía, aspecto este en el que sigue a al-Ġazālī. La idea central de que la experiencia adquirida es meramente anecdótica, ya que muchos fenómenos astronómicos solo se repiten al cabo de cientos o miles de años, es un argumento también de al-Ġazālī, aunque es común en muchos otros autores como Ibn Ḥazm. Ahora bien, tanto Ibn Ḥazm como al-Ġazālī usan el argumento contra la astrología, no contra la astronomía matemática (Ibn Ḥazm, *Marātib al-'ulūm*, pp. 69-70; al-Ġazālī, *Munqiḏ*, p. 271). Hay que señalar la, llamémosle, coincidencia, entre este planteamiento de Ibn al-'Arabī y el de los astrónomos y filósofos que pretenden reformar, en esta época, el sistema ptolemaico.

[73] Forcada, «Al-Mu'taman», pp. 13-19.

[74] Martin Hinds, «*Mihna*», en *Encyclopedia of Islam*, 2.ª ed. (Leiden-New York: Brill, 1993), vol. VII, pp. 2-6. Sobre el trasfondo político de este episodio, la consolidación del poder del califa, véase, John A. Nawas, *Al-Ma'mūn, the Inquisition and the Quest for Caliphal Authority* (Atlanta: Lockwood Press, 2015).

al-Ma'mūn importando libros de ciencias y filosofía de Bagdad y difundiéndolos entre los cordobeses[75]. Durante el califato omeya, y especialmente durante la época de al-Ḥakam II, la popularidad de las ciencias entre las élites, apoyada desde el gobierno, es un hecho evidente, que abarca tanto a las disciplinas compatibles con la ortodoxia. Como se ha dicho en la introducción, influye poderosamente en que los reyes taifas también promuevan las ciencias. El cadí y astrónomo Ṣā'id al-Andalusī (m. 462/1070), uno de los grandes promotores científicos de la época desde la corte de Toledo, describe explícitamente a al-Ma'mūn como el modelo del soberano protector de las ciencias[76], con el deseo de que los demás reyes sigan su ejemplo, y dirigiéndose a su señor natural, el otro al-Ma'mūn (ibn Ḏī l-Nūn, r. 435/1043 467/1074). Ibn al-'Arabī nos describe de un modo casi personal las consecuencias del compromiso de los reyes con las ciencias en sus relaciones con los ulemas, mencionado el caso de al-Bājī. Este sufrió una relación difícil con los Banū Hūd de Zaragoza, una dinastía que, aunque utilizaba y remuneraba sus servicios como religioso, promovía con ahínco y convicción las ciencias de los antiguos[77]. Según le explicó personalmente Abū Bakr al-Ṭurtūšī, hubo una discusión entre al-Bājī y el futuro rey-filósofo-matemático al-Mu'taman ibn Hūd (r. 474/1081-478/1085) acerca de la supremacía de la razón sobre la fe, que consiguió sacar al piadoso ulema de sus casillas[78]. La historia tiene un alto valor simbólico, ya que se trata de la experiencia personal de alguien que Ibn al-'Arabī considera un referente

[75] Ibn Ḥayyān, *Muqtabis 2/1,* ed. Maḥmūd 'Alī Makkī, *al-Sifr al-ṯānī min Kitāb al-muqtabas* (Riyad: Markaz al-Malik Fayṣal li-l-Buḥūṯ wa-l-Dirāsāt al-Islāmīya, 2003), p. 278; Ibn Fadl Allāh al-'Umarī, *al-Abṣār fi mamālik al-amṣār*, ed. Kāmil Salmān al-Jubūrī & Mahdī al-Najm (Beirut: Dār al-Kutub al-'ilmiyya, 2010), vol. XXIV, p. 366; véase Miquel Forcada, «Astronomy, Astrology and the Sciences of the Ancients in Early al-Andalus (2nd/8th-3rd/9th centuries)», *Zeitschrift für Geschichte der Arabisch-Islamischen Wissenschaften,* 16 (2004-2005), pp. 1-74, «Books from Abroad: the Evolution of Science and Philosophy in Umayyad Al-Andalus», *Intellectual History of the Islamicate World*, 5 (2017), pp. 55-85, «Al-Mu'taman», pp. 14-19.

[76] Ṣā'id al-Andalusī, *Tabaqāt al-Umam*. Ed. Ḥayāt Bū 'Alwn (Beirut: Dār al-Ṭalī'a, 1985), pp. 127-137.

[77] Forcada, «Al-Mu'taman», pp. 23-24 y 38-41.

[78] Ibn al-'Arabī, *'Awāsim,* p. 108. Véase una traducción y comentario en Forcada, «Al-Mu'taman», pp. 38-40.

intelectual y vital y nos ayuda a entender mejor su actitud negativa hacia la promoción de las ciencias y la filosofía por parte de las cortes. Ibn al-'Arabī confirma, con su particular versión de lo que ocurrió en Bagdad entre finales del siglo II/VIII y principios del siglo III/IX, que muchos andalusíes habían mitificado en cierta medida el movimiento intelectual y religioso del que el califa al-Ma'mūn es el mayor exponente. Los religiosos debían posicionarse ante este fenómeno dada su importancia en muchos planos y, especialmente, en la determinación de la primacía sobre el discurso religioso.

La versión de Abū Bakr ibn al-'Arabī aparece en *al-'Awāṣim min al-qawāṣim,* en una sección que el editor Muḥibb al-Dīn al-Ḫaṭīb titula, significativamente, «advertencia a los musulmanes sobre los caprichos e ignorancia de los comentaristas e historiadores, así como también de las de los literatos»[79]. El autor no efectúa un relato histórico del proceso, cuyos episodios principales se dan por sobrentendidos[80], sino que engarza una serie de argumentos justificativos que explican los males derivados de este proceso y señalan culpables. Aunque el relato está disperso en varias secciones del *'Awāṣim*, el pasaje central de la versión de Ibn al-'Arabī empieza recordando que se dice que los califas al-Ma'mūn y al Wāṯiq (r. 842-847) creían que el Corán era creado[81], lo cual es una «here-

---

[79] Ibn al-'Arabī, *'Awāṣim*, ed. Muḥibb al-Dīn al-Ḫaṭīb, índice, p. 285.

[80] Por ejemplo, no explica la existencia del tribunal de la *miḥna* ni los múltiples episodios novelescos asociados a la misma como la famosa resistencia de Aḥmad ibn Ḥanbal.

[81] Ibn al-'Arabī, *'Awāṣim*, pp. 354-355. Se trata de una evidente referencia a la *miḥna* (*supra*, n. 74). Aunque puede sorprender la ausencia de al-Mu'taṣim, el califa que gobierna entre al-Ma'mūn y al Wāṯiq, tiene su lógica. Por una parte, al-Ma'mūn fue el creador de la *miḥna* y al-Wāṯiq la revitalizó al acceder al poder, especialmente en Egipto y el Magrib. Al-Wāṯiq fue el responsable de que Saḥnūn sufriera la *miḥna*, es decir, uno de los mayores ulemas malikíes del Magrib que era un maestro indiscutible para los andalusíes y, por lo tanto, es posible que este recuerdo pese en el desvalor de Ibn al-'Arabī hacia al-Wāṯiq. Al-Mu'taṣim se limitó a seguir la política heredada de al-Ma'mūn sin especial entusiasmo. Por otra parte, la influencia persa en al-Ma'mūn y al-Wāṯiq es superior a la de otros califas abasíes ya que al-Ma'mūn se había educado con el *'ahd Ardašīr*, y habría procurado la misma educación a su sobrino al-Wāṯiq. El *'ahd Ardašīr* o «testamento de Ardašīr» es un *speculum príncipes* atribuido a este rey sasánida, basado en los métodos autoritarios de gobernanza persas que incluyen la sujeción del discurso religioso a la voluntad del rey. Véase sobre este aspecto de la

jía o impiedad (*bid'a aw kufr*), a pesar de las divergencias de los ulemas al respecto». Esta acusación, que liberaría a sus súbditos del deber de obediencia, sería más grave que la de borrachera, corrupción o fornicación. Sin embargo, nadie puede creérselo, porque, aun en el caso de que fuera verdad, la obligación de los cronistas era callarse[82]. Por lo tanto, quienes se atreven a decir estas cosas del poder son personas indignas de confianza por principio, y lo que dicen ha de ser tenido como falso también por principio. Son «cantantes e historiadores estúpidos» (*al-muġaniyyūn wa-l-burrād min al-mu'arriḫīn*), cuya finalidad es promover las sediciones entre la gente (*tashīl al-ma'āṣī*), dando a entender que, si los califas hicieron aquellas cosas, ¿por qué no el pueblo? Los «dirigentes» (*ru'āsā'*) les ayudaron hasta el punto de que se pervirtió la máxima legal «ordenar el bien y prohibir el mal», y «el bien fue prohibido y, el mal, considerado el bien» (*ṣāra al-ma'rūf munkaran wa-l-munkar ma'rūfan*). La descripción de la «catástrofe» acaba con este párrafo:

> Incluso permitieron [los dirigentes] que los libros de al-Jāḥiẓ se leyeran en las mezquitas con todas sus falsedades, mentiras y maldades, y su genealogía de los profetas que dice que fueron hijos ilegítimos, como explica de Isḥāq, Dios lo bendiga y lo salve, en el «libro del error y el extravío» (*al-ḍalāl wa-l-taḍlīl*)[83]. Asimismo, autorizaron [dirigentes] la lectura

cuestión: F. Steppat, «From 'Ahd Ardashir to al-Ma'mūn: A Persian Element in the Policy of the *Miḥna*», en Wadād al-Qāḍī (ed.), *Studia Arabica and Islamica. Festschrift for Iḥsān 'Abbās* (Beirut: Universidad Americana, 1981), pp. 451-454; Josef van Ess, *Theology and Society in the Second and Third Centuries of the Hijra. A History of Religious Thought in Early Islam* (Leiden-Boston: Brill, 2018), pp. 60 y 485.

[82] La misma actitud expresa Ibn Ḥazm cuando, al principio de *Ṭawq al-ḥamāma* (ed. Iḥsān 'Abbās, *Rasā'il Ibn Ḥazm*, vol. I, p. 92), dice que no va a contar más chismes amorosos de los emires y califas omeyas andalusíes porque el súbdito tiene la obligación de respetar «los derechos [de los emires y califas] sobre los musulmanes». Es decir, en bien de la estabilidad política del estado, el autor ha de respetar la imagen pública del poder, pero puede filtrar algún detalle de lo que parece ser *vox populi*.

[83] Según el editor, una versión irónica del célebre título *al-Bayān wa-l-tabyīn*. En el mismo, al-Jāḥiẓ no dice que Isḥāq fuera hijo ilegítimo, aunque da mayor importancia a Ismā'īl en tanto que ancestro de los árabes, en línea con la ideología de la *šu'ūbiyya* que defiende al-Jāḥiẓ. Este señala que Dios escogió al hijo de una esclava antes que al de una mujer libre para que, de su linaje, naciera el mejor de los hombres, Muḥammad y que, si no lo hubiera hecho así, la descendencia de Isḥāq hubiera

de los libros de los filósofos para negar al Hacedor[84] y refutar los preceptos divinos porque sus ministros y privados albergaban intenciones corruptas y propósitos torticeros en estos asuntos[85].

Los responsables, por lo tanto, no son los califas, aunque puedan haber albergado las ideas heréticas. Son los historiadores y literatos que las cuentan y las difunden, y los dirigentes corruptos que las instilaron en los califas. Abū Bakr ibn al-'Arabī parece considerar que el grado de culpabilidad es idéntico en uno y otro caso. El cadí advierte que solo se puede creer en los autores de hadiz contrastados y en al-Ṭabarī[86], que es el ejemplo de historiador fiable. Aunque Abū Bakr ibn al-'Arabī no lo dice, esta preferencia se debe a que, aparte de ser un religioso ortodoxo de la mayor importancia, al-Ṭabarī, omitió casi por completo en su monumental *Tā'rīḫ al-rusul wa-l-mulūk* la importancia de la aculturación de las ciencias de los antiguos en la época abasí y el papel que la dinastía desempeñó en este proceso, y, además, dio una versión de la *miḥna* de al-Ma'mūn favorable a los intereses de los ulemas suníes ortodoxos[87]. En el polo opuesto, Abū Bakr ibn al-'Arabī sitúa a al-Mas'ūdī, al que acusa de hereje y tergiversador[88] por, seguramente, sus conocidas simpatías hacia los filósofos y los *mu'tazilíes*, y porque habla de la contribución de los abasíes y, especialmente de al-Ma'mūn, a las ciencias, la filosofía y la teología racional[89]. Ibn al-'Arabī llama «cantantes» a los literatos como al-Jāḥiẓ[90], equiparando, por un lado, el poder seductor de

tenido preferencia. Véase al-Jāḥiẓ, *al-Bayān wa-l-tabyīn*. Ed. 'Abd al-Salām Muḥammad Hārūn (El Cairo, Maktabat al-Ḫanjī, 1998), vol. I, p. 310 y vol. III, p. 295.

84 *Inkār al-Ṣāni'*. La expresión puede entenderse o bien como una negación de la existencia de Dios, o bien como la negación de que el mundo es obra de Dios, afirmándose así la tesis aristotélica de la eternidad del mundo.

85 Ibn al-'Arabī, *'Awāṣim*, p. 355, ls. 6-11.

86 Ibn al-'Arabī, *'Awāṣim*, pp. 352-353.

87 Hurvitz, Nimrod, «Miḥna as Self-Defense», *Studia Islamica*, 92 (2001), p. 95.

88 Ibn al-'Arabī, *'Awāṣim*, p. 353; véase además la p. 350.

89 Al-Mas'ūdī, *Murūj al-ḏahab*. Ed. Charles Pellat (Beirut: Publications de l'Université Libanaise, 1966-1974), vol. V, pp. 211 y 214.

90 Véase, además, Ibn al-'Arabī, *'Awāṣim*, pp. 71-72: junto a al-Jāḥiẓ, también incluye entre los autores corruptores a Ibn al-Muqaffa', el célebre literato, ministro y traductor de la lógica, y al peculiar «librepensador», Ibn al-Rawāndī, *mu'tazilí*, y luego

la música y el canto con la fuerza comunicativa de la buena escritura, y, por otro, el reproche hacia la música en una religiosidad estricta con las ideas racionalistas heterodoxas. En cuanto a los verdaderos responsables, estos *ru'āsā'* que hemos visto antes y sus socios ideológicos, Abū Bakr ibn al-'Arabī dice lo siguiente:

> Ya he explicado las circunstancias de esta secta ramplona [los *mu'tazilíes*], que, cuando iban de broma, se portaban estúpidamente y se ponían en evidencia, y, cuando iban en serio, sembraban la confusión y erraban. Después, los barmaquíes provocaron una inmensa catástrofe encargando a los malvados que tradujeran al árabe sus libros sobre medicina y naturaleza, y en ello se empeñaron los judíos o los cristianos o los herejes que no tenían ningún interés por el islam. Mezclaron la medicina con discursos y creencias propias de la herejía y contrarias a la ley islámica, tanto en sus principios como en su casuística, para que el destinatario de estas traducciones creyera que aquellas grandes naciones que habían practicado aquellas ciencias extraordinarias seguían aquella peculiar devoción. Las almas [de los incautos] desearon profundizar en el conocimiento de sus detalles y ellos [los malvados y los barmaquíes] se reunieron y unieron sus opiniones según sus objetivos prefijados y, así, no se presentaba un juez ante el pueblo que no profesara aquella fe, ni un emir ni un escritor que no siguiera la misma, y no se engarzaba en el hilo de las elites [*al-ḫāṣṣa*] a nadie que no se alineara con ella ni se otorgaban prebendas a los que no fueran como ellos. [Se dijo al respecto:]
>
> La gente fue tentada en su religión porque Ibn Barmak cosechó un mal inmenso.
>
> Engañaron [los barmaquíes] al rey con su maledicencia e inocularon en la religión una enfermedad interna.
>
> Se generalizó la falsedad, apareció la herejía, se estimuló la heterodoxia y se dirigieron demandas [de queja] contra los barmaquíes, quienes habían apoyado a los jueces, emires, gobernadores y a los que profesaban [aquellas ideas heréticas]. Cuando las demandas en aquel sentido no pudieron llegar al califato porque el procedimiento se había hecho imposible, desde la presentación de pruebas hasta la obtención del testimonio ante la justicia, la

---

chiita y reputado como ateo. En este pasaje, Ibn al-'Arabī une estos tres autores a los barmaquíes, sobre los que hablaremos a continuación. Los acusa a todos de «racionalistas». Y nótese que, con la excepción de al-Jāḥiẓ, todos son de origen persa.

> gente se acorazó frente a aquellas demandas que llegaban del estado y del harén. La sociedad[91] se iba al garete porque [los barmaquíes] habían sembrado sus predicadores por todos los horizontes de la tierra de una manera que sería muy largo de explicar. Entonces Dios enderezó la sociedad imponiendo al rey la destrucción [de los barmaquíes] y se les cortaron las manos a latigazos[92], pero su legado se dispersó por todas partes porque habían llenado la tierra de falsedad y habían dejado demonios humanos en forma de literatos y filósofos para extraviar a la creación, hasta que no quedó una sola casa en la que no hubiera libros de los mendaces [...]. Prosiguió el legado de rechazo [a la fe verdadera propiciado por los barmaquíes] y el incendio que habían atizado, y su falsedad se expandió como se extiende el tinte por la mano, con el fin de que se realizara la promesa cierta [que habían hecho los barmaquíes] de corromper la época y echar a perder las religiones[93].

En otra sección[94], Ibn al-ʿArabī extiende la culpa de los barmaquíes a todos los zoroastristas (*majūs*), a los que responsabiliza en último término de la «enfermedad» que aqueja el islam, que en este contexto concreto se refiere a la presencia de sectas no suníes como los nuṣayríes, chiitas, bāṭiníes, etc. Acusa a los zoroastristas de haber engañado a los musulmanes con sus buenas palabras, «como los cristianos entre nosotros». Los barmaquíes, sobre los que afirma que son bāṭiníes que creen en la opinión de los filósofos, aparecen descritos como una especie de caballo de Troya que, una vez convertidos en apariencia al islam, pervierten el culto de las mezquitas y las convierten en una especie de templos zoroastristas, donde se quema incienso y se adora al fuego. Además, incluyen en su consejo a ocho muʿtazilíes y seis imamíes, entre los que figura el *mūbadān*, el juez supremo de los zoroastristas. A pesar de que Ibn al-ʿArabī es un polemista y no un historiador, y de que su relato está lleno de inexactitudes[95], su diagnóstico es preciso. La influencia política

91 *Milla*, refiriéndose al conjunto de la sociedad regida por el islam.

92 Como es bien sabido, Hārūn al-Rašīd los apartó del poder en 187/803 por razones desconocidas.

93 Ibn al-ʿArabī, *ʿAwāṣim*, pp. 69-71.

94 Ibn al-ʿArabī, *ʿAwāṣim*, pp. 61-64.

95 Una imprecisión de la que no es responsable el autor es considerar zoroastristas a los barmaquíes, ya que así aparece en varias fuentes. Su religión original parece

e ideológica persa es, a la vez, tan decisiva en la aculturación de las ciencias de los antiguos como en la política religiosa de los abasíes. Es el secretario persa Ibn al-Muqaffa‘, identificado por Ibn al-‘Arabī como uno de los principales corruptores[96], quien intenta convencer al califa al-Manṣūr de que ponga fin a la diversidad legal que están introduciendo las escuelas jurídicas[97]. Al-Manṣūr adopta lo que Gutas llama la «ideología zoroastriana»[98], para atraer el apoyo de los persas que lo rodean, y propicia así la traducción de fuentes científicas y el cultivo de la astrología porque los persas lo consideran parte de su legado religioso. Los barmaquíes son la dinastía de visires que mejor representa la influencia en la corte abasí de las élites de origen persa dotadas de un amplio conocimiento de las ciencias de los antiguos, practicantes de la astrología y mecenas de traducciones del sánscrito[99]. Los barmaquíes influyeron decisivamente en la educación del joven al-Ma'mūn[100], incluida su formación astrológica, que fue el más persianizado de los califas abasíes y fiel seguidor de Ardašīr. La *miḥna* de al-Ma'mūn es un intento de consolidar el poder del califa, en línea con el absolutismo sasánida, monopolizando el discurso religioso sobre la base de la teología racionalista para frenar el poder de las nacientes escuelas legales del sunismo. La promoción de la ciencia de los antiguos actúa como factor coadyuvante esencial, al favorecer no solo el racionalismo, sino la ascensión de unas élites

---

ser el budismo; Kevin van Bladel, «The Bactrian Background of the Barmakids», en Anna Akasoy, Charles Burnett y Ronit Yoeli-Tlalim (eds.), *Islam and Tibet. Interactions along the musk routes* (Farnham-Burlington: Ashgate, 2011), pp. 43-88.

96 *Supra,* n. 90.

97 Muhammad Qasim Zaman, *Religion and Politics under the Early 'Abbāsids. The Emergence of the Proto-Sunnī Elite* (Leiden: Brill, 1997), pp. 81-83.

98 Dimitri Gutas, *Greek Thought Arabic Culture. The Graeco-Arabic Translation Movement in Baghdad and Early 'Abbāsid Society (2nd-4th/5th-10th centuries)* (London: Routledge, 1998), p. 43.

99 El mejor ensayo sobre los barmaquíes sigue siendo el de Bouvat, Lucien, *Les Barmecides d'après les historiens arabes et persans* (Paris: Ernest Leroux Éditeurs, 1912). Para una reciente puesta al día, véase Kevin van Bladel, «Barmaquids», en Kate Fleet, Gudrun Krämer, Denis Matringe, John Nawas y Devin J. Stewart (eds.), *Encyclopaedia of Islam,* 3.ª ed., http://dx.doi.org/10.1163/1573-3912_ei3_COM_24302 (consultado 25-01-24).

100 Michael Cooperson, *Al-Ma'mūn* (Oxford: Oneworld, 2005), pp. 28-29.

intelectuales que, al no contar con el apoyo popular de que gozan las líderes de las escuelas religiosas, dependen directamente del poder[101].

Ibn al-ʻArabī es perfectamente consciente de que la extensión del espíritu racional mediante las ciencias de los antiguos es fundamental para consolidar su golpe de timón en los asuntos religiosos y, por esta razón, desconfía profundamente de las ciencias de los antiguos: tras su prestigio intelectual y su pretendida utilidad social, se esconde un mensaje torticero, porque los zoroastristas, judíos, cristianos y herejes de toda clase (*mulḥidūn*) «mezclaron la medicina con discursos y creencias propias de la herejía y contrarias a la ley islámica». No pude decirse que Ibn al-ʻArabī sea radicalmente contrario a las ciencias, ya que reconoce la utilidad del cálculo y acepta la medicina, porque, entre otras cosas, es una disciplina vinculada al Profeta[102]. A lo que se opone absolutamente es al libre uso de la razón en materia religiosa.

V. Conclusiones

El discurso de Ibn al-ʻArabī refleja un cambio de tendencia de la actitud de una parte de la sociedad y los poderes que la representan hacia la filosofía y las ciencias. Estas han culminado en el siglo V/XI el proceso de translación del patrimonio clásico al árabe, gracias en buena medida al apoyo de los poderes que han operado en las sociedades islámicas tanto a escala global como local. Ibn Sīnā y su obra enciclopédica científica, filosófica y médica simbolizan la magnitud general del logro. El islam suní siente la necesidad de posicionarse y lo hace por boca de al-Ġazālī, mediante una oposición que podemos calificar de dura, pero relativamente constructiva. No existe una figura semejante a la de Ibn Sīnā en al-Andalus en esta época, pero durante el siglo V/XI, en esta región periférica del islam se ha desarrollado, en ocasiones con mucha fortuna, el patrimonio científico y filosófico acumulado durante la época omeya. Además, una parte de las élites gobernantes lo ha asumido como un

[101] Gutas, *Greek Thought*, pp. 75-83.

[102] Dedicaré un artículo específico al complejo tratamiento de la medicina por parte de Ibn al-ʻArabī.

elemento esencial de su cultura y lo ha promovido. Tampoco existe un al-Ġazālī andalusí, pero sí diversos religiosos que se posicionan también de manera relativamente constructiva. El más importante de ellos es Ibn Ḥazm, cuya actitud es, en buena medida, favorable. Ibn al-ʻArabī crece a la sombra de estos autores andalusíes, en una corte en la que es normal beber vino (por lo menos, no inusual para los baremos de una sociedad islámica, hablar de religión y consultar a un astrólogo). Y se ha formado para ser un dirigente, a la sombra de los religiosos críticos con las ciencias de los antiguos, pero también a la sombra de los expertos en las mismas. Cuando llegan los almorávides, todo cambia, para al-Andalus y para Ibn al-ʻArabī. Este, tras un largo viaje que le lleva a conocer a al-Ġazālī, se transforma. El resultado de esta transformación, que es, a la vez, construcción y reconstrucción intelectuales, es un ulema mālikí estricto, como estricto es el mālikismo oficial de los almorávides, que se muestra extremadamente crítico con el ambiente intelectual de la generación precedente. Su postura hacia las ciencias, la filosofía y la teología racional son una manifestación evidente de esta actitud personal e intelectual que resulta muy útil a la dinastía. Los almorávides tienen muchas tareas que realizar, y una es la de reconvertir a las élites que trabajaban para los taifas, especialmente en Sevilla, a la nueva situación política y religiosa. Otra es combatir a los cristianos, que representan una amenaza real y acuciante. La religión es un pilar esencial de la nueva dinastía, que está formada por gentes relativamente extrañas para los andalusíes, con los que habrá diversos conflictos de tipo cultural y político, precisamente porque los locales no terminarán de sintonizar con los nuevos gobernantes. La religión, es decir, el mālikismo, unifica a andalusíes y almorávides, y por esto es tan importante defenderla, tanto mediante la pluma como la espada.

La reconstrucción que Ibn al-ʻArabī efectúa del proceso de aculturación abasí de las ciencias de los antiguos es especialmente elocuente de la situación presente en al-Andalus. Frente a la idealización del cadí Ṣāʻid a finales del siglo V/XI, Ibn al-ʻArabī opone una visión negativa porque sabe que, en el fondo, el proceso abasí es un ataque a las escuelas legales del sunismo. El ulema mālikí que es Ibn al-ʻArabī intenta reforzar así su posición en relación con el régimen. Recuérdese, en este sentido, que es una época de ulemas combativos, tan combativos como para acompañar a los ejércitos. Las ciencias de los antiguos permiten a la gente pensar libremente, y pensar libremente en religión es siempre problemático. Fomentar las ciencias de los antiguos, especialmente aquellas que, a ojos de un ulema, pueden poner en tela de juicio la omnipotencia divina, es una mala idea. Las ciencias de los antiguos son foco de heterodoxia y, además, son ajenas a la naturaleza del islam. Son patrimonio de los otros (esos «otros» que encarnan los barmaquíes), de los enemigos del islam, ya sean zoroastristas, cristianos o judíos. En una época de enfrentamiento entre cristianos y musulmanes, este es un argumento de peso. Y con el mismo ardor que Ibn al-ʻArabī combate contra los cristianos en el campo de batalla, combate la heterodoxia en sus escritos. El mensaje del discurso sobre las ciencias y la crítica al modelo abasí original van destinados tanto a la sociedad culta que puede leerle, para que evite la seducción de la razón, como para el gobierno. Este también puede quedar seducido. Como es bien sabido, con el tiempo, los almorávides adoptaron muchas de las costumbres de los andalusíes. También acogieron a científicos y filósofos, algunos tan problemáticos en el plano personal e intelectual como Ibn Bājja. Ibn al-ʻArabī convivió con ellos, acaso en la misma corte. Por esto, es razonable pensar que el cadí también advierte contra el peligro que representan. Los almorávides no deben caer en la tentación de al-Ma'mūn. Los barmaquíes no solo simbolizan la alteridad religiosa sino, también, los cortesanos que albergan intenciones aviesas.

Racionalismo científico y tradición en la exégesis bíblica de Abraham ibn Ezra*

Mariano Gómez Aranda
ILC-CCHS, CSIC, Madrid

I. Introducción

Abraham ibn Ezra (ca. 1089-ca. 1160) fue uno de los comentaristas judíos de la Biblia más importantes en la Edad Media. A la hora de enfrentarse a la explicación del texto bíblico, este autor tenía muy presente en su argumentación la fuerte tradición de exégesis bíblica judía, marcada sobre todo por el Talmud, los textos rabínicos de los *midrashim* y los exegetas judíos que se habían mantenido fieles a esta corriente interpretativa. Pero al mismo tiempo, Abraham ibn Ezra fue el intelectual judío más destacado en el campo de la astrología medieval, una disciplina considerada entonces como una ciencia, debido a que sus ideas se defendían no solo con argumentos racionales, sino también desde el punto de vista de la experiencia.

* Esta publicación es parte del proyecto de I+D+i «Ciencia y Religión en el Judaísmo Medieval» (PID2020-118688GB-I00) financiado por el MCIN/AEI/10.13039/501100011033.

Es decir, en los comentarios bíblicos de este autor sobre textos religiosos judíos se conjugan e interactúan constantemente tanto los fundamentos que otorgan peso a la tradición como los mecanismos mentales del racionalismo científico.

El propósito de este capítulo es analizar cómo utilizó Abraham ibn Ezra la tradición exegética judía y los argumentos racionales para dar al texto bíblico una interpretación novedosa y original. También se estudiarán las repercusiones que las ideas de este autor tuvieron en los comentaristas judíos posteriores.

II. EL RACIONALISMO CIENTÍFICO DE ABRAHAM IBN EZRA

Cuando Abraham ibn Ezra escribió sus dos comentarios al Pentateuco, en 1142-1145 y 1155-1157 respectivamente[1], planteó en ambas introducciones si se podía utilizar el racionalismo científico en la interpretación de los textos religiosos o, dicho de otra manera, si era legítimo aplicar teorías racionalistas procedentes de otras culturas y religiones en la interpretación de los propios textos sagrados del judaísmo.

En las introducciones a ambos comentarios al Pentateuco, Abraham ibn Ezra comienza analizando los cuatro métodos de interpretación de textos bíblicos que se habían llevado a cabo hasta su tiempo. Él critica y rechaza todos ellos y propone su propio método exegético, que consiste básicamente en interpretar el texto sagrado conforme a su sentido literal y siguiendo las normas y reglas de la gramática y la lingüística hebreas.

Entre los métodos exegéticos rechazados, menciona el denominado de los gaones, el de los «ilustres varones, eruditos de las academias rabínicas en tierras de musulmanes», entre los que cita expresamente a Saadia Gaón y a Samuel ibn Hofní. Su crítica a este método viene motivada porque estos intelectuales se atrevieron a introducir las ciencias externas en sus comentarios a la Biblia y se extendieron en explicaciones que no tenían ninguna conexión temática con el significado del texto sagrado

[1] Sobre la cronología de las obras de Abraham ibn Ezra, Shlomo Sela y Gad Freudenthal, «Abraham Ibn Ezra's Scholarly Writings: A Chronological Listing», *Aleph*, 6 (2006), pp. 13-55.

que ellos mismos estaban tratando de interpretar. Cita como ejemplo a Samuel ibn Hofní, quien en la explicación del pasaje del sueño de José (Gen 41) se extendió en un mar de elucubraciones acerca de los diferentes tipos y características de los sueños[2].

Tras estas observaciones, Ibn Ezra termina su repaso del método de los gaones afirmando lo siguiente:

> Quien desee instruirse en las ciencias externas hará bien en estudiarlas en los libros de los científicos. Entonces entenderá sus argumentos y deducirá si son correctos, pero los gaones las utilizaron sin ningún argumento y algunos de ellos ni siquiera conocieron los métodos de los sabios de la Antigüedad y de dónde los obtuvieron[3].

Abraham ibn Ezra concluye así que el uso de las ciencias externas en la interpretación bíblica estaba justificada solamente si se fundamentaba en argumentos racionales, pero era rechazable si únicamente se utilizaban por pura especulación y sin ninguna base lógica. En otras palabras, para este autor era condición indispensable para que una teoría científica se pudiera aplicar a la interpretación bíblica que estuviera basada en un método racional y lógico. Por lo tanto, el racionalismo científico va a ser utilizado por este autor como base para determinar qué ideas científicas externas al judaísmo son válidas para la interpretación bíblica. A continuación, analizaremos cómo aplica Ibn Ezra este principio en su interpretación de unos textos religiosos concretos (Ex 23,25-26 y Deut 4,19-20) y en qué sentido hace uso de la argumentación racionalista para enfrentarse a la tradición exegética judía.

---

[2] Sobre los extensos comentarios de Samuel ibn Hofní a este pasaje bíblico, véase Aaron A. Greenbaum (ed.), *The Biblical Commentary of Rav Samuel Ben Hofni Gaon According to Geniza Manuscripts* (Jerusalem: Mossad Harav Kook, 1978), pp. 96-168 (en hebreo) y Daniel Frank, *Search Scripture Well: Karaite Exegetes and the Origins of the Jewish Bible Commentary in the Islamic East* (Leiden: Brill, 2004), pp. 112, 117-118.

[3] Abraham ibn Ezra, *Perushe ha-Torah*. Ed. Asher Weizer (Jerusalem: Mosad Harav Kook, 1976), vol. I, p. 2.

III. Las bendiciones de Ex 23,25-26

> Serviréis al Señor, vuestro Dios y bendeciré tu pan y tu agua y alejaré la enfermedad de en medio de ti; no habrá en tu territorio mujer que aborte o estéril y colmaré el número de tus días (Ex 23,25-26).

En su significado más literal, estos versículos recogen las bendiciones de Dios al pueblo judío como consecuencia de que practiquen la religión que el Altísimo les ha dado. Se mencionan unas bendiciones concretas sobre el pan, el agua y el alejamiento de las enfermedades y se habla de la promesa de fertilidad para el pueblo judío, así como de la culminación de la vida de quienes pertenezcan a él.

En la tradición rabínica recogida por el Talmud, estos versículos se interpretaron en un contexto estrictamente litúrgico: servir a Dios implicaba rezar las oraciones diarias y como consecuencia de ello se obtendría la bendición de Dios sobre la comida que se tomara después de cumplir con los ritos. Como consecuencia de ingerir alimento bendecido por Dios, se pensaba que la enfermedad se alejaría de los judíos[4]. Con respecto a completar el número de los días prometido en el versículo 26, el Talmud especificó que se refiere exclusivamente a la vida de los justos, que tendrá una duración exactamente como Dios la ha prescrito; sin embargo, en el caso de los malvados, morirán antes del tiempo fijado para ellos[5].

Los comentaristas judíos medievales de la escuela exegética del norte de Francia –como Rashi (1040-1105), Rashbam (1080-1160) y Yosef Bejor Shor (ca. 1130-ca. 1200)– van a seguir la interpretación tradicional talmúdica de estos versículos, insistiendo sobre todo en el hecho de que las bendiciones están condicionadas al cumplimiento de la ley[6].

De estos dos versículos, Rashi se limitó a comentar el 26 e interpretó que la bendición de que *no habrá mujer que aborte* está condicionada a que el pueblo de Israel cumpla la voluntad de Dios.

---

[4] *Baba Kamma* 92b y *Baba Metsia* 107b.

[5] *Kiddushim* 38a, *Rosh ha-Shanna* 11a, *Sotah* 13b y *Yebamot* 49b.

[6] Para las interpretaciones de los comentaristas medievales a este pasaje, *Mikra'ot Gedolot 'Haketer'. Exodus*. A Revised and Augmented Scientific Edition of 'Mikra'ot Gedolot' Based on the Aleppo Codex and Early Medieval Mss. Ed. Menahem Cohen (Ramat-Gan: Bar Ilan University Press, 2012-2013), vol. II, pp. 56-57.

Rashbam especificó que la enfermedad a la que se refiere el versículo es exclusivamente aquella que se produce como consecuencia de haber bebido agua en mal estado; es decir, para él, la bendición de Dios sobre el agua evita unas enfermedades concretas[7]. Citó como ejemplo el episodio de las aguas de Marah, que eran amargas y no se podían beber, pero por un milagro de Moisés se volvieron dulces (Ex 15,22-26). Como consecuencia de este prodigio, Dios comunicó al pueblo de Israel que, si se mantenían fieles a la ley y cumplían sus mandamientos, él les libraría de las enfermedades que había impuesto a los egipcios. Rashbam dedujo de dicho episodio que Dios quiere enseñar al pueblo judío que debe aceptar las leyes y normas divinas, porque el resultado siempre será positivo: Dios cubrirá las necesidades corporales de los miembros del pueblo de Israel[8]. En cuanto a las promesas del versículo 26, Rashbam las englobó en el sentido general del pasaje: el que cumple la ley de Dios vivirá hasta llegar a la ancianidad.

Yosef Bejor Shor también interpretó la bendición del pan y del agua en el sentido de que el alimento bendecido no causará ningún daño a quien lo toma. Citó la interpretación de un tal Rabbí Obadiah, según el cual la bendición hacía referencia a que el pueblo de Israel gozaría de pan y agua en abundancia y que además serían saludables para el cuerpo de aquellos que los tomaran.

Tras explicar el significado del texto bíblico según la tradición rabínica, Abraham ibn Ezra introdujo la siguiente observación:

> Existen grandes intelectuales, los sabios de las dos Torás[9], que no se han ocupado de la ciencia de la naturaleza, por eso yo no puedo explicarte estas bendiciones si no menciono algo de las ciencias[10].

Es decir, en opinión de este autor, las interpretaciones de la tradición rabínica habían sido insuficientes para explicar el significado de los

---

[7] Samuel ben Meir Rashbam, *Rashbam's Commentary on Exodus. An Annotated Translation.* Ed. y trad. Martin I. Lockshin (Atlanta: Scholars Press, 1997), p. 292.

[8] Rashbam, *Commentary on Exodus*, p. 166.

[9] Se refiere a los seguidores de la tradición rabínica.

[10] *Mikra'ot Gedolot 'Haketer'. Exodus*, vol. II, p. 56.

versículos por el desconocimiento que los tradicionalistas tenían de las ciencias de la naturaleza y, por esta razón, él sintió la necesidad de recurrir a algunas ideas científicas que pudieran ser útiles en la explicación del sentido del texto bíblico.

Abraham ibn Ezra comenzó a exponer la teoría de las tres almas o de las tres facultades del alma humana de raíces clásicas, según la cual los seres humanos poseemos tres clases de facultades: concupiscente, vital y racional. Para estos tres tipos de alma, Ibn Ezra utilizó los términos hebreos *nefesh*, *ruaḥ* y *neshamah*, respectivamente[11]. Pero además, este autor explicó en qué parte del cuerpo humano está situada cada una de ellas y cuáles son sus funciones específicas: el alma concupiscente se localiza en el hígado y controla los deseos más básicos del ser humano, como alimentarse y reproducirse; el alma vital se sitúa en el corazón, es la que mantiene la vida del ser humano, la que genera los deseos de poder y la que produce la ira y el enfado; finalmente, el alma racional está ubicada en el cerebro y de ella proceden la fuerza de todas las sensaciones y el movimiento voluntario.

La idea de situar las tres almas en los órganos del cuerpo mencionados tiene su origen en las obras del médico griego Galeno. Este autor interpretó la división de las facultades del alma de Platón desde un punto de vista psico-fisiológico e identificó tres principios (*archai*) o facultades del alma que actúan en el ser humano y que se sitúan en tres partes diferentes: el cerebro, el corazón y el hígado. El cerebro se encarga de las actividades cognitivas y es equivalente al alma racional, el corazón se ocupa de las cuestiones sensoriales y afectivas y equivale al alma irascible y el hígado de las funciones nutritivas, entre otras, y corresponde al alma concupiscible[12].

---

[11] Sobre el uso de esta teoría en otro contexto exegético diferente, véase Mariano Gómez Aranda, «La teoría del alma en el Comentario de Abraham ibn Ezra al Eclesiastés», en José Ramón Ayaso Martínez, Vicente Collado Bertomeu, Lola Ferre Cano y Miguel Pérez Fernández (eds.), *IV Simposio Bíblico Español (I Ibero-Americano). Biblia y Culturas* (Valencia-Granada: Universidad de Granada, 1993), vol. II, pp. 71-77.

[12] Galeno, *Sobre la localización de las enfermedades (De locis affectis)*. Ed. Luis García Ballester y Salud Andrés Aparicio (Madrid: Gredos, 1997), pp. 236-237; véase también Heinrich von Staden, «The Physiology and Therapy of Anger: Galen

Las teorías de Galeno sobre la división del alma humana se empezaron a conocer en Occidente sobre todo a través de las obras del médico y traductor cristiano Ḥunayn ibn Isḥāq (808-873), conocido en el mundo latino como Johannitius. La obra más famosa de este autor, *Cuestiones sobre la medicina* o *Introducción a la medicina*, fue conocida en traducción latina con el título de *Ysagoge*. En dicho tratado se hace referencia a la distinción entre tres espíritus (*spiritus*) que existen en el ser humano: natural, situado en el hígado; vital, en el corazón; y animal, en el cerebro. Cada uno de ellos se extiende al resto del cuerpo a través de unos conductos específicos: el espíritu natural a través de las venas, el vital por las arterias y el animal mediante los nervios[13].

La obra de Ḥunayn ibn Isḥāq era conocida tanto en Italia como en la península ibérica desde finales del s. XI y principios del XII, pues fue traducida al latín en ambos lugares: en Italia por Constantino el Africano y en la península ibérica por Marcos de Toledo. Abraham ibn Ezra pudo conocer el original árabe de esta obra o al menos acceder a su contenido en cualquiera de estos dos lugares mencionados donde vivió una parte importante de su vida.

La obra de Ḥunayn ibn Isḥāq también fue traducida al hebreo del original árabe a finales del s. XII, siendo una de las primeras traducciones de obras de medicina que se hicieron en la época medieval a la lengua de los judíos. También se tradujo a partir de la versión latina[14]. Sin embargo, es imposible que nuestro autor judío hubiera podido conocer estas traducciones, pues se realizaron en una época en la que él ya había muerto.

Abraham ibn Ezra no cita la teoría de las tres facultades del alma por pura erudición científica, sino que la utiliza con un objetivo de carácter exegético. Deduce que el significado de Ex 23,25-26 es que Dios ha entregado la Torá al pueblo de Israel para que les sirva para fortalecer la

on Medicine, the Soul, and Nature», en Felicitas Opwis y David Reisman (eds.), *Islamic Philosophy, Science, Culture, and Religion: Studies in Honor of Dimitri Gutas* (Leiden-Boston: Brill, 2012), pp. 63-87: 69-71.

[13] Mark D. Jordan, «The Construction of a Philosophical Medicine: Exegesis and Argument in Salernitan Teaching on the Soul», *Osiris*, 2nd ser. 6 (1990), pp. 42-61: 44.

[14] Lola Ferre, «The Medical Work of Hunayn Ben Ishaq (Johannitius) in Hebrew Translation», *Korot*, 11 (1995), pp. 42-53.

facultad racional del alma humana y evitar así que el cuerpo pueda dominar a aquella; sin embargo, si los judíos no cumplen con la Ley de Dios, entonces los elementos corporales se impondrán sobre su alma y entonces les sucederá todo tipo de enfermedades.

Para ilustrar la acción del cuerpo sobre el alma, Ibn Ezra pone el ejemplo de las personas en cuyo temperamento predomina la bilis amarilla[15]. Quienes poseen un exceso de este humor concreto son irascibles, porque su naturaleza es similar a la del fuego, elemento natural que se corresponde con la bilis amarilla. Por esta razón, explica Ibn Ezra, cuando una persona se enfada aumenta el calor de su cuerpo. Cuando esto ocurre, continúa argumento el autor, significa que el cuerpo ha conseguido tener predominio sobre el alma, algo totalmente desaconsejable en el pensamiento de Ibn Ezra.

Nuevamente nos encontramos aquí con otra de las ideas de la medicina tradicional galénica. El médico griego explicó que cuando se produce la ira aumenta el calor del corazón y, como consecuencia, el pulso de la persona que tiene estos sentimientos se altera. Von Staden llamó la atención sobre el hecho de que Galeno describió la ira más en términos de las cuatro cualidades de la materia –frío, calor, sequedad y humedad– que de la intervención de los humores –sangre, flema, bilis amarilla y bilis negra. Sin embargo, en un fragmento sobre la melancolía, Galeno sí relacionó la ira con un incremento del calor de la bilis amarilla[16].

Es decir, el sentido de la primera parte del fragmento bíblico que nos ocupa, según Ibn Ezra, es que las bendiciones que se mencionan en él sobre el pan, el agua y el alejamiento de las enfermedades tienen una base científica y por lo tanto racional: sus efectos se producen conforme a los mecanismos del alma explicados racionalmente en la medicina galénica.

Para explicar la frase *no habrá en tu territorio mujer que aborte o estéril y colmaré el número de tus días* (Ex 23,26), Ibn Ezra afirma que va a recurrir a la astrología. Desde el punto de vista de esta disciplina en la

[15] Según la medicina medieval, se trata de uno de los cuatro humores del cuerpo, junto con la sangre, la flema y la bilis negra.

[16] Von Staden, «The Physiology and Therapy of Anger», pp. 76-78 y nota 34.

Edad Media, el hecho de que una persona sea estéril o una mujer aborte o pueda engendrar hijos depende de la posición de los planetas y la conexión de estos con los demás astros en el momento de su nacimiento. Sin embargo, añade Ibn Ezra, siempre se pueden evitar, a lo largo de la vida, aquellas decisiones astrales adversas que hayan sido decretadas al nacer, mediante el recurso de unirse a Dios y cumplir sus mandamientos. Es decir, debido a que el poder del Altísimo es superior al de los astros, si se cumple su ley, entonces Dios cambiará el decreto negativo de los astros. En el caso concreto de la fertilidad humana, Ibn Ezra incluso explica cómo se produce la acción divina para causar unos efectos positivos concretos en el ser humano: si un hombre se mantiene fiel a Dios y cumple sus mandamientos, entonces él intensificará el poder de sus riñones, la acción del semen será posible y podrá engendrar hijos. La conclusión a la que llega el autor es que, mediante el cumplimiento de la palabra divina, se pueden evitar las influencias de los astros.

Como en el caso de un buen número de contenidos astrológicos, Ibn Ezra tomó la idea de la influencia de los planetas en las capacidades reproductivas del ser humano muy probablemente de Abū Ma'shar al-Baljī (787-886), conocido en los textos latinos como Albumasar y considerado como el astrólogo más importante de la Edad Media. Abū Ma'shar es el autor de *Gran introducción a la astrología*, obra de referencia absoluta para todos los astrólogos medievales, en la que se explican, entre otros muchos asuntos, las influencias de los planetas en las enfermedades y en la salud, así como en la reproducción del ser humano. Allí se dice específicamente que el planeta Marte tiene mucho poder en los abortos, idea que Abraham ibn Ezra recoge también en su obra *El principio de la sabiduría*, una introducción a la astrología muy similar al tratado de Abū Ma'shar[17].

[17] Abū Ma'shar, *The Great Introduction to Astrology by Abū Ma'šar.* Edited and Translated by Keiji Yamamoto and Charles Burnett with an Edition of the Greek Version by David Pingree (Leiden: Brill, 2019), vol. I, pp. 808-809; Abraham ibn Ezra, *Abraham Ibn Ezra's Introductions to Astrology.* A Parallel Hebrew-English Critical Edition of the *Book of the Beginning of Wisdom* and the *Book of the Judgements of the Zodiacal Signs*. Ed. y trad. Shlomo Sela (Leiden-Boston: Brill, 2017), pp. 162-163.

El autor judío pudo fácilmente tener acceso a la obra de Abū Ma'shar durante sus viajes por al-Ándalus, pues ya era conocida en aquel tiempo, como lo atestigua el hecho de que fuera traducida al latín por Juan de Sevilla en 1133, antes de que Ibn Ezra partiera para Roma. De hecho, hay autores como Charles Burnett que piensan que Abraham ibn Ezra y Juan de Sevilla pudieron incluso haber trabajado juntos[18].

Con respecto a la expresión *colmaré el número de tus días*, Ibn Ezra recurre a una interpretación en consonancia con la tradición médica clásica que se conocía en su época. Según esta corriente de pensamiento, tal como la expone Ibn Ezra en su comentario, todas las personas desde el momento de nacer tienen un período de vida limitado que depende de la cantidad de calor y humedad que posea su propia naturaleza. A medida que pasa el tiempo, la proporción de estas cualidades va disminuyendo poco a poco hasta que el cuerpo humano deja de tener el calor y la humedad necesarios para mantenerse vivo. Ibn Ezra explica que la bendición de Dios referida a los años de vida significa que, si una persona se mantiene unida a Dios, entonces él reforzará, a través del alma humana, el calor y la humedad propios de su naturaleza y así podrá vivir más años de los que inicialmente tenía fijados.

En resumen, para Abraham ibn Ezra, el sentido de Ex 23,25-26 es que existen unas leyes de la naturaleza fijas e inamovibles, tal como demuestran racionalmente la medicina, la astrología y las ciencias de la naturaleza. Solo Dios puede cambiarlas con la condición de que el ser humano se mantenga fiel a su religión. Las bendiciones recogidas en estos versículos demuestran que el Altísimo puede alterar tanto la naturaleza como la acción de los astros cuando estas resulten adversas para el ser humano. Con la intervención divina y a través de la acción del alma racional, las personas serán capaces de dominar las facultades corporales y evitar enfermedades, sentimientos adversos, impotencia, infertilidad e incluso alargar su propia vida.

[18] Charles Burnett, «John of Seville and Limia», en Charles Burnett y Pedro Mantas España (eds.), *Ex Oriente Lux: Translating Words, Scripts and Styles in Medieval Mediterranean Society* (Córdoba-London: Universidad de Córdoba-The Warburg Institute, 2016), pp. 11-17: 12.

IV. El pueblo de Israel y el poder de los astros (Deut 4,19-20)

> Y no sea que, alzando al cielo tus ojos y viendo el sol, la luna, las estrellas y todo el ejército celestial, te sientas empujado, te arrodilles ante ellos y les des culto, porque el Señor tu Dios los ha distribuido para todos los pueblos que hay bajo los cielos. Pero a vosotros os tomó el Señor y os sacó del horno de hierro de Egipto para que fuérais para Él el pueblo de su herencia, como en este día (Deut 4,19-20).

Por el contexto bíblico en el que se inserta el fragmento parece claro que estos versículos tenían como objetivo rechazar completamente la idolatría y, especialmente, la adoración a los astros. Pero, además, los cuerpos celestes aparecen aquí como instrumentos de Dios, que los asignó a los pueblos de la tierra, mientras que él se reservó al pueblo de Israel para sí mismo.

En la tradición judía, desde época muy antigua, resultaba chocante la idea de que Dios hubiera establecido a unos astros concretos para los demás pueblos de la tierra y los exegetas judíos, desde época muy temprana, trataron de dilucidar con qué propósito había hecho Dios esa distribución y si su objetivo era que practicaran la idolatría o con otra intención diferente.

Una de las respuestas a estos planteamientos la encontramos en el Talmud. Tras explicar el texto como un rechazo de la adoración de los ídolos que practican las naciones del mundo, el texto talmúdico afirma que Dios hizo la asignación de los astros con la intención de que las naciones del mundo los adoraran y así tener una razón para poder exterminarlas y que solo triunfara el pueblo de Israel[19].

Sin embargo, esta no fue la solución a las dudas planteadas que más seguidores tuvo entre los exegetas judíos, quizá por la perversidad que implicaba la acción de Dios contra las demás naciones. Mucho más antigua que la interpretación talmúdica es otra propuesta de interpretación que encontramos en la propia traducción de la Biblia al griego. La Septuaginta traduce la frase *porque el Señor tu Dios los ha distribuido para todos los pueblos* por *porque el Señor tu Dios los ha distribuido para dar*

---

[19] *Abodah Zarah* 55a.

luz a todos los pueblos. Con el añadido de «para dar luz» al texto bíblico se pretendía evitar la interpretación de que los astros hubieran sido creados para que los gentiles practicaran la idolatría[20]. Esta segunda solución va a ser la interpretación más aceptada en la tradición exegética judía medieval. También la encontramos en el Talmud[21], en algunos midrashim[22] y en los comentarios de los exegetas tradicionalistas del norte de Francia, como Rashi, Rashbam y Yosef Bejor Shor[23].

Frente a esta tradición exegética, Abraham ibn Ezra propone la siguiente interpretación:

> Está demostrado que todas las naciones tienen un planeta y una constelación determinada, como también cada ciudad tiene su propia constelación. Pero Dios puso a Israel en un nivel elevado para que Él fuera su único asesor y no tuviera ningún planeta y por eso Israel es la herencia de Dios[24].

En primer lugar, nuestro autor rechaza implícitamente la solución propuesta por la tradición judía de que Dios hizo los astros para dar luz a los pueblos de la tierra. En otro de sus comentarios este rechazo es completamente explícito. En su explicación de Ex 33,21 vuelve Ibn Ezra a citar el texto de Deut 4,19-20 y afirma que el añadido de *para dar a luz* no tiene sentido en este contexto.

Abraham ibn Ezra propone en su lugar la teoría astrológica medieval que defendía que cada uno de los pueblos y naciones de la tierra, así como cada una de las ciudades, está bajo la influencia de un planeta o

[20] Sobre esta modificación de la Septuaginta, Emanuel Tov, «The Rabbinic Tradition concerning the "Alterations" Inserted into the Greek Pentateuch and their Relation to the Original Text of the LXX», *Journal for the Study of Judaism*, 15 (1984), pp. 65-89.

[21] *Megillah* 9b.

[22] *Tanhuma Buber* 19,10.

[23] Para los comentarios medievales a este fragmento bíblico, *Mikra'ot Gedolot 'Haketer'. Deuteronomy*, A Revised and Augmented Scientific Edition of 'Mikra'ot Gedolot' Based on the Aleppo Codex and Early Medieval Mss. Ed. Menahem Cohen (Ramat-Gan: Bar Ilan University Press, 2011), pp. 28-29.

[24] *Mikra'ot Gedolot 'Haketer'*, p. 28.

un signo del Zodíaco específico. Según Ibn Ezra, el versículo especifica que el pueblo de Israel queda fuera de esta influencia[25].

Pero Ibn Ezra no comenta este versículo solamente en el contexto del libro de Deuteronomio, sino que lo explica también en su comentario a Ex 33,21. Aquí vuelve a referirse a la tradición rabínica y afirma que, basándose en Deut 4,19-20, los rabinos del Talmud afirmaron que «Israel no tiene constelación» (*'ein mazal le-Ishra'el*)[26]. Sin embargo, nuestro autor judío, siguiendo la astrología de su tiempo, defendió en su lugar la idea de que, efectivamente, cada uno de los pueblos y naciones que habitan en el mundo tiene asignado un planeta específico y una de las doce constelaciones del Zodíaco. En la primera versión de su tratado astrológico *Libro de las razones*, explica Ibn Ezra que los judíos están gobernados por Saturno y por la constelación de Acuario, los cristianos por el Sol y Leo y los musulmanes por Venus y Escorpio[27].

Se le plantea entonces a este autor un conflicto entre la tradición rabínica, que niega que Israel esté bajo la influencia de los astros, y el racionalismo científico de su época, que sostiene que el pueblo judío está bajo el poder de Saturno y de Acuario. Para resolver el dilema, Ibn Ezra propone una solución muy similar a la que propuso en el comentario a las bendiciones de Dios que hemos visto anteriormente (Ex 23,25-26): Israel no recibirá influencias astrológicas de ningún planeta o constelación zodiacal siempre que cumplan con la ley de Dios; sin embargo, si los judíos no se mantienen fieles a ella, entonces los astros los dominarán. Para reforzar la conclusión, Ibn Ezra añade que esta situación ha sido demostrada por la experiencia. Es decir, Ibn Ezra está aquí reivindicando el conocimiento empírico para reforzar una idea astrológica y, desde su punto de vista, racional.

---

[25] Sobre la interpretación astrológica de Ibn Ezra de este pasaje, Shlomo Sela, *Abraham Ibn Ezra and the Rise of Medieval Hebrew Science* (Leiden: Brill, 2003), pp. 290-295.

[26] *Shabbat* 156a y *Nedarim* 32a.

[27] Abraham ibn Ezra, *The Book of Reasons*. A Parallel Hebrew-English Critical Edition of the Two Versions of the Text Edited, Translated and Annotated by Shlomo Sela (Leiden: Brill, 2007), pp. 70-71, 76-77 y 78-79. Véase también Sela, *Abraham ibn Ezra and the Rise*, pp. 377-379.

La relación de Saturno con los judíos se remonta a la época clásica y a la antigüedad tardía. Autores romanos como Tácito o Dión Casio hacen referencia a ella, lo mismo que San Agustín. También aparece en las obras de astrólogos árabes medievales como Al-Qabīṣī, Abū Ma'shar o Al-Bīrūnī[28]. Asimismo, la encontramos en las memorias del rey 'Abd Allah[29]. Es decir, se trata de una idea que era conocida en al-Ándalus en la época de Ibn Ezra.

En cuanto a la relación de Acuario con los judíos, en la primera versión de su *Libro del mundo*, Ibn Ezra atribuye a Abū Ma'shar la asignación de Acuario como constelación zodiacal que ejerce su influencia sobre la tierra de Israel, Grecia y Egipto y, además, lo pone como ejemplo de que el astrólogo persa verificó esta información con su propia experiencia[30].

Abū Ma'shar es autor de una obra astrológica titulada *El libro de las religiones y las dinastías* o *Libro sobre las grandes conjunciones*. Esta obra trata de la parte de la astrología que se encarga de pronosticar acontecimientos históricos importantes que afectan a países, naciones o regiones del mundo. Según la posición de los astros se pueden adivinar determinados acontecimientos políticos, históricos, religiosos o de cualquier otro tipo que afectan a un colectivo amplio. Para hacer este tipo de predicciones, Abū Ma'shar se basó en las conjunciones de los planetas Júpiter y Saturno. En esta obra, el autor musulmán identificó los siete planetas con diversos pueblos o lugares de la tierra, aunque no de manera coherente a lo largo de todo el texto. Así, por ejemplo, relacionó a los árabes con Venus y la constelación de Escorpio y al Imperio bizantino con el Sol y las constelaciones de Leo o Acuario, pero no mencionó a los judíos en este contexto[31].

---

[28] Abraham ibn Ezra, *The Book of the World*. A Parallel Hebrew-English Critical Edition of the Two Versions of the Text. Edited, Translated, and Annotated by Shlomo Sela (Leiden: Brill, 2010), p. 36, nota 201.

[29] 'Abd Allāh, *El siglo XI en 1.ª persona: Las «Memorias» de 'Abd Allāh, último rey Zīrí de Granada, destronado por los almorávides (1090)*. Trad. E. Lévi-Provençal y Emilio García Gómez (Madrid: Alianza, 2005), pp. 362-363.

[30] Abraham ibn Ezra, *Book of the World*, pp. 88-89.

[31] Abū Ma'shar, *Abū Ma'šar on Historical Astrology. The Book of Religions and Dynasties (on the Great Conjunctions)*. Ed. Keiji Yamamoto y Charles Burnett (Leiden: Brill, 2000), pp. 66-67, 122-123, 514-515 y 606.

Sin embargo, como señaló Shlomo Sela, la identificación de Acuario con Israel efectivamente aparece en un fragmento de otro tratado de Abū Ma'shar titulado *Kitāb al-Ulūf*, una obra de la que solo se han conservado fragmentos en citas de otros autores. Se trata de una historia astrológica basada en una secuencia de ciclos de 360 años, el octavo de los cuales era un período gobernado por Acuario y Saturno y que históricamente se correspondía, según el astrólogo musulmán, con el profeta Moisés[32].

Es decir, frente a la tradición rabínica, que trató de dulcificar la acción de Dios sobre los astros y su distribución sobre los pueblos de la tierra, Abraham ibn Ezra aceptó claramente y sin matices el sentido literal del pasaje bíblico y admitió que la influencia de los astros sobre los pueblos de la tierra era real, pues así lo demostraban los principios de la astrología e incluso la propia experiencia. Sin embargo, como base de su argumentación para aplicar esta teoría al propio texto bíblico, Ibn Ezra reivindicó la idea de que el poder que ejercen los astros en los seres terrenales es contingente y por lo tanto no es absoluto. Esta circunstancia le permitió concluir con un argumento más importante y con implicaciones religiosas: las influencias de los astros se pueden evitar y, en el caso de los judíos, lo pueden hacer cumpliendo la ley divina.

V. La influencia de Abraham ibn Ezra en la exégesis judía medieval

Abraham ibn Ezra tuvo mucha influencia en la interpretación del pasaje de Deut 4,19-20 en comentaristas judíos tan importantes como Nahmánides, Gersónides, Bahya ben Asher y Jacob ben Asher.

En su interpretación de este texto, Moisés ben Nahmán, Nahmánides (1194-1270) afirmó lo siguiente:

> Ya interpreté[33] que la expresión *porque el Señor tu Dios los ha distribuido para todos los pueblos* se refiere a que todos ellos tienen [asignada] una estrella y una constelación, pero por encima de estas están los ángeles

---

[32] David Pingree, *The Thousands of Abū Ma'shar* (London: University of London, 1968), p. 69; Ibn Ezra, *Book of the World*, p. 205.

[33] En su comentario a Lev 18,25.

del Altísimo, como se dice en Daniel, *el príncipe del reino de Persia* (Dan 10,13) y *el príncipe de Grecia* (Dan 10,20), pero debido a esto los convirtieron en dioses y les sirvieron[34].

El exegeta de Gerona aceptó la idea expuesta por Ibn Ezra de que cada uno de los pueblos de la tierra tiene un planeta o una constelación específica que actúa sobre él[35]. Según Nahmánides, lo que prohíbe el versículo no es creer en dicha idea, sino que, precisamente porque se aceptaba que la influencia astrológica era real, los pueblos de la tierra habían convertido los astros en dioses y les había servido. En cambio, añadió Nahmánides, al pueblo de Israel no le sucede lo mismo, porque Dios lo tomó para sí como su pueblo y por lo tanto no les asignó ninguna protección astral específica.

Leví ben Gersón, Gersónides (1288-1344), también interpretó este pasaje en clave astrológica de manera muy similar a la de Ibn Ezra[36]. Según el exegeta francés, lo que significa el texto bíblico es que, debido a que Dios asignó a cada pueblo o nación de la tierra un planeta para que lo gobernase de manera particular, los gentiles se podrían equivocar y convertir a ese planeta en un dios, al comprobar que su influencia determina lo bueno y lo malo que le sucede a cada nación. Este pensamiento, justificable en el caso de los gentiles, es inadmisible para Israel, porque el pueblo judío no está bajo el poder de los astros, debido a que Dios les privó de esa particularidad. Al contrario, lo que hizo el Altísimo fue concederles su religión y su culto mediante los milagros y prodigios que

---

[34] Charles B. Chavel (ed.), *The Commentaries on the Torah by Moshe ben Nahman* (Jerusalem: Mossad Harav Kook 1960), p. 362.

[35] Sobre la influencia de Abraham ibn Ezra en los comentarios de Nahmánides, véase el estudio clásico de Abe Lipshitz, «Abraham Ibn Ezra in Nachmanides' *Commentary on the Pentateuch*», en Abe Lipshitz (ed.), *Ibn Ezra Studies* (Jerusalem: Mossad Harav Kook 1982), pp. 18-92 (en hebreo) y las publicaciones de Miriam Sklarz, especialmente su tesis doctoral: Miriam Sklarz, «The Place of Abraham Ibn Ezra in Nachmanides' Commentary to Genesis», Ph.D. Dissertation (Ramat-Gan: Bar Ilan University, 2002); véase también Jonathan Jacobs, «Nahmanides and Ibn Ezra's Commentaries on Genesis», *Journal of Jewish Studies,* 70 (2019), pp. 45-67 y «Nahmanides and Ibn Ezra's Commentaries on Exodus», *Hispania Judaica,* 13 (2017), pp. 51-70 (en hebreo).

[36] Sobre la influencia de Ibn Ezra en las obras de Gersónides, véase Shlomo Sela, «Gersonides' Astrology and Abraham Ibn Ezra», *Aleph,* 17 (2017), pp. 251-333.

realizó desde que los sacó de Egipto y mediante la Torá que les otorgó. Por esta razón, Israel está libre de influencias astrológicas porque en este aspecto se considera unido a la Providencia divina.

Siguiendo con las teorías astrológicas, Gersónides incluso justificó por qué se menciona en el versículo primero el sol, después la luna y a continuación las estrellas. En su opinión, el orden en el que aparecen los astros en el texto bíblico se corresponde con la mayor o menor influencia que ejerce cada uno de ellos en la naturaleza terrestre: el sol es el más influyente, a continuación, la luna y, por último, los planetas y las estrellas.

Bahya ben Asher (s. XIII) especificó que en el versículo se utiliza la palabra *ha-shamaima* en lugar de *ha-shamayim* porque, según él, el texto no se estaba refiriendo a todos los cielos, sino solamente a aquellas partes celestes en las que hay determinadas constelaciones y estrellas que los astrólogos calculan e interpretan[37]. Añade que, basándose en dichos cálculos, los especialistas en la materia pueden predecir los acontecimientos futuros y que, basándose en esta idea, algunas personas consideran que dichas constelaciones tienen poderes. Por esta razón, la Biblia prohíbe expresamente al pueblo de Israel que saque conclusiones de la observación de las estrellas. Es decir, para Bahya ben Asher, este versículo prohíbe la astrología porque podría conducir hacia la idolatría.

Para reforzar su interpretación, Bahya ben Asher, siguiendo la tradición rabínica, expresó que el sentido de la asignación de astros a los pueblos de la tierra fue una decisión de Dios para darles luz. De esta manera, rechazaba que los cuerpos celestes hubieran sido creados con la intención de anunciar el futuro, tal como creían los partidarios de la astrología. También se opuso a que se pudiera deducir que Dios actuó de esta manera para que los pueblos de la tierra se condenaran.

Jacob ben Asher (ca. 1270-1340), hijo del famoso rabino alemán Asher ben Yehiel que se instaló en Toledo en 1303, continuó con la interpretación astrológica del pasaje añadiendo un matiz interesante[38].

---

[37] Bahya ben Asher, *Midrash Rabbeinu Bachya: Torah Commentary by Rabbi Bachya Ben Asher.* Trad. Eliyahu Munk (Jerusalem: Urim, 1998), pp. 2391-2393.

[38] Jacob ben Asher, *Tur on the Torah by Rabbi Yaakov Ben Rabbaeinu Asher (R'osh).* Trad. Eliyahu Munk (Jerusalem: Urim, 2005), vol. IV, p. 1249.

Explicó que cada nación tiene un astro asignado que actúa al modo de un ángel protector y determina el futuro de la misma. Añadió que esta es la razón de que se fabriquen imágenes visuales de los astros e incluso que se las adore como si estas tuvieran unos poderes ocultos e independientes del Creador.

Jacob ben Asher está exponiendo esta idea, a principios del s. XIV en Toledo, ciudad en la que, tan solo unos años antes, fue traducido el *Picatrix* (*Gāyat al-ḥakīm*), obra de Maslama b. Qāsim al-Qurṭubī (m. 353/964). Como es bien conocido, se trata de la obra más importante sobre magia y alquimia escrita en el s. X, en la que precisamente se representan los planetas con diversas figuras y se explican los poderes ocultos de cada una de ellas para conseguir determinados objetivos en la vida[39]. Esta obra fue traducida con el título de *Picatrix* en la corte de Alfonso X el Sabio en Toledo, primero del árabe al castellano entre 1256 y 1258 precisamente por el judío Yehudá ibn Moisés, y posteriormente del castellano al latín por Egidio de Tebaldi con la ayuda de Pedro de Reggio[40].

Es muy posible, por tanto, que Jacob ben Asher conociera la existencia de esta obra y que estuviera alertando contra el peligro de idolatría que podría suponer la utilización de las figuras que aparecen en ella con fines mágicos.

En resumen, a la vista de los comentaristas judíos que siguieron la interpretación astrológica de Deut 4,19-20, podemos afirmar que Abraham ibn Ezra rompió con la tradición exegética que existía hasta ese momento, pero al mismo tiempo creó una nueva que se basaba en su interpretación astrológica.

---

[39] Sobre el Picatrix, Julio Samsó, *Las ciencias de los antiguos en al-Ándalus* (Madrid: Mapfre, 1992), pp. 261-266. Sobre la autoría de la obra, Maribel Fierro, «Bāṭinism in Al-Andalus: Maslama b. Qāsim al-Qurṭubī (d. 353/964), Author of the *Rutbat Al-Ḥakīm* and the *Ghāyat Al-Ḥakīm* (*Picatrix*)», *Studia Islamica*, 84 (1996), pp. 87-112; véase también Godefroid de Callataÿ, «Magia en al-Ándalus: *Rasā'il Ijwān al-Ṣafā*, *Rutbat al-Ḥakīm*, *Gāyat al-Ḥakīm* (*Picatrix*)», *Al-Qantara*, 34 (2013), pp. 297-344.

[40] David Pingree, «Between the Ghāya and Picatrix I: The Spanish Version», *Journal of the Warburg and Courtauld Institutes*, 44 (1981), pp. 27-56: 27-28.

VI. Conclusiones

Los comentarios de Abraham ibn Ezra a las bendiciones de Dios de Ex 23,25-26 y la asignación de los astros a los pueblos de la tierra de Deut 4,19-20 demuestran que este autor rompió con la tradición exegética cuando consideró que era insuficiente para explicar el texto bíblico, en el primer caso, o cuando pensó que la solución propuesta por la tradición iba en contra de las corrientes científicas de su tiempo en el campo de la astrología, en el segundo caso. Al mismo tiempo, y probablemente sin pretenderlo, Ibn Ezra creó con su comentario a Deut 4,19-20 una tradición exegética que apelaba al racionalismo científico astrológico como base para la exégesis bíblica.

Haciendo uso de las obras de científicos anteriores a él, como Galeno o Abū Ma'shar, Abraham ibn Ezra aplicó el racionalismo científico a la exégesis bíblica e incluso lo reforzó apelando a la vía de conocimiento a través de la experiencia, sobre todo en el caso de la astrología, quizá porque se trataba de una disciplina más difícil de justificar racionalmente.

Como base de su argumentación, Ibn Ezra reivindicó la idea de que el poder que ejercen los astros en los seres terrenales es contingente y en ningún caso absoluto. Sobre la base de este argumento, dedujo un principio más importante y con implicaciones religiosas: las influencias de los astros se pueden evitar y, en el caso de los judíos, lo pueden hacer cumpliendo la ley divina. El racionalismo científico le sirvió a este autor como medio para justificar no solo el texto bíblico, sino también en algunos casos la propia tradición rabínica.

A la vista de los dos ejemplos analizados, podemos concluir que Ibn Ezra cumplió en sus comentarios con el requisito que expuso en la introducción a Pentateuco: estudiar las teorías científicas en los libros de los científicos y utilizarlas en la exégesis bíblica con argumentos racionales bien asentados.

Apuntes para una investigación «prudente»: *ratio*, *nobilitas* y artes liberales en Petrus Alfonsi*

Serena Masolini
Universidad de Córdoba

I. Introducción

Qui prudenter inquirere voluerit, solutionem prudenter intelliget.
Petrus Alfonsi, *Disciplina clericalis*, De silentio

En una de las primeras páginas de su *Disciplina clericalis*, en el pasaje *Sobre el silencio*, Petrus Alfonsi relata el intercambio de pareceres entre un discípulo y su maestro sobre cuál es la mejor conducta a seguir

* La investigación para este trabajo ha sido financiada con la ayuda del Programa Beatriz Galindo (2023-2027), implementada en el Departamento de Ciencias Sociales, Filosofía, Geografía, Traducción e Interpretación de la Universidad de Córdoba. Agradecemos a Violeta Cervera Novo, Pedro Mantas España y Andrea Aldo Robiglio por sus comentarios constructivos. A lo largo del artículo, las citas en latín siguen la ortografía utilizada en la edición citada, manteniendo, no obstante, la distinción entre *u/v*. Las traducciones al castellano son nuestras.

en el camino del aprendizaje[1]. Ante la avidez del alumno por saber cómo comportarse para ser señalado entre los estudiantes sabios, el maestro responde apelando a los principios más básicos de honestidad y humildad intelectual: permanecer en silencio hasta que sea necesario hablar; no apresurarse a participar en una discusión cuando no se sabe nada del tema; escuchar cuando se está en presencia de alguien más sabio, y reconocer la verdad incluso si ha sido descubierta por otra persona[2]. Como corolario de estos consejos, Alfonsi presenta una serie de sentencias de filósofos que proporcionan otras pautas fundamentales: el verdadero sabio no se avergüenza de buscar la sabiduría en las palabras de los demás; la sabiduría se adquiere a través de un camino de educación y experiencia, y de esta procede la verdadera nobleza; la sabiduría no es un título para presumir, sino que radica en el aprendizaje y en retener en la memoria lo que se ha aprendido[3]. Una de las exhortaciones citadas por

[1] El texto latino de la *Disciplina clericalis* (= *DC*) está editado en Petri Alfonsi *Disciplina Clericalis,* I: *Lateinischer Text*. Ed. Alfons Hilka y Werner Söderhjelm (Helsinki: Finnische Litteraturgesellschaft, 1911-1912). Para la traducción al castellano, se ha utilizado *Disciplina clericalis / Disciplina Clerical*. Trad. Edgar Vargas Oledo en colaboración con María Jesús Lacarra (Zaragoza: Prensas de la Universidad de Zaragoza, 2023). Para el capítulo *De silentio*, véase *DC*, ed. Hilka y Söderhjelm, pp. 8-9; *DC*, trad. Vargas, pp. 90-91. Los estudios fundamentales sobre el pensamiento de Petrus Alfonsi son John Tolan, *Petrus Alfonsi and His Medieval Readers* (Gainesville: University Press of Florida, 1993); María Jesús Lacarra (ed.), *Estudios sobre Pedro Alfonso de Huesca* (Huesca: Instituto de Estudios Altoaragoneses, 1996); y Carmen Cardelle de Hartmann, y Philipp Roelli (eds.), *Petrus Alfonsi and His Dialogus: Background, Context, Reception* (Firenze: SISMEL-Edizioni del Galluzzo, 2014).

[2] *DC*, ed. Hilka y Söderhjelm, p. 8: «Discipulus magistro: Quomodo habendo me inter sapientes discipulos computabor? Magister: Serva silentium, donec sit tibi loqui necessarium. Ait enim philosophus: Silentium est signum sapientiae, et loquacitas est signum stultitiae. Alius: Ne festines respondere donec fuerit finis interrogationis, nec quaestionem in conventu factam solvere temptes, cum sapientiorem te ibi esse prospexeris, nec quaestioni alii cuiquam factae respondeas, nec laudem appetas pro retibi incognita. Philosophus enim dicit: Qui de re sibi ignota laudem appetit, illum mendacem probatio reddit. Alius: Adquiesce veritati sive a te prolatae sive tibi obiectae. Alius: Ne glorieris in sapientibus verbis tuis, quia prout philosophus testatur: Qui in suis verbis sapientibus gloriatur, stultus esse comprobatur. Haec omnia faciens connumeraberis inter discipulos sapienciae atque prudentiae».

[3] *DC*, ed. Hilka y Söderhjelm, p. 8: «Alius <philosophus dicit>: Quicumque erubuerit sapientiam ab aliis investigare, magis erubescet eandem a semetipso inquiri.

Alfonsi, la primera de la lista, tal vez resuma todas las demás: «Quien indaga con sensatez (*prudenter*) deducirá una sensata respuesta»[4].

Si se busca un hilo conductor en esta obra de Alfonsi, quizás se pueda encontrar precisamente en estas reflexiones. En su intento de orientar la búsqueda de la verdad a través de una investigación llevada a cabo «prudentemente», por medio del uso de la razón y de la interpretación atenta (y crítica) de la autoridad. En su convicción de que se debe saber reconocer la verdad incluso cuando se encuentra en enseñanzas que provienen de tradiciones diversas. En su atención a la necesidad de la formación ética e intelectual del ser humano, tanto en el desarrollo de virtudes morales como en el perfeccionamiento técnico del *ingenium* mediante el estudio de las artes liberales y la adquisición de experiencia. Y, finalmente, en la idea de que lo que se aprende debiera permanecer en la memoria, convertirse en parte de la identidad del individuo y ser transmitido a los demás. Tal vez este saber debiera, en última instancia, transformarse en práctica, determinando elecciones de vida concretas.

Alius: Qui brevi tempore pro pudore disciplinam non patitur, omni tempore in pudore insipientiae permanebit. Alius: Non omnis qui sapiens dicitur sapiens est, sed qui discit et retinet sapientiam. Alius: Qui in doctrina defecerit, parum generositas sua ei proderit. Dogmate indiget nobilitas, sapientia vero experientia. Alius: In quo sua desinit nobilitas, avorum nobilitatem haut congruere servat. Alius: Nobilitas a me procedens est mihi cordi plus quam quae patrum procedit nobilitate». Sobre la presencia de estos temas en obras de la tradición judía y árabe, véase *The Disciplina Clericalis of Petrus Alfonsi*. Ed. y trad. Eberhard Hermes; Trad. ingl. P.R. Quarrie (Berkeley-Los Angeles: University of California Press, 1977), pp. 181-182, notas 45-51.

[4] *DC*, trad. Vargas, p. 91; ed. Hilka y Söderhjelm, p. 8: «Philosophus dicit: Qui prudenter inquirere voluerit, solutionem prudenter intelliget». La traducción al inglés de Quarrie elige traducir el latín *prudenter* con la idea de «razonabilidad»: «Whoever determines to conduct an investigation on reasonable lines, will also reach the right solution on reasonable lines» (pp. 111-112). La de Jones y Keller, en cambio, opta por «prudentemente»: «Whoever inquires prudently will discern the solution prudently» (*The Scholar's Guide*. A Translation of the Twelfth-Century *Disciplina Clericalis* of Pedro Alfonso by Joseph Ramon Jones & John Esten Keller [Lexington, Kentucky: University of Kentucky, 1969], p. 45). Hermes (trad. Quarrie, pp. 181-182, nota 49) vincula este dicho a «whoever is quick to ask questions will attain to knowledge» (Hermann Knust, *Mittheilungen aus dem Eskurial* [Tübingen: Litterarischer Verein, 1879], p. 269) y al tratado de la Mishná *Sayings of the Fathers*, V, 7 (Paul Fiebig, *Pirque aboth* [Tübingen: Verlag von J.C.B. Mohr, 1906], p. 29).

El único dato biográfico presumiblemente cierto que tenemos sobre Alfonsi, que él mismo nos ofrece, es, precisamente, relativo a una elección de vida radical. Alfonsi cuenta como, nacido judío con el nombre de Moisés, se bautiza en Huesca el 29 de junio de 1106, asumiendo su nuevo nombre cristiano en memoria del apóstol Pedro, celebrado junto a San Pablo en ese día, y en honor a su padrino Alfonso, *gloriosus Hispanie inperator*[5]. Algunos años después, él escribe un diálogo para demostrar la irracionalidad de la religión judía y la sensatez del cristianismo, la única religión que, según él, está verdaderamente en concordancia con la razón. Los dos protagonistas del diálogo son Petrus, cristiano, y Moyses, judío, cuyos nombres refieren claramente al propio Alfonsi: por un lado, su yo presente, firme en su nueva fe; por otro lado, su yo pasado previo a la conversión.

Perteneciente a un género literario muy común en el siglo XII, la polémica antijudía, el *Dialogus* de Alfonsi representa sin duda un caso ejemplar[6]. Este texto tuvo una amplia difusión y marcó un precedente en

[5] Petri Alfonsi *Dialogus,* I: *Kritische edition mit deutscher übersetzung*. Ed. Carmen Cardelle de Hartmann, Darko Senekovic y Thomas Ziegler, trad. Peter Stotz (Firenze: SISMEL-Edizioni del Galluzzo, 2018), p. 4. El texto está traducido al castellano en *Diálogo contra los judíos*. Introducción de John Tolan. Texto latino de Klaus-Peter Mieth. Traducción de Esperanza Ducay. Coordinación de María Jesús Lacarra (Huesca: Instituto de Estudios Altoaragoneses, 1996), aquí p. 198. El soberano español mencionado por Pedro es habitualmente identificado con Alfonso I de Aragón, el Batallador (1082-1134), cf. John Tolan, «Introducción", en *Diálogo*, trad. Ducay, p. xvii; en la historiografía también se ha considerado la posibilidad de que pudiera ser Alfonso VI de León (1040/1041-1109). Para una discusión sobre este punto, se remite a Maria Lodovica Arduini, «"Potere" e "ragione" nel *Dialogus* di Pietro Alfonsi (Mosè Sefardi). Linee preliminari per una ipotesi interpretativa», *Rivista di filosofia neo-scolastica*, 86 (1994), pp. 219-286.

[6] Sobre las obras polémicas antijudías, véase Anna Sapir Abulafia, *Christians and Jews in the Twelfth-century Renaissance* (London: Routledge, 1995); el volumen editado por ella, *Christians and Jews in Dispute: Disputational Literature and the Rise of Anti-Judaism in the West, c. 1050-1150* (Aldershot: Ashgate, 1998); y Gilbert Dahan, *Les Intellectuels chrétiens et les juifs au Moyen Age* (Paris: Editions du Cerf, 1990). Entre los estudios menos recientes, véase también A. Lukyn Williams, *Adversus Judaeos. A Bird's-Eye View of Christian Apologiae Until the Renaissance* (Cambridge-New York: Cambridge University Press, 2012 [1935[1]]) y Amós Funkenstein, «Basic Types of Christian Anti-Jewish Polemics in the Later Middle Ages», *Viator*, 2 (1971), pp. 373-382.

muchos aspectos[7]. En primer lugar, el *Dialogus* es una de las primeras obras que aborda la polémica basándose en un conocimiento profundo de la literatura judía post-bíblica, en particular del Talmud, que Alfonsi cuestiona (y también utiliza) en su argumentación[8]. En segundo lugar, la crítica de Alfonsi no se limita a atacar la religión judía, sino también la islámica, de la cual el autor tiene conocimientos y sobre la cual proporciona información hasta entonces poco difundida en el mundo latino[9]. Por último, parte de los argumentos racionales utilizados en el *Dialogus* toman en algunos casos la forma de auténticas digresiones científicas que, yendo más allá del mero intento apologético o polémico de la obra, ponen ante los ojos del lector un nuevo conjunto de conocimiento, es decir, el sistema de saber greco-árabe que Alfonsi, judeoconverso en al-Ándalus del siglo XII, poseía como parte de su formación cultural[10]. Alfonsi llevará consigo esta herencia en sus viajes a Inglaterra y Francia, lugares donde este sistema aún no estaba arraigado, desempeñando así el papel de «emisario intelectual entre dos mundos»: por un lado, la

[7] Para un estudio de la tradición manuscrita del *Dialogus*, nos remitimos a la Introducción de la reciente edición, llevada a cabo por Cardelle de Hartmann *et alii*, pp. XI-XLI. Sobre la contribución de esta obra al género literario *adversus iudaeos*, véase Irven Resnick, «La portée historique du *Dialogue contre les juifs* de Petrus Alfonsi», *Les cahiers du judaïsme*, 25 (2009), pp. 83-101.

[8] Carmen Cardelle de Hartmann y Darko Senekovic, «Reading Petrus Alfonsi before the Talmud Trials. The Manuscript Evidence», en Sébastien Morlet (ed.), *Jewish-Christian Disputations in Antiquity and the Middle Ages: Fictions and Realities* (Leuven: Peeters, 2020), pp. 159-179.

[9] Regula Forster, «Der abwesende Dritte. Die Darstellung des Islam im titulus v des *Dialogus* des Petrus Alfonsi», in Cardelle de Hartmann y Roelli (eds.), *Petrus Alfonsi and His Dialogus*, pp. 159-182. Sobre la actitud de Alfonso hacia el islam y las fuentes árabes, véase también Bernard Septimus, «Petrus Alfonsi on the Cult at Mecca», *Speculum*, 56 (1981), pp. 517-533 y Michelina Di Cesare, «Petrus Alfonsi and Islamic Culture: Literary and Lexical Strategies», en Cardelle de Hartmann y Roelli (eds.), *Petrus Alfonsi and His Dialogus*, pp. 203-216.

[10] Joaquín Lomba, «El marco cultural de Pedro Alfonso», en Lacarra (ed.), *Estudios sobre Pedro Alfonso*, pp. 147-175. Sobre el contexto cultural de la España medieval, véase, por ejemplo, Sarah Stroumsa, *Andalus and Sefarad. On Philosophy and Its History in Islamic Spain* (Princeton-Oxford: Princeton University Press, 2019); Ivy Corfis (ed.), *Al-Andalus, Sepharad and Medieval Iberia: Cultural Contact and Diffusion* (Leiden: Brill, 2009); y Alex J. Novikoff, «Between Tolerance and Intolerance in Medieval Spain: An Historiographic Enigma», *Medieval Encounters*, 11 (2005), pp. 7-36.

cultura semítica (desde la tradición judaica hasta la literatura sapiencial oriental, así como la matemática, filosofía natural, astronomía, y ciencia médica griegas y árabes); por el otro, el universo latino medieval[11].

Las otras obras de Alfonsi que han perdurado hasta nuestros días son evidencia adicional de su función como mediador y agente en la trasferencia del conocimiento. La ya mencionada *Disciplina clericalis*, asociada por la historiografía al género literario del *adab*, consiste en una recopilación de proverbios, fábulas, versos y enseñanzas morales de los filósofos procedentes de las literaturas griegas, árabe y judía[12].

---

[11] La influencia de Alfonsi en Inglaterra, y en particular la relación entre su obra y la de Walcher de Malvern y Adelardo de Bath se discuten en Charles Burnett, «Petrus Alfonsi and Adelard of Bath Revisited», en Cardelle de Hartmann y Roelli (eds.), *Petrus Alfonsi and His Dialogus*, pp. 77-92; «The Works of Petrus Alfonsi: Questions of Authenticity», *Medium aevum*, 66 (1997), pp. 42-79, esp. 45-47, 52-54; véase pp. 54-55 para la relación con los maestros franceses. Véase también Pedro Mantas-España, «Was Adelard in Spain? Transmission of Knowledge in the First Half of the Twelfth Century», en Charles Burnett y Pedro Mantas-España (eds.), *Mapping Knowledge: Cross-Pollination in Late Antiquity and the Middle Ages* (Córdoba-London: CNERU-The Warburg Institute, 2014), pp. 195-208. La definición de Alfonsi como «intellectual emissary between two worlds» proviene de Tolan, *Petrus Alfonsi*, pp. 2-91.

[12] *DC*, ed. Hilka y Söderhjelm, p. 2: «Propterea ergo libellum compegi, partim ex proverbiis philosophorum et suis castigationibus, partim ex proverbiis et castigationibus Arabicis et fabulis et versibus, partim ex animalium et volucrum similitudinibus». Para el análisis de las diferentes formas de sabiduría utilizadas, véase José Aragües Aldaz, «*Fallacia dicta*: Narración, palabra y experiencia en la *Disciplina clericalis*» y Barry Taylor, «La sabiduría de Pedro Alfonso: la *Disciplina Clericalis*» en Lacarra (ed.), *Estudios sobre Pedro Alfonso*, pp. 235-259 y 291-308. Sobre el concepto de *adab*, se remite a Seger Adrianus Bonebakker, «Adab and the Concept of *Belles-lettres*», en Julia Ashtiany, T.M. Johnstone *et alii* (eds.), *Abbasid belles-lettres* (Cambridge: Cambridge University Press, 1990), pp. 16-30; y Francisco Ruiz Girela, «La literatura de *adab*: tratados de Paremiología in extenso», *Paremia*, 8 (1999), pp. 469-474. En la extensa historiografía sobre las fuentes de la *Disciplina clericalis*, véase Haim Schwarzbaum, «International Folklore Motifs in Petrus Alphonsi's *Disciplina clericalis*», *Sefarad*, 21 (1961), pp. 267-99, 22 (1962), pp. 17-59, y pp. 321-344, 23 (1963), pp. 54-73; Otto Spies, «Arabische Stoffe in der Disciplina Clericalis», *Rheinisches Jahrbuch Jiir Volkskunde*, 21 (1973), pp. 170-199; José Manuel Díaz de Bustamante, «El sistema retórico antiguo en la *Disciplina clericalis* de Pedro Alfonso», en Lacarra (ed.), *Estudios sobre Pedro Alfonso*, pp. 261-273; y Charles Burnett, «Learned Knowledge of Arabic Poetry, Rhymed Prose, and Didactic Verse from Petrus Alfonsi to Petrarch», en John Marenbon (ed.), *Poetry and Philosophy in the Middle Ages. A Festschrift for Peter Dronke* (Leiden: Brill, 2001), pp. 29-62 (35-39).

En el prólogo de esta obra, Alfonsi se define como un mero compilador (*compositor*), cuya función fue reunir el material y traducirlo al latín en beneficio de sus lectores, para que pudieran aprender (y recordar) la sabiduría contenida en ella[13]. Su misión como divulgador de la ciencia árabe queda finalmente expresada por su traducción al latín de las tablas de al-Khuwārizmī (*Zīj al-Sindhind*) y en su *Epistola ad Peripateticos*, donde critica el esquema tradicional de las artes liberales y defiende la necesidad de reformar los estudios astronómicos bajo el principio de la observación (*experimentum*)[14].

En las últimas décadas, la historiografía ha examinado el contexto, las fuentes y la recepción de la obra de Alfonsi desde las más diversas perspectivas. Frente a tal riqueza de estudios, esta contribución no puede sino plantearse un objetivo muy modesto: presentar algunos enfoques sobre conceptos conectados al modelo de *prudenter inquirere* que Alfonsi habría podido tener en mente. Tomaremos en consideración tres perspectivas: (II) las funciones de la *ratio* en el *Dialogus*; (III) la idea de *prudentia* (en relación con la de *sabiduría*) en la *Disciplina clericalis*; (IV) el concepto de *nobilitas* y lo esquema de artes liberales desarrollado por Alfonsi tanto en la *Disciplina* como en la *Epistola contra peripateticos*. Lejos de pretender abordar estos temas de manera exhaustiva, nos limitaremos a ofrecer solo algunos puntos de reflexión.

II. LA RAZÓN EN EL *DIALOGUS*

> Así pues, compuse este librito, para que todos conozcan mi intención y escuchen mi argumento, en el cual me propuse la destrucción de la

[13] *DC*, ed. Hilka y Söderhjelm, p. 2.

[14] El texto de la *Epistola ad Peripateticos* (*Ep. Per.*) está editado en Tolan, *Petrus Alfonsi*, pp. 164-172. Una edición anterior, que combina el texto de la Epístola con el prólogo a la traducción del *Zīj al-Sindhind* de al-Khuwārizmī, considerándolos como un único texto, se puede encontrar en José María Millas Vallicrosa, «La aportación astronómica de Pedro Alfonso», *Sefarad*, 3/1 (1943), pp. 65-105 (97-105); véase la discusión en Tolan, *Petrus Alfonsi*, pp. 163-164. Una última obra astronómica que es necesario mencionar es el *De dracone*, que consiste en la versión en latín de una *sententia* de Alfonsi realizada por Walcher de Malvern, cf. Burnett, «The Works of Petrus Alfonsi», p. 45.

> creencia de todas las otras gentes, demostrando que la ley cristiana es superior a cualquier otra. Por último, puse también todas las objeciones de cualquier adversario de la ley cristiana y, una vez puestas, las refuté según mi saber, con razones y autoridades[15].

El propósito del *Dialogus* es tanto ofensivo como defensivo. Por un lado, el autor pretende denunciar la falta de razón de las religiones no cristianas. Por otro lado, presenta una doble defensa: a nivel universal, de la racionalidad del cristianismo; a nivel personal, de la sinceridad de su conversión. En la ficción, Moyses es un compañero de infancia y antiguo condiscípulo de Petrus que, asombrado por la noticia de que este último ha abandonado la fe judía, le pide al amigo que le explique la intención y la razón detrás de su decisión, disputando este asunto, «alternativamente, en el campo de la razón» (*in alterne rationis campo discurramos*) y «según la verdad hebrea» (*secundum veritatem Hebraicam*)[16]. En efecto, esta solicitud da inicio a una discusión que se desarrolla en el plano de la racionalidad y de la parte de las Escrituras que ambos reconocen como autoridad, es decir la Biblia judía[17]. El diálogo se divide en doce secciones o *tituli*. Los primeros cuatro están dedicados a denunciar la irracionalidad de las creencias judías, que se manifiesta, por ejemplo, en la tendencia a mantenerse en un nivel carnal y literal del texto bíblico, la incapacidad de los judíos para reconocer su contribución a la muerte de Cristo como causa de su exilio, y su opinión sobre la resurrección de los muertos. El quinto tiene como objetivo refutar la

---

[15] *Dialogus*, trad. Ducay, p. 199, ligeramente modificada; ed. Cardelle *et alii*, pp. 4-6: «Hunc igitur libellum composui, ut omnes et meam cognoscant intentionem et audiant rationem. In quo omnium aliarum gentium credulitatis destructionem preposui, post hec christianam legem onmibus prestantiorem esse conclusi, ad ultimum etiam omnes cuiuslibet christiane legis adversarii obiectiones posui positasque pro meo sapere cum ratione et auctoritate destruxi».

[16] *Dialogus*, trad. Ducay, pp. 201-202; ed. Cardelle *et alii*, p. 12.

[17] Petrus acepta (al menos en papel) limitarse al uso de la biblia judía, de manera que pueda vencer a Moyses «con su propia espada» («ipsius gladius occidere te», ed Cardelle de Hartmann, p. 14). En realidad, Pedro también utilizará pasajes del Nuevo Testamento y, ocasionalmente, textos posbíblicos de la tradición judía. Sobre el tema de la *hebraica veritas*, véase Aryeh Grabois, «The *Hebraica Veritas* and Jewish-Christian Intellectual Relations in the Twelfth Century», *Speculum*, 50/4 (1975), pp. 613-634.

religión islámica. Los últimos siete buscan demostrar la concordancia entre el dogma cristiano y la razón, abordando temas como la Trinidad, la virginidad de María, la Encarnación, la Resurrección, y la continuidad entre la ley mosaica y la cristiana[18]. El resultado de esta investigación es precisamente la toma de conciencia por parte de Moyses de la superioridad argumentativa de Petrus. Moyses admite al final del diálogo: «Dios te dio mucha de su sabiduría y te dotó de gran razón, cosas a las que yo no puedo vencer; al contrario, eres tú quien refutaste mis objeciones con tus razonamientos». Esta victoria en el ámbito de la disputa no significa que Moyses sea finalmente convertido: de hecho, la última respuesta de Petrus es un deseo de que su adversario pueda ser iluminado por el Espíritu Santo y recibir el don de la fe[19].

Uno de los temas más explorados en la literatura sobre Alfonsi es, sin duda, el «racionalismo» que sirve de telón de fondo al *Dialogus*. Como comentó Maria Lodovica Arduini, en el *Dialogus* se tiene una «dilatación

---

[18] Alex J. Novikoff ha observado que los comentarios preliminares de Alfonsi sobre la división del *Dialogus* en doce libros sugieren que esta obra no fue ideada solo como una justificación personal de su conversión, sino también para ser usada como un manual para las disputas (*The Medieval Culture of Disputation: Pedagogy, Practice and Performance* [Philadelphia: University of Pennsylvania Press, 2013], p. 182); cf. *Dialogus,* ed. Cardelle *et alii*, p. 6: «Librum etiam in titulos XII divisi, ut, quod lector quisque desiderat, citius in illis inveniat».

[19] *Dialogus,* trad. Ducay, pp. 399-400; ed. Cardelle *et alii*, pp. 420-422: «M.- Multum certe sue tibi dedit Deus sapientie et te magna illustravit ratione, quem vincere nequeo vel superare. Immo tu obiectiones meas omnes confutasti ratione. P.- Hoc proculdubio donum est Spiritus Sancti, quem in baptismo recipimus, qui et corda nostra illuminat, ne falsum quid credere presumamus. Quod, si tu quod credimus ipse etiam crederes et baptizari te faceres, eandem Spiritus Sancti illustrationem haberes, ut et que vera sunt cognosceres et que falsa respueres. Nunc autem, quoniam super te pietatem habeo, Dei misericordiam inploro, ut et Spiritus sui plenitudine te illustret et finem meliorem quam principium tibi prestet. Amen». Según Tolan, se pueden detectar indicios de la conversión final de Moyses («Introducción», en *Diálogo*, ed. Lacarra, p. XXXII). Otros estudiosos, en cambio, insisten en que el reconocimiento de la superioridad argumentativa de Petrus no lleva a Moyses a convertirse al cristianismo –un acto de fe que requeriría la iluminación del Espíritu Santo; véase por ejemplo Alexander J. Novikoff, «Reason and Natural Law in the Disputational Writings of Peter Alfonsi, Peter Abelard, and Yehuda Halevi», en Michael Frassetto (ed.), *Christian Attitudes toward the Jews in the Middle Ages. A Casebook* (New York-London: Routledge, 2007), p. 114.

universal del argumentar»[20]. Más allá del mero intento polémico contingente, esta obra es una expresión de la *vis disputandi* y de la dedicación al *ars dialectica* que forman la columna vertebral tanto del siglo XII como de la Edad Media latina en general: la defensa del uso de la razón para la investigación de la verdad y su función crítica frente al principio de autoridad –ya sea la autoridad de los filósofos paganos, de los teólogos, o incluso de las Escrituras (que también deben ser leídas e interpretadas). Arduini intentó cuantificar las ocurrencias de palabras relacionadas con la idea de razón (*ratio, rationalis*, *rationabilis,* etc.) en el *Dialogus* y compararlas con las de *auctoritas*. Lo que observó es que las primeras son decididamente más numerosas que las segundas (183 contra 61). Las referencias a la *ratio* se concentran especialmente en la primera sección del texto, es decir, la *pars destruens*, específicamente en los títulos primero (67) y tercero (44), donde Petrus refuta la interpretación literal de los atributos antropomórficos divinos que se encuentran en la Escritura y las creencias judías acerca de la resurrección de los muertos[21].

Basándonos en el marco propuesto por Arduini, y a la luz de líneas de investigación desarrolladas en las últimas décadas, se pueden plantear unas reflexiones adicionales. La primera es que el cálculo cuantitativo de las ocurrencias del término *ratio* debería ir acompañado de un análisis cualitativo destinado a especificar los diferentes significados que Alfonsi le atribuye. Según Gilbert Dahan, el término *ratio* se utiliza al menos en tres sentidos diferentes en el *Dialogus*[22]. (a) El primer sentido es subjetivo/dinámico: la razón como *potentia* o *vis animae*. Según una definición de Isidoro de Sevilla (d. 636), citada por Papias (*fl.* 1040-1060) en el *Elementarium*, en este sentido la *ratio* es el «movimiento del alma que agudiza la visión de la mente y distingue lo verdadero de

---

[20] Arduini, «“Potere” e “ragione” nel *Dialogus*», p. 261.

[21] Arduini, «“Potere” e “ragione” nel *Dialogus*», pp. 262-264.

[22] Gilbert Dahan, «L’usage de la *ratio* dans la polémique contre les Juifs, XIIe-XVe siècles», en Horacio Santiago-Otero (ed.), *Dialogo filosófico-religioso entre cristianismo, iudaísmo e islamismo durante la Edad media en la Península Ibérica* (Turnhout: Brepols, 1994), pp. 292-295.

lo falso»[23]. (b) Se puede luego distinguir un segundo sentido, objetivo/pasivo: la razón como aquello hacia lo que tiende el esfuerzo cognoscitivo. Desde esta perspectiva razón es sinónimo de verdad: es «la conexión firme de la propiedad sustancial con su sujeto»[24]. (c) En tercer lugar, *ratio* simplemente se asocia al sentido general de argumento, ya sea por razón o por autoridad[25]. Si se desea considerar la posición de Alfonsi respecto a la relación entre razón y autoridad, es a la acepción (a) a la que se debe prestar atención; es en este sentido que *ratio* se entiende como una reflexión autónoma desconectada de los datos revelados.

¿De qué manera, entonces, Alfonsi utiliza la herramienta de la razón, entendida en el sentido (a)? Se puede trazar una distinción en la forma en que Petrus/Alfonsi utiliza la razón como instrumento argumentativo, dependiendo de si su objetivo consiste en refutar la religión judía o respaldar la cristiana[26]. En la *pars destruens* del diálogo, Alfonsi parece mucho más inflexible en la aplicación del principio de razón: allí critica las tradiciones rabínicas a través de sus conocimientos filosóficos, astronómicos y médicos, insistiendo en la idea de que una enseñanza religiosa debe estar en consonancia con la razón y el mundo natural[27]. El *Dialogus* es un intento

---

[23] Isidoro de Sevilla, *Liber Differentiarum* II.21: «Ratio vero est motus quidam animi visum mentis acuens, veraque a falsis distinguens». Véase también I.490: «Ratio est mentis motus in his quae dicuntur, discernere vel connectere valens; ratiocinatio autem rationabilis est subtilisque disputatio, atque a certis ad incertorum indagationem nitens cogitatio» (sobre esta última cf. Agustín, *De immortalitate animae* 1.1). Cf. Papias, *Elementarium doctrinae rudimentum*, ed. Bonino Mombricio (Venecia 1491), fol. 100.44va.

[24] Alain de Lille, *Distinctiones dictionum theologicarum*, «Ratio» (PL 210, col. 922): «firma connexio existentiae ad suum subjectum, unde Hilarius: Veritas est ratio substantiae rei, id es rata connexio substantialis proprietatis ad suum subjectum».

[25] Uno de los ejemplos citados por Dahan («L'usage de la *ratio*», p. 295) en los que se encuentran los tres sentidos de *ratio* es: «M.- Primum sic instituamus titulum qui contineat *rationes* (c), quibus in nos et in nostros inveheris doctores: quod Deo scilicet corpus et formam ascribimus et eius nature talia annotamus, que *rationis veritas* (b) abhorret. Hanc igitur rem diligenter discutiamus, donec ad eius indaginem *ratione et argumento* (a) perveniamus» (*Dialogus*, ed. Cardelle *et alii*, p. 20).

[26] Este punto ha sido abordado por Novikoff, «Reason and Natural Law», pp. 110-114.

[27] Por ejemplo, Alfonsi apela a sus conocimientos científicos para rechazar los dictados rabínicos que afirman que «Dios está en Occidente» (trad. Ducay, p. 208), ya que el Occidente es una indicación geográfica relativa que varía según el marco de referencia

de demostrar *sola ratione* que el judaísmo (y el islam) no son religiones válidas. En la *pars construens*, cuando se trata de defender el cristianismo, Alfonsi se muestra consciente de que no todos los dogmas son demostrables *sola ratione*; algunos solo pueden ser demostrados como posibles, no contradictorios con la razón, y al final deben ser creídos por fe, porque están confirmados por la revelación. Según John Tolan, la razón de Alfonsi, con sus propias fuerzas, puede probar solo la creación del universo por Dios y la Trinidad, mientras que la Encarnación, Resurrección y Ascensión solo pueden ser demostradas como verosímiles y entonces tienen que ser creídas porque están respaldadas por la autoridad escriturística. Finalmente, otros dogmas –como el de la virginidad de María, que Jesús fuera el Mesías o la justificación de la sustitución de la ley mosaica por la cristiana– son tratados por Alfonsi solo con argumentos *ex auctoritate*[28].

Este panorama podría complicarse aún más al notar que, cuando Alfonsi habla de demostrar algo por medio de la razón, no se refiere únicamente a un proceso de conocimiento basado en la necesidad lógica[29]. Según Alfonsi, hay tres formas de conocer: (i) «uno es el <saber> que se percibe con algún sentido corpóreo», el conocimiento por observación o experiencia empírica –se podría tal vez relacionar esta noción con el concepto de *experimentum* propuesto en la *Epistola ad peripateticos*;

---

de cada individuo. De manera similar, él contesta la interpretación literal de expresiones como «Dios, fuerte juez, se irrita cada día» (*Ps* 7:12) utilizando la definición médica de la ira: «Ira es cuando, oído algo que desagrada, con esas palabras hierve una cólera roja, es decir, hiel, y se difunde sobre el hígado y se mezcla con la sangre. De ahí el hombre se acalora y palidece su rostro. Mas esto no es propio de nadie sino de lo que está compuesto por cuatro elementos. Pero Dios no está sometido a tales rasgos» (trad. Ducay, p. 218).

[28] Tolan, *Petrus Alfonsi*, pp. 33-41. Es interesante notar, al comparar con la tabla de Arduini, que no se encuentra ninguna ocurrencia del término *ratio* (o similares) en el título VII dedicado a la doctrina de la virginidad de María («"Potere" e "ragione" nel *Dialogus*», p. 263).

[29] Tolan relaciona los dos tipos de verdades cristianas (aquellas demostrables *sola ratione* y aquellas de las cuales solo es posible demostrar la concordancia con la razón) con los conceptos de *ratio necessaria* y *ratio conveniens* (*Petrus Alfonsi*, p. 34). Estas etiquetas podrían ser engañosas, ya que parece que Alfonsi, con la expresión *ratio necessaria*, se refiere solo a la necesidad lógica, mientras que abarca un rango más amplio de métodos entre los argumentos racionales, que incluyen la observación empírica del universo y el uso de la analogía.

(ii) «otro <es> el que se conoce sólo por la razón necesaria», la necesidad lógica, «como cuando decimos que un cuerpo no puede en el mismo momento moverse y estar quieto, ni el mismo cuerpo puede estar al mismo tiempo en distintos lugares, ni puede decirse con verdad de ninguna cosa "que es y que no es"»; (iii) «otro el que se encuentra por la semejanza de otras cosas», la argumentación por analogía, «al que si en algún lugar oyeras una voz entenderías, aunque no lo vieras, que hay allí algo vocal o cuando en algún lugar vieras humo sabrías, aunque no lo vieras, que allí hay fuego». Parece que es a través de este último método, el de la analogía, que según Alfonsi se puede demostrar la existencia de Dios:

> Si muestro que el mundo con todo lo que hay en él ha sido creado, es necesario que deduzca un Dios que sea considerado creador. [...] Si vemos algún vaso hecho tenemos por cierto que alguien lo hizo, aunque no veamos a ese alguien. Así, primero debemos probar que el mundo fue creado para que conste que alguien fue su creador[30].

Esta demostración «por semejanza» de la existencia de Dios ha sido interpretada por Alex Novikoff como guardando escasa relación con la «sola razón», pero mucho más con el sentido común[31].

---

[30] *Dialogus,* trad. Ducay, p. 227; ed. Cardelle *et alii*, pp. 60-62: «P.- Si mundum cum omnibus que in eo sunt creatum esse monstravero, tunc Deum, qui creator interpretatur, necessario esse concludam. M.- Et quomodo probare poteris? P.- Sapere tribus modis dicitur. Aliud enim est quod aliquo corporeo sensu percipitur, aliud quod necessaria ratione tantum cognoscitur, aliud quod per aliarum rerum similitudinem invenitur. Illud, quod aliquo sensu percipitur, nullo alio argumento comprobari potest, ut aliquis a nativitate cecus nullo alio modo nisi solo auditu colorum varietates distinguere potest, auditusque non ex toto satisfacit animo eius, et sic de ceteris sensibus corporeis. Quod vero necessaria cognoscitur ratione, tale est velut cum dicimus aliquod corpus eodem momento moveri et stare non posse, nec idem corpus eodem tempore in diversis locis consistere posse, aut 'est et non est' de nulla re veraciter predicari posse. Illud autem, quod per similitudinem percipitur, tale est, ut sicubi vocem audieris, ibi aliquid vocale esse intelligis quamvis minime videas, vel cum ubilibet fumum conspexeris, illic ignem, etsi non videas esse, cognoscis. Itidem, si vas aliquod factum conspicimus, factorem eius aliquem fuisse pro certo scimus, etsi non vidimus. Itaque mundum prius creatum esse debemus probare, ut ita constet aliquem eius creatorem fuisse».

[31] Novikoff, «Reason and Natural Law», p. 111. Por otro lado, según Elizabeth Pettinaroli, se puede decir que la existencia de Dios es demostrada en el *Dialogus*

Otra perspectiva que queremos proporcionar es que la razón en el *Dialogus* no solo constituye la herramienta de ataque y defensa para construir argumentos lógicos, analógicos o de filosofía natural que pueden refutar creencias falsas y demostrar la verdad (o verosimilitud) de los dogmas cristianos. También sirve como criterio e instrumento exegético para abordar correctamente la lectura de las *auctoritates*. Una idea recurrente en las palabras de Petrus/Alfonsi es que los escritos de los profetas suelen ser oscuros y, por lo tanto, debemos aproximarnos a ellos con cuidado. Cuando Moyses defiende algunas creencias judías (presuntamente falsas, según Petrus) con los dichos de los profetas, Petrus explica que a veces las profecías son ambiguas. Por eso, cuando su sentido literal parece apartarse del camino de la razón, se deben interpretar de manera alegórica para que puedan concordar con ella:

> Así pues, lo que disiente del uso de la naturaleza y es contrario al sentido de la profecía en modo alguno debe ser expuesto en contra de lo natural, a gusto de cualquiera, ya que puede ser entendido en su recto sentido si no obliga a aceptarlo de otro modo una razón necesaria[32].

> Oscuros son los dichos de los profetas y no bastante claros para todos. Por esto, cuando encontramos en una profecía tales cosas que, tomándolas según la letra, nosotros las apartamos de lo razonable, debemos interpretarlas como alegoría para volver a la senda de la rectitud. Pues la necesidad nos obliga a hacer esto, porque de otro modo no puede mantenerse la razón de lo escrito[33].

---

utilizando los tres métodos, ya que Alfonsi emplea tanto la experiencia empírica como la necesidad lógica para demostrar que el mundo fue creado («Reason and Cognition in the *Auto de los Reyes Magos* and Alfonsi's *Dialogue Against the Jews*», *Journal of Medieval Iberian Studies*, 4/2 [2012], pp. 192-193).

[32] *Dialogus*, trad. Ducay, p. 269; ed. Cardelle *et alii*, p. 146: «P.- Quod igitur et a nature usu dissentit et ipsi prophete contrarietatem ingerit, nequaquam secundum libitum uniuscuiusque ad sensum nature contrarium debet exponi, cum aliter sano sensu possit intelligi, nisi necessaria ratio ita coegerit accipi».

[33] *Dialogus*, trad. Ducay, p. 223; ed. Cardelle *et alii*, p. 54: «P.- Oscura sunt prophetarum dicta nec omnibus satis aperta. Ob hoc etiam, cum in prophetis talia invenimus que secundum litteram accipientes a rationis tramite exhorbitemus, ea allegorice interpretamur ut ad rectitudinis semitam reducamus. Necessitas enim cogit nos hoc

En este caso, las acepciones (a) y (b) mencionadas anteriormente –la razón subjetiva como esfuerzo cognitivo y la razón como sinónimo de verdad– nos parecen interconectadas. Por un lado, lo que constituye el *criterio* para evaluar la correcta interpretación de un texto de autoridad es su conformidad con la naturaleza de las cosas o con la verdad escriturística –razón en el sentido (b). Por otro lado, es la razón en el sentido (a) de virtud/movimiento del alma el *instrumento* que se ha asignado a los hombres para evaluar si hay conformidad entre interpretación y verdad o no (y si no la hay, proponer una interpretación diferente).

Además de servir como piedra de toque y herramienta para establecer la interpretación correcta de una *auctoritas* oscura, la razón en el *Dialogus* parece desempeñar otro papel fundamental. Parece actuar como árbitro que establece el estado autoritativo de una fuente, determinando lo que constituye autoridad y qué no. Esto se puede observar especialmente en la manera en que Pedro rechaza la autoridad de las enseñanzas rabínicas basadas en las *aggadot*:

> Si ahora recordáramos todas las historias que vuestros doctores escribieron parecidas a éstas, llenaríamos muchos libros de fábulas y tonterías. Hasta ahora hemos dicho pocas cosas para que fuera patente a todos su sabiduría o su necedad. Así pues, como antes te dije, las palabras de vuestros doctores no parecen otra cosa sino palabras de niños que juegan en las escuelas o de mujeres que hilan en las plazas. Pero dime, te ruego, oh Moisés, ¿te parece que hay que aceptar la autoridad de tales hombres o su ley?[34].

---

agere, quoniam aliter non potest littere ratio stare». Véase también, *Dialogus*, ed. Cardelle *et alii*, p. 160: «P.- Quicquid autem in tenebrosis dictis prophetarum multis potest accipi modis, ita ut, quis eam exponens nec a Scripture testimonio nec a rationis exorbitet semita, nichil est inconveniens, si quis eam diverso sed iusto exposuerit sensu».

[34] *Dialogus,* trad. Ducay, p. 246; ed. Cardelle *et alii*, p. 98: «Quod si omnia, que doctores vestri similia his conscripserunt, poneremus, multos sicut et ipsi libros nugarum fabulis inpleremus. Pauca autem nunc diximus, ut eorum vel sapientia vel fatuitas cunctis patesceret. Hoc itaque est quod tibi superius dixi, verba doctorum vestrorum non aliud videri quam verba iocantium in scolis puerorum vel nentium in plateis mulierum. Sed dic, precor, o Moyses: Talium hominum vel legem suscipiendam vel auctoritatem iudicas comprobandam?». Cf. Ryan Szpiech, «Alterity and *Auctoritas*. Reason and the Twelfth-Century Expansion of Authority», en Ryan Szpiech, *Conversion and Narrative. Reading and Religious Authority in Medieval Polemic* (Philadelphia:

A modo de ejemplo, se puede considerar este intercambio en el *titulus* I dentro del contexto de la discusión sobre las interpretaciones literales asignadas en la tradición judía a las descripciones antropomórficas de Dios. El punto de discusión se centra en la base sobre la cual en el tratado *Benedictiones* (el *Berachot* del Talmud) se afirma que Dios «lleva en los cabellos una cajita de pergamino atada con una correa anudada en la parte posterior de la cabeza», como si tuviera cuerpo, dado que no hay rastro de esto en las Escrituras. A la respuesta de Moyses, «a través de la tradición de los antiguos, <este asunto> finalmente llegó a la atención de nuestros sabios», Petrus contesta: «Tu argumento vaga hacia el refugio de una conclusión irracional, ya que podrías fundamentar cada falsedad en la tradición de los antiguos»[35]. Como es bien sabido, la autoridad tiene la nariz de cera. Si la Sagrada Escritura, la *auctoritas* por excelencia, necesita ser leída correctamente para que su interpretación no se aparte del camino de la razón, a fortiori, aquellas tradiciones humanas que se presumen *auctoritates* deben someterse al escrutinio de la razón, o incluso simplemente del sentido común. En resumen, la razón en el diálogo es un instrumento para demostrar tanto la falsedad de las creencias judías (e islámicas) como la verdad (o la concordancia con la razón) de los dogmas cristianos. Para una comprensión completa de la verdad cristiana, la razón no es suficiente: se requiere la revelación y la iluminación de la fe. Sin embargo, esta conclusión no disminuye la importancia que Petrus asigna a la *ratio*, ya que esta es la herramienta que los hombres tienen a su disposición incluso para evaluar el *status* autoritativo de una fuente e interpretar las *auctoritates*.

La última reflexión que queremos proponer sobre este tema se refiere a una función adicional de la razón: proporcionar las condiciones indispensables para que el diálogo mismo tenga lugar. Un reciente

---

University of Pennsylvania Press, 2013), p. 78: «In these and other condemnations of rabbinical opinions, the author not only criticizes rabbinical writing from a general perspective, but directly impugns its *authoritative* status».

[35] *Dialogus*, ed. Cardelle *et alii*, pp. 24-26: «M.- Per veterum successiones ad nostrorum tandem doctorum pervenit noticiam. P.- Cum ad tam irrationabilis conclusionis diffugium vestrum deviet argumentum, per antiquorum successiones omne tibi licebit firmare mendacium».

trabajo de Ritva Palmen, que analiza el *Dialogus* a la luz de la teoría del reconocimiento, es esclarecedor en este sentido[36]. Como se ha destacado en diversos estudios, más bien que un verdadero diálogo, la obra de Alfonsi puede ser definida como un «soliloquio monologante», una «discusión-confesión autobiográfica»[37], o un «monólogo interior entre dos egos imaginarios en conflicto» que reportan «una construcción ficcional deliberada que personifica dos comunidades religiosas cuyos discursos el autor conoce muy bien»[38]. Un diálogo interreligioso, según los estándares contemporáneos, presupondría la presencia de dos figuras de igual grado, ambas con la posibilidad de tener razón, ganar el debate, o al menos colaborar constructivamente en el descubrimiento de la verdad. Aquí por el contrario la relación es asimétrica. Petrus es el único que desarrolla sus argumentaciones y detenta la verdad. El rol de Moyses es ofrecer puntos de discusión y dar su consentimiento a las respuestas de su adversario. En el diálogo de Alfonsi, al igual que en otros diálogos del siglo XII y posteriormente, la figura del judío no es un personaje real e igualitario, sino más bien lo que se ha definido como un «judío hermenéutico»[39]. Un judío que sirve al cristiano para crear, a

---

[36] Ritva Palmen, «Agreement in Conflict: Peter Alfonsi's *Dialogi contra Iudaeos* and the Idea of Recognition», *Medieval Encounters*, 22 (2016), pp. 540-564 (nos remitimos a este estudio para más referencias bibliográficas sobre esta línea de investigación).

[37] Arduini, «"Potere" e "ragione" nel *Dialogus»*, pp. 221 y 274.

[38] Natalia Jakubecki, «Diálogo religioso y dialogicidad en la Edad Media: Análisis de tres casos», *Mirabilia*, 28 (2019/1), pp. 396-517 (509-510); «Strategias retóricas en la construcción del personaje judío del *Dialogus contra iudaeos* de Pedro Alfonso», *Brathair*, 20/2 (2020), pp. 380-395. Según David A. Wachs el *Dialogus* se puede leer como una dramatización de la crisis de identidad que Petrus Alfonsi experimentó como nuevo converso al cristianismo («Conflicted Identity and Colonial Adaptation in Petrus Alfonsi's *Dialogus contrajudaeos* and *Disciplina clericalis*», en Amy Aronson-Friedman y Gregory Blair Kaplan [eds.], *Marginal Voices. Studies in Converso Literature of Medieval and Golden Age Spain* [Leiden: Brill, 2012], p. 69).

[39] Jeremy Cohen, *Living Letters of the Law: Ideas of the Jew in Medieval Christianity* (Berkeley: University of California Press, 1999), p. 3, n. 3. Sobre este aspecto, véase Novikoff, *The Medieval Culture of Disputation*, pp. 173-174. Para una panorámica sobre la forma literaria del diálogo en la polémica antijudía, Sébastien Morlet, Olivier Munnich y Bernard Pouderon (eds.), *Les dialogues adversus iudaeos. Permanences et mutations d'une tradition polémique* (París: Institut d'Études Augustiniennes,

través del contraste con este «otro» ficticio, su propia identidad. Se trata de una búsqueda de reconocimiento del «yo» gracias al «otro».

Sin embargo, y a pesar de esta asimetría, para que el «otro» pueda dar su reconocimiento de manera eficaz, es necesario que él mismo sea reconocido como un sujeto capaz de dar reconocimiento: Petrus debe reconocer que Moyses es lo suficientemente competente como para apreciar sus argumentos, estar de acuerdo con sus conclusiones y aceptar su superioridad[40]. En el *Dialogus*, este reconocimiento recíproco se manifiesta en la búsqueda de premisas compartidas y principios comunes de juicios sobre los cuales articular la discusión. Por un lado, este terreno común está constituido por los instrumentos de argumentación aceptados por ambos: *ratio* y *hebraica veritas*. Por otro lado, está la mutua afirmación de estima que los personajes tienen de las respectivas capacidades y conocimientos.

Como se evidencia desde los primeros intercambios al inicio del diálogo, a pesar de la superioridad del cristiano Petrus, los dos personajes comparten la misma educación y las mismas habilidades racionales, lo que los hace «capaces de argumentar en la misma comunidad virtual, más universal, que trasciende sus identidades religiosas particulares»[41]. Al comienzo del *Dialogus*, Moyses recuerda cuán docto era Petrus en los escritos de los profetas y en las palabras de los doctores judíos, y luego lo define como un hombre prudente (*prudens vir*) que nunca habría abandonado el judaísmo sin una razón verosímil. De allí la sorpresa de Moyses al enterarse de que su antiguo compañero desertó el camino que él está seguro de ser el correcto. Por otro lado, Petrus reconoce las

2013); Carmen Cardelle de Hartmann, «Diálogo literario y polémica religiosa en la Edad Media (900-1400)», en Fernando Gonzalez Muñoz, Antonio Gonzalez y Cristóbal Macias Villalobos (eds.), *Actas del congreso internacional cristianismo y tradición latina* (Madrid: Ediciones del Laberinto, 2001), pp. 103-123.

[40] Palmen, «Agreement in Conflict», p. 555: «Research has pointed out that in the disputational literature of the twelfth century, Jews are frequently represented as being inherently irrational, unlike Christians. [...] However, it is possible to find some diversity in Alfonsi's attitudes, since the general flow of argument actually requires the Jewish opponent to be quite sharp-witted and prudent. [...] Peter needs to acknowledge that Moses is competent to give recognition, i.e., Moses is able to genuinely appreciate Peter's achievements and understand Peter's superiority».

[41] Palmen, «Agreement in Conflict», p. 547.

capacidades intelectuales y erudición del judío Moyses, señalando que había sido «criado en la cuna de la filosofía, nutrido en sus ubres»[42].

Las habilidades racionales (naturales y/o perfeccionadas mediante el estudio y la experiencia), el conocimiento de las escrituras y la tradición, la educación científica nutrida por «la leche de la filosofía»: estos son los elementos que comparten Petrus y Moyses y que fundamentan el *ethos* que permite y soporta el diálogo entre los dos. Sin embargo, la exaltación de estos elementos, fundamentales para la formación de un hombre sabio y prudente, es una constante en la obra de Alfonsi en su conjunto.

III. PRUDENCIA Y SABIDURÍA

Dentro del *Dialogus*, Moyses se refiere a Petrus como *prudens vir* en dos ocasiones. En ambos casos, el apelativo se usa en momentos en los que Moyses se ve incapaz de conciliar el respeto que profesa a las cualidades intelectuales de su antiguo compañero con el rechazo que experimenta hacia sus decisiones de vida o formas de argumentar. La primera ocasión, que hemos mencionado anteriormente, se encuentra al comienzo del diálogo. En ese contexto, Moyses parece describir a Petrus como alguien prudente tanto por su erudición «en los escritos de los profetas y en las palabras de nuestros doctores» (i.e. la tradición rabínica) como por su observancia de la ley –este elogio, como hemos señalado, se acompaña de la falta de comprensión de Moyses hacia la decisión de Petrus de abandonar el judaísmo. La segunda ocasión surge en el segundo *titulus*, cuando Moyses cuestiona la manera en que Petrus utiliza un pasaje de las Escrituras para demostrar que la miseria del pueblo judío es causada por su contribución a la muerte de Cristo:

---

[42] *Dialogus*, trad. Ducay, p. 201; ed. Cardelle *et alii*, p. 12: «Tu vero in philosophie cunis enutritus philosophie uberibus lactatus». Alfonsi utiliza esta misma expresión en las primeras líneas de la *Epistola ad peripateticos* –dirigida precisamente «universis sancte matris ecclesie omnibus, videlicet peripateticis ac, per hoc, aliis *philosophico lacte nutritis*, ubique per Franciam quamvis scientie doctrina diligentius exercitatis» (*Ep. Per.*, ed. Tolan, pp. 164-165)– y en la *Disciplina clericalis*, ed. Hilka y Söderhjelm, p. 22: «Sed si aliquid philosophorum huiusmodi reposuisti in cordis armariolo, largire mihi discipulo, et ego fideli memoriae commendabo, ut quandoque condiscipulis *lacte philosophico educatis* delicatissimum largiri possum alimentum».

> Muy claro y digno de alabanza hasta aquí lo habías explicado todo si no introdujeras ahora esta autoridad, que no se sostiene en ninguna razón, ya que muchas cosas adversas pueden ser opuestas a ella. [...] Pero me admiro mucho de que tú, varón prudente, hayas presentado una razón tan vil que no se apoya en un fundamento de alguna firmeza, sobre todo cuando tú sabes muy bien todas las cosas que suelen ser dichas contra esto[43].

Ahora la idea de prudencia parece estar relacionada con la capacidad de interpretar adecuadamente las *auctoritates* e introducirlas de manera pertinente en el contexto de una argumentación. Una capacidad que suele ser atribuida a Petrus, aunque en este caso particular y según la opinión de Moyses, no se haya ejercido. A partir de estos dos pasajes, ya podemos observar una constelación de cualidades que, para Alfonsi, se suman al concepto de prudencia: conocimiento, integridad moral, capacidad para discernir lo verdadero de lo falso y argumentar correctamente.

A pesar de utilizar el término *prudentia* (y sus derivados) con cierta frecuencia, Alfonsi no proporciona una definición, ni parece asignarle un significado específico totalmente separado del de *sapientia*. Sin embargo, ni en la *Disciplina clericalis*, ni mucho menos en sus otras obras, Alfonsi se preocupa por ofrecer una clasificación técnica de las virtudes. En cualquier caso, pensamos que sería interesante realizar un pequeño análisis del modo en que este término aparece en la *Disciplina clericalis*, comparándolo con la forma en que se representa el discurso sobre las virtudes en el mundo latino de principios del siglo XII[44].

El mundo latino medieval heredó de la Grecia clásica y la Antigüedad Tardía dos modelos para definir la prudencia (*phronesis* en griego).

---

[43] *Dialogus*, trad. Ducay, p. 264; ed. Cardelle *et alii*, p. 134: «M. Valde idonea et digna laude hucusque dixeras omnia, nisi hanc modo introduxisses auctoritatem, quae nulla consistit ratione, precipue cum multa contra hoc obici possint adversa. [...] Sed te prudentem virum maxime miror tam vilem introduxisse rationem, que nullius firmitatis fundamento insidat, presertim cum omnia, que contra hoc dici soleant, ipse optime scias».

[44] El otro aspecto importante a tener en cuenta, por supuesto, serían las posibles intersecciones semánticas derivadas de la herencia hebrea y árabe de Alfonsi. Sin embargo, esto va más allá del propósito de esta contribución.

Por un lado, según el esquema de origen platónico –luego retomado por el estoicismo y el neoplatonismo– formaba parte de las cuatro virtudes cardinales. Por otro lado, según el esquema aristotélico, era clasificada como una de las cinco virtudes dianoéticas conectada al intelecto práctico («un hábito práctico verdadero referente a los bienes humanos acompañado de razón»)[45]. Antes de la traducción latina de la *Ética a Nicómaco* y su circulación en el siglo XIII, el esquema cuatripartito fue el asumido y cristianizado –no sin problemas– por los Padres de la Iglesia. Es en el siglo XII cuando el tema de las virtudes se aborda de manera más sistemática; en las décadas inmediatamente posteriores a Petrus Alfonsi, el *De inventione* de Cicerón y los *Commentarii in Somnium Scipionis* de Macrobio se convierten en las fuentes privilegiadas para la definición y clasificación de las virtudes cardinales[46].

Se ha observado que, ya desde Ambrosio, la cristianización de la noción platónico-estoica de prudencia había llevado a cierta confusión entre esta y otras virtudes, en particular la *discretio* –la virtud que protege la *puritas cordis* del monje de los pensamientos impuros– y la *sapientia*[47]. El uso de *prudentia* como sinónimo de *sapientia* podría haber sido justificado por las yuxtaposiciones que se encuentran tanto en la Biblia (e.g. Prov. 16:21: «Qui *sapiens* est corde, appellabitur *prudens*»), como en un pasaje del *De officiis* de Cicerón. En efecto, en *De officiis* I.5.15, prudencia y sabiduría parecen tratadas como una sola virtud,

[45] Aristotéles, *Ética Nicomaquea* VI.6, 1140b20. Para una visión general sobre la idea de prudencia en el aristotelismo medieval, se remite a Roberto Lambertini, «Political Prudence in Some Medieval Commentaries on the Sixth Book of the *Nicomachean Ethics*», en István Bejczy (ed.), *Virtue Ethics in the Middle Ages* (Leiden: Brill, 2008), pp. 223-246 y Violeta Cervera Novo, «Acerca de la *prudentia* en los primeros comentarios a la *Ethica vetus*. La *Lectura Abrincensis in Ethicam Veterem* (ca. 1230)», *Patristica et mediaevalia*, 37 (2016), pp. 15-35.

[46] István Bejczy, *The Cardinal Virtues in the Middle Ages. A Study in Moral Thought from the Fourth to the Fourteenth Century* (Leiden: Brill, 2011), esp. cap. 1 y 2; «The Problem of Natural Virtue», en István P. Bejczy y Richard G. Newhauser (eds.), *Virtue and Ethics in the Twelfth Century* (Leiden: Brepols, 2005), pp. 133-154.

[47] Sobre este tema, véase Mélanie Jecker, «Entre littérature religieuse et philosophie morale: l'exemple de la vertu de prudence (Castille, XIIIe-XVe siècle)», e-*Spania*, 22 (2015), http://journals.openedition.org/e-spania/24942 (consultado 15-01-2024).

relacionada con la búsqueda y el descubrimiento de la verdad[48]. En realidad, aunque estén vinculadas entre sí –y ambas conectadas con el descubrimiento de la verdad–, *prudentia* y *sapientia* son claramente distinguidas por Cicerón en *De officiis* I.43.153. Mientras que la segunda se remonta a la virtud puramente teorética de *sophia*, «el conocimiento de las cosas humanas y divinas», la primera, identificada con *phronesis*, se define como «el conocimiento de lo que es bueno buscar y de lo que es bueno evitar»[49]. En esta perspectiva, de raíz aristotélica, la prudencia asume entonces un valor principalmente práctico, es una virtud orientada hacia la acción[50]. La definición que Cicerón propone en el *De inventione* enriquece esta noción con significados adicionales:

> La prudencia es el conocimiento de lo que está bien y lo que está mal y lo que no es ni una cosa ni otra. Sus partes son la memoria, la inteligencia y la previsión (*providentia*). La memoria es la facultad que permite al espíritu recordar los acontecimientos pasados; la inteligencia, lo que hace comprender los acontecimientos presentes; y la previsión, lo que permite adivinar las cosas antes de que sucedan[51].

---

[48] Cicerón, *De officiis* I.5.15: «… ex ea parte, quae prima discripta est, in qua *sapientiam et prudentiam* ponimus, inest *indagatio atque inventio veri*, eiusque virtutis hoc munus est proprium». Jecker, «Entre littérature religieuse et philosophie morale», par. 29: «La *prima pars* décrite ici fut erronément assimilée, à partir de saint Ambroise et jusqu'à la Renaissance, à la première des vertus cardinales, la prudence, alors que Cicéron traite en réalité de la première source des devoirs, *officia*, qui ne se réduit pas à la prudence, mais concerne la connaissance en général. Dès lors, cette supposée définition de la prudence se caractérisait par son manque de précision, les termes *sapientia* et *prudentia* étant simplement juxtaposés sans être définis ni distingués: ne s'en dégagent que les vagues idées de raison et de vérité (*ratio*, *verum*, *veritas*)».

[49] Cicerón, *De officiis* I.43.153: «Princepsque omnium virtutum illa sapientia, quam *sophian* Graeci vocant –prudentiam enim, quam Graeci *phronesin* dicunt, aliam quandam intellegimus, quae est rerum expetendarum fugiendarumque scientia; illa autem sapientia, quam principem dixi, rerum est divinarum et humanarum scientia».

[50] Para una comparación de la posición de Cicerón con la de Aristóteles, véase Arianna Fermani, «Tra vita contemplativa e vita attiva: il *De Officiis* di Cicerone e le sue radici artistoteliche», *Etica & Politica*, 16/2 (2014), pp. 360-378.

[51] Cicerón, *De inventione* II.53.160: «Prudentia est rerum bonarum et malarum neutrarumque scientia. Partes eius: memoria, intelligentia, providentia. Memoria est per quam animus repetit illa quae fuerunt; intelligentia, per quam ea perspicit quae sunt; providentia, per quam futurum aliquid videtur ante quam factum est»; trad.

Esta polisemia se mantuvo en las obras lexicográficas altomedievales[52]. En Isidoro de Sevilla encontramos la definición de prudencia como capacidad de discernir el bien del mal (y en este sentido también se utiliza como sinónimo de *sapientia*)[53] y como habilidad de prever el futuro[54]. En su *Sententiae*, Isidoro presenta la idea que a la comprensión «prudente» del bien y del mal debe seguir una acción correspondiente, y proporciona también la asociación con las nociones de *discretio* y *temperantia*[55]. Finalmente, en el *Liber differentiarum*, se encuentra una distinción entre sabiduría y prudencia –la primera asociada a la esfera divina, la segunda a la humana[56]. La definición del *De inventione* que describe la prudencia como compuesta de *memoria, intelligentia* y *provisione* se cita, en cambio, en el *Elementarium* de Papias[57].

Salvador Núñez (Madrid: Gredos, 1997), p. 299. Por la idea de prudencia como anticipación, véase Luciano Traversa, «*Prudentia* e *providentia* in Cicerone: Il "ritorno al Futuro" dal *De inventione* al *De officiis*», *Historia: Zeitschrift Für Alte Geschichte*, 64/3 (2015), pp. 306-335.

52 Para un estudio de las obras lexicográficas circulantes en la península ibérica, veáse Roger Wright, «Latin Glossaries in the Iberian Peninsula», en Gernot Wieland, Carin Ruff y Ross G. Arthur (eds.), *Insignis Sophiae Arcator: Medieval Latin Studies in Honour of Michael Herren on his 65th Birthday* (Turnhout: Brepols, 2006), pp. 216-236.

53 Isidoro de Sevilla, *Etymologiae* II.245: «Prudentia est in rebus, qua discernuntur a bonis mala»; *Synonyma* II.66: «Sapiens omnia prudenter examinat, inter bonum et malum sapiens intellegendo diiudicat».

54 Isidoro de Sevilla, *Etymologiae* X.201: «Prudens, quasi porro videns»; *Liber differentiarum* I.421: «Inter Peritum, prudentem, callidum et facundum. [...] prudens, veluti providens, utilis rerum futurarum ordinator».

55 Isidoro de Sevilla, *Sententiae* II.25.10: «Item nihil iuvat quod inter bonum et malum sensu prudentiore discernimus, nisi opere aut mala cognita caveamus, aut bona intellecta faciamus»; II.34.4-5: «Prudentis autem viri discretio sollerter prospicit, ne bonum intemperanter agat et de virtute in vitium transeat».

56 Isidoro de Sevilla, *Liber differentiarum* I.417: «Inter prudentiam et sapientiam. Prudentia in humanis rebus, sapientia in divinis distribuitur»; I.499: «Inter Sapientem et prudentem ita discerni solet, ut sapiens vocetur is qui intellectum aeternorum rimatur, prudens vero qui ea quae sensibus corporis experiuntur»; II.36: «Item nonnulli viri inter sapientiam et prudentiam ita intellegi voluerunt, ut sapientiam in divinis, prudentiam autem vel scientiam in humanis negotiis ponerent».

57 Papias, *Elementarium*, ed. Venecia 1491, fol. 100.38va. Papias reporta también las definiciones utilizadas por Isidoro en *Liber differentiarum* I.417 y I.421, y es interesante notar que, entre las otras definiciones citadas, se incluye una que conecta la

Esta constelación de significados aún circulaba en la península ibérica un siglo y medio después de Alfonsi. Un análisis de la noción de «cordura» (*prudentia cordis*) en *Las Siete Partidas* –redactada entre el 1256 y 1265, durante el reinado de Alfonso X (1221-1284)– revela la presencia de al menos tres acepciones principales: (i) la virtud práctica del legislador y del hombre político (la *phronesis* aristotélica); (ii) la capacidad de diferenciar entre el bien y el mal, cuyas partes son la memoria, la inteligencia y la anticipación (*De inventione*); (iii) la perfecta concordancia entre pensamiento, palabra y obra (*prudentia cordis*, *prudentia oris* y *prudentia operis*) para contrarrestar posibles caídas en el pecado[58].

A partir de estas consideraciones, veamos entonces cómo utiliza Alfonsi la noción de prudencia en la *Disciplina clericalis*. Comencemos con dos acepciones aisladas. El primer uso a considerar se encuentra en el *exemplum* de la perrita que lloraba (XIII, *De canicula lacrimante*). El termino aquí se utiliza para definir el comportamiento casto y honesto que la esposa protagonista de la historia había tenido en ausencia de su esposo, antes de ser engañada por la astucia de una anciana y aceptar ser cortejada por un joven[59]. En este contexto, la prudencia parece estar asociada a una actitud conforme al ideal de recato, continencia y fidelidad requerido a las mujeres por la moral social de la época. Este comportamiento podría haber sido el resultado de una cualidad innata, o adquirido a través de la educación. Sin embargo, considerando el desarrollo de los eventos, esta virtud en la esposa en cuestión parece ser, como mínimo, superficial y estar acompañada de escasas dotes de inteligencia.

---

prudencia con la capacidad de comprender los tres sentidos de la escritura: «Prudentia est agnitio verae fidei et scientia scripturae in qua intueri oportet illam trimodam intelligentiam, primo historialiter [...]; secundum permixtum historialiter et tropice [...]; tertium quod tantum spiritualiter [...]».

[58] Irina Nanu, «La creación de un nuevo léxico ético y político en la obra jurídica de Alfonso X el Sabio: un breve glosario», *e-Spania*, 36 (2020), http://journals.openedition.org/e-spania/35136 (consultado 15-01-2024). La última acepción de prudencia (*prudentia triplex*) como armonía entre deliberación, palabra y acción se puede vincular a la noción de pecado en Agustín, *Contra Faustum* XXII.27: «Ergo peccatum est, factum vel dictum vel concupitum aliquid contra aeternam legem».

[59] *DC*, ed. Hilka y Söderhjelm, p. 17: «Uxor vero caste vivendo et in omnibus prudenter agens remansit».

Similarmente susceptible de corrupción debida a malas compañías parece ser la prudencia mencionada en el proverbio incluido en la sección *De sapientia*; «es mejor la compañía del simple, criado entre sabios, que la de un prudente, educado con aduladores»[60]. En este caso, sin duda se trata de una virtud natural, que podría ser cultivada o mal utilizada según la educación recibida.

Las otras menciones del término «prudencia» en la *Disciplina* pueden ser agrupadas en dos contextos semánticos. El primero está vinculado a las ideas de inteligencia práctica y anticipación. En consonancia con la definición ciceroniana del *De inventione*, prudente es quien sabe prever el futuro y entonces tomar decisiones sensatas para su presente. El segundo contexto se relaciona con la superposición de *prudentia/sapientia* y la idea de nobleza. Se trata de una virtud del saber y del saber hacer, cultivada a través del estudio y el esfuerzo personal, que lleva a quien la posee a desarrollar una dignidad basada en el mérito individual, que contrasta con la mera nobleza de sangre.

Consideramos algunos casos de la primera acepción. Uno de ellos es el ejemplo de los dos hermanos y los gastos del rey (XXVI. *De duobus fratribus et regis dispensa*). Un rey confía la gestión de las riendas de su reino a un miembro de la corte «cuya prudencia en la administración de los asuntos terrenales era conocida previamente»[61]. Este recibe la visita de su hermano, un próspero comerciante, a quien el rey le propone quedarse en el país y compartir la responsabilidad. Antes de aceptar, el comerciante le pide a su hermano un balance de ingresos y gastos. Al ver que están equilibrados, prefiere no quedarse, anticipando que, en caso de guerra, es probable que el rey no posea dinero suficiente para pagar al ejército y probablemente se lo habría quitado a sus súbditos. Aunque en el texto se atribuya el adjetivo de «prudente» (o «presunto prudente») al cortesano, el verdadero *prudens* de la historia es el hermano comerciante, que es capaz de prever el riesgo futuro y actuar sabiamente en el presente.

---

[60] *DC,* trad. Vargas, p. 89; ed. Hilka y Söderhjelm, p. 7: «Melior est societas simplicis inter sapientes nutriti quam prudentis cum leccatoribus educati».

[61] *DC,* trad. Vargas, p. 149; ed. Hilka y Söderhjelm, p. 35: «quem antea cognoverat in saecularibus esse prudentem».

La misma idea de prudencia, como la capacidad de ver más allá de los intereses del momento y renunciar a una ventaja presente por una recompensa mayor en el futuro, se encuentra en el ejemplo del hijo prudente del consejero real (XXIX. *De prudenti consiliarii regis filio*). La historia narra cómo un joven heredero, «de buena educación y harto acorde para la vida de corte», hijo de un sabio consejero del rey, decide, en medio de la escasez, ceder todos sus bienes a los necesitados. Al renunciar a sus riquezas mundanas con la intención de asegurarse un tesoro en el cielo, el hijo prudente termina ganándose, con su comportamiento virtuoso, el favor del rey y logrando una mayor prosperidad terrenal de la que tenía antes[62].

Un último caso, centrado en la idea de prudencia como capacidad de interpretar y vivir en el presente, es el diálogo entre padre e hijo en la sección *De la cercanía con el rey* (*De familiaritate regis*), donde se discute cómo complacer «con buen juicio y discreción a un rey» cuando se está a su servicio. Un hombre prudente de la corte es aquel que sabe asegurarse el favor del rey mediante la atención al detalle, la discreción, y tal vez la reserva mental (aunque sin recurrir a la mentira). Es una obra de diplomacia que no puede mantenerse por mucho tiempo, por lo que es conveniente evitar una estrecha cercanía con un soberano durante periodos prolongados[63]. En este caso, la prudencia también es la virtud política de saber encontrar la distancia adecuada con el poder.

Las menciones de prudencia vinculadas al otro contexto semántico se ubican en las secciones y *exempla* dedicadas a la sabiduría, al silencio y a la nobleza. En la ya mencionada sección *De silentio*, *prudentia* se encuentra utilizada, en primer lugar, en hendíadis con *sapientia* (véase el final del consejo paterno: «Si practicas todo lo anterior, te contarán entre los alumnos *sabios y sensatos*»)[64]. A esto se añade el dicho sobre el *prudenter investigare*, con el que iniciábamos nuestra reflexión, seguido por las sentencias de los filósofos relacionadas con la idea de nobleza, las cuales

[62] *DC,* trad. Vargas, pp. 164-166; ed. Hilka y Söderhjelm, pp. 42-43.

[63] *DC,* trad. Vargas, pp. 151-153; ed. Hilka y Söderhjelm, pp. 36-37: «Cui pater: Fili, regi placere magna prudentia est. Filius: Pater, erudi me, quomodo, si oportuerit me regi servire, ut prudens et bene doctus valeam placere».

[64] *DC,* trad. Vargas, p. 91; ed. Hilka y Söderhjelm, p. 8: «Haec omnia faciens connumeraberis inter discipulos sapienciae atque prudentiae».

consideraremos más adelante. El término prudencia reaparece luego en el ejemplo III, *De tribus versificatoribus*, donde Alfonsi narra las historias de tres poetas de distintas clases sociales y habilidades y su encuentro con el rey: el primero es de origen humilde pero «sensato y elocuente» (*prudens et facetus*); el segundo de alta alcurnia, pero con poca instrucción; el tercero de origen humilde por parte de padre, noble por parte de madre y con habilidades mediocres[65]. El rey elogiará al poeta de humilde origen pero hábil, despreciará al noble de escasa instrucción y justificará parcialmente al de origen social mixto. Regresaremos a estos ejemplos en la próxima sección[66]. Por ahora, es suficiente destacar cómo en este contexto la prudencia está asociada tanto con el dominio técnico de un arte como con la noción de nobleza fundamentada en los logros individuales.

En resumen, en el uso que Alfonsi hace del término «prudencia» se encuentran muchas de las sutilezas semánticas circulantes en el mundo latino de la antigüedad tardía y alta Edad Media. La prudencia se ve como sabiduría teórica, ligada al investigación y conocimiento de la verdad, como habilidad argumentativa, como dominio de un arte, como sabiduría práctica de quienes saben vivir con discreción e inteligencia en el ámbito político, como capacidad de actuar en función de un beneficio futuro y, finalmente, como simple honestidad moral.

IV. NOBLEZA Y ARTES LIBERALES

Tanto el *Dialogus* como la *Disciplina Clericalis* se inician con un llamamiento a la razón y la sabiduría como dos facultades con las que el Creador dotó a la humanidad para distinguir entre lo que conduce a la salvación y aleja de ella. En el prólogo del *Dialogus*, Alfonsi parece utilizar la definición de prudencia como «rerum expetendarum fugiendarumque scientia» (*De officiis* I.43.153), refiriéndola sin embargo a *ratio* y *sapientia*[67]. En la introducción de la *Disciplina*, Alfonsi menciona en cambio

65 *DC,* trad. Vargas, pp. 91-94; ed. Hilka y Söderhjelm, p. 9.

66 Véase nota 80.

67 *Dialogus*, ed. Cardelle *et alii*, p. 2: «Uni et eterno [...] qui hominem ratione et sapientia preditum omni preposuit animali, quibus duabus virtutibus et que iusta sunt intelligens appeteret et que saluti contraria sunt effugaret [...]».

una sabiduría multifacética (*multimoda sapientia*) que el autor ha adquirido por la gracia de Dios, con el propósito de que no permanezca oculta, sino que sea útil para muchos[68]. Al «ingenio del hombre», añade Alfonsi,

> se le ha designado una tarea: dedicar al estudio y práctica de la santa filosofía todo el tiempo que trascurra en este mundo, pues a partir de ella conocerá mejor y más profundamente a su Creador y procurará vivir en una sana moderación, además de que logrará reconocer los peligros que le rodean y caminará seguro en la senda que lo guiará en este mundo hacia el reino de los cielos. Si viviera siguiendo el precepto de esta santa doctrina, ha alcanzado ya la finalidad para la que fue creado y con justicia se le llamará perfecto[69].

La búsqueda de la sabiduría, tanto en su sentido teórico de conocimiento de las cosas humanas y divinas como en su aspecto práctico de guía hacia una vida virtuosa, es para la criatura racional un deber moral y también la vía para alcanzar la felicidad eterna. La elección de Alfonsi de transmitir aquí esta sabiduría a través de relatos se debe al deseo de evitar aburrir a los lectores y favorecer la asimilación y memorización de los contenidos[70]. En este sentido, recordemos cómo, en la definición

---

[68] *DC,* ed. Hilka y Söderhjelm, p. 1: «Gratias ago Deo [...] sapiens qui sapientiam et rationem præbet homini [...] Quia igitur me licet peccatorem Deus multimoda vestire dignatus est sapientia, ne lucerna mihi credita sub modio tecta lateat, eodem spiritu instigante ad multorum utilitatem hunc librum componere admonitussum [...]».

[69] *DC,* ed. Hilka y Söderhjelm, p. 1: «Cum enim apud me saepius retractando humanae causas creationis omnimodo scire laborarem, humanum quidem ingenium inveni ex praecepto conditoris ad hoc esse deputatum, ut quamdiu est in saeculo in sanctae studeat exercitatione philosophiae, qua de creatore suo meliorem et maiorem habeat notitiam, et moderata vivere studeat continentia et ab imminentibus sciat sibi praecavere adversitatibus eoque tramite gradiatur in saeculo, qui eum ducat ad regna caelorum. Quodsi in praefata sanctae disciplinae norma vixerit, hoc quidem pro quo creatus est complevit debetque perfectus appellari».

[70] *DC,* ed. Hilka y Söderhjelm, pp. 1-2: «Fragilem etiam hominis esse consideravi complexionem: quae ne taedium incurrat, quasi provehendo paucis et paucis instruenda est; duritiae quoque eius recordatus, ut facilius retineat, quodammodo necessario mollienda et dulcificanda est; quia et obliviosa est, multis indiget quae oblitorum faciant recordari. Propterea ergo libellum compegi, partim ex proverbiis philosophorum et suis castigationibus, partim ex proverbiis et castigationibus Arabicis

ciceroniana de *prudentia* proporcionada en el *De inventione*, la memoria es parte integrante de esta virtud. La operación que realiza Alfonsi al compilar su *libellus* es consolidar esta memoria en la mente de su público. No se trata (o no se trata solamente) de exponer algo nuevo con razón o por argumentos de autoridades, sino de recordar lo ya sabido, lo aceptado por los miembros de una sociedad[71].

El panorama que ofrece la *Disciplina clericalis* tiene una mirada absolutamente racionalista y razonable sobre la experiencia humana, que trasciende las divisiones confesionales. El hilo conductor es el hombre en busca de la sabiduría en los diversos ámbitos de su existencia: sociedad, patrimonio, relación con el otro sexo, el poder político y, finalmente, la muerte[72]. En esta última sección, queremos analizar la conexión entre sabiduría y nobleza en la *Disciplina clericalis* y, relacionada con esto, la división de las artes liberales propuesta por Alfonsi tanto en dicha obra como en su *Epistola ad peripateticos*.

En el capítulo *De sapientia*, se lee la siguiente sentencia del filósofo: «Hay dos clases de sabiduría: una por naturaleza y otra por instrucción (*una naturalis, alia artificialis*), pero ninguna puede perdurar sin

et fabulis et versibus, partim ex animalium et volucrum similitudinibus. [...] Scientes vero perea quae hic continentur, oblitorum reminiscantur».

[71] Véase la definición de *adab* en Francisco Ruiz Girela, «La literatura de *adab*: tratados de Paremiología *in extenso*», *Paremia*, 8 (1999), p. 472: «En las obras de *adab* no se proponen modelos originales inventados por el autor que constituyan un cuerpo homogéneo de doctrina social mejor adaptada a nuevas circunstancias, o que suponga un perfeccionamiento, siquiera sea en aspectos parciales, de los hábitos. Ni la forma expositiva se basa en la explicación razonada, ya sea por especulación teórica, ya por "argumentos de autoridades". Es más bien todo lo contrario: se trata sólo de recordar y fijar lo ya sabido, lo reconocido como propio y aceptado sin discusión por los miembros de una sociedad como elementos característicos de la misma. Ésos que de una forma inconsciente, pero percibidos con una aparentemente absoluta nitidez, sirven para identificar a un grupo humano y diferenciarlo de los demás. Es "lo que se sabe", "lo que se dice", "lo que se hace", que lleva además implícito "lo que se siente" y hasta "lo que se piensa" –si es que a esa actividad de la mente, siguiendo pautas marcadas, se le puede llamar pensamiento».

[72] Para una ampliación de este tema se remite a Francesco Santi, «Utopia e malinconia in Pietro Alfonsi», en Flocel Sabaté (ed.), *Utopies i alternatives de vida a l'Edat Mitjana* (Lleida: Pagès, 2009), pp. 163-203.

la otra»[73]. Aquí Alfonsi no profundiza más, pero quizás se pueda encontrar una elaboración de esta distinción al final del *exemplum* de los diez cofres (xv. *De decem cofris*). El relato se centra en un viajero que, en su trayecto desde España hasta La Meca, es desvalijado por un hombre al que le había confiado su dinero, finalmente logra recuperar sus bienes gracias a la astucia de una mujer. Al concluir la historia, el alumno que ha escuchado el relato le dice al maestro:

> Su ingenio (i.e. el *ingenium* de la mujer) fue maravilloso y harto útil, y no se me ocurre ningún filósofo que hubiera podido pensar con tanta perspicacia una manera en que el extranjero recuperara más fácilmente sus riquezas.

A lo que el maestro responde:

> Un filósofo lo habría logrado con su ingenio natural y con el de la educación (*naturali ingenio et artificiali*), incluso sondeando los secretos de la naturaleza (*secreta naturae rimando*), pero esta mujer lo ha llevado a cabo únicamente con su ingenio natural (*naturali ingenio*)[74].

Ante todo, es necesario hacer unas precisiones semánticas. Mientras que la sabiduría es una virtud totalmente positiva, el ingenio es una potencia interna del alma de carácter, por así decirlo, neutro. Es una capacidad que se puede aplicar a cualquier arte, incluso a los que son dañinos[75]. La mayoría de los relatos en la *Disciplina clericalis* giran en torno al tema del ingenio, a través del cual los seres humanos desarrollan tanto

---

[73] *DC,* trad. Vargas, p. 89; ed. Hilka y Söderhjelm, p. 7: «Alius philosophus: Sapientiae duae sunt species: una naturalis, alia artificialis; quarum una non potest manere sine alia».

[74] *DC,* trad. Vargas, p. 120 ligeramente modificada; ed. Hilka y Söderhjelm, p. 22: «Discipulus: Istud mirum fuit ingenium atque utile, nec puto quod aliquis philosophus subtilius cogitaret per quod levius vir pecuniam suarum recuperaret. Magister: Bene posset philosophus suo facere naturali ingenio et artificiali, secreta etiam naturae rimando, quod mulier solo fecit naturali ingenio».

[75] Isidoro de Sevilla, *Etymologiae* X.122: «Ingeniosus, quod intus vim habeat gignendi quamlibet artem»; Papias, *Elementarium*, fol. 81ra.

acciones virtuosas como perniciosas. Este segundo aspecto –el lado oscuro del ingenio o astucia– es prevalente cuando interviene un personaje femenino. Si el ingenio de la mujer del ejemplo anterior se utilizó para un fin virtuoso, el de la mayoría de los otros personajes femeninos de la *Disciplina* está orientado hacia el engaño y la manipulación[76]. La segunda precisión es que, etimológicamente, el *ingenium* es una *vis* interna e innata: es «la potencia interior del alma mediante la cual a menudo descubrimos lo que no hemos aprendido de otros: se dice que es como algo generado dentro de nosotros»[77]. En otras palabras, para volver a la distinción propuesta por Alfonsi entre *ingenium naturalis* y *artificialis*, se podría decir que el ingenio en sí mismo es, principalmente, ingenio natural, pero es una capacidad que se puede entrenar y perfeccionar[78]. ¿Y de qué manera se puede entrenar? La educación filosófica que el maestro propone al alumno en el relato incluye la exploración de la naturaleza.

Esta idea de filosofía como estudio (y también como experiencia directa) de la naturaleza se desarrolla en algunas secciones, ubicadas poco después de las sentencias sobre la sabiduría, cuando Alfonsi trata el concepto de nobleza[79]. Ya hemos mencionado cómo en el capítulo *De silentio*, Alfonsi presta especial atención a este tema, proporcionando una serie de dichos filosóficos que enfatizan la mayor importancia de la nobleza de virtud sobre la de linaje:

---

[76] María Crego Gómez, «Mujeres en la *Disciplina clericalis* (s. XII) de Pedro Alfonso: Fuentes orientales y misoginia y traducción del *Exemplum* XXIV», en Ángela Muñoz Fernández y Jordi Luengo López (eds.), *Creencias y Disidencias. Experiencias políticas, sociales, culturales y religiosas en la historia de las mujeres* (Granada: Comares, 2020), pp. 445-460. Más en general, sobre el tema de las astucias femeninas en la literatura judía medieval, véase Norman Roth, «The "Wiles of Women" Motif in the Medieval Hebrew Literature of Spain», *Hebrew Annual Review*, 2 (1978), pp. 145-165.

[77] Papias, *Elementarium*, fol. 81ra: «Ingenium est interior vis animi quo persaepe invenimus quae ab aliis non didicimus: dictum quasi intus genitum vel genium id est naturale».

[78] Isidoro de Seville, *Sententiae* III.9.6: «Ingenio tardus, etsi non per naturam, per assiduitatem tamen lectionis augmentat».

[79] Para una panorámica sobre el concepto de «nobleza filosófica» en la Edad Media, véase Andrea A. Robiglio, «The Thinker as a Noble Man (bene natus) and Preliminary Remarks on the Medieval Concepts of Nobility», *Vivarium*, 44/2 (2006), pp. 205-247.

A quien carece de doctrina, de poco le servirá su linaje. La nobleza requiere de educación; la sabiduría, a su vez, de práctica (*dogmate indiget nobilitas, sapientia vero experientia*);

Aquel en quien la nobleza se interrumpe no conserva más el vínculo con la nobleza de sus antepasados;

La nobleza procedente de mí me satisface más que aquella que procede de mis antepasados[80].

A continuación, Alfonsi incluye una sección completa *De vera nobilitate*, estructurada como un diálogo entre un árabe y su padre. Después de una serie de quejas tradicionales sobre cómo esa época estaba llena de aduladores y ya no se valoraba la sabiduría y el mérito, el padre le explica al hijo en qué consiste la verdadera nobleza citando la carta de Aristóteles a Alejandro Magno[81]:

Cuando el rey Alejandro le preguntaba a Aristóteles sobre la elección de un consejero, el mismo Aristóteles refiere haberle dirigido una carta diciéndole lo siguiente: «Recibe al hombre formado en las siete artes

---

80 *DC,* trad. Vargas, p. 91; ed. Hilka y Söderhjelm, p. 8; cf. *supra* nota 3. Alfonsi desarrolla el tema de la segunda *sententia,* es decir, el problema de la «interrupción» del vínculo de nobleza con los antepasados, en el ejemplo III de los tres poetas que hemos mencionado anteriormente. La razón por la cual el rey del relato despidió sin honores al poeta de noble cuna y escasa instrucción es precisamente porque no estuvo a la altura de sus orígenes («la simiente se ha degradado contigo», trad. Vargas p. 92). De manera similar, se puede observar el caso del tercer poeta, de origen noble solo por parte de madre y humilde por parte de padre, que es perdonado por el rey debido a que la semilla paterna no se ha degradado en él. Este caso se acompaña con el ejemplo IV del mulo y la zorra, el cual también trata sobre el mismo tema.

81 Las principales obras que contenían los consejos de Aristóteles a Alejandro que circulaban en la península ibérica en tiempos de Alfonsi son el *Sirr al-asrar* de Yuhanna ibn al-Batriq, el *as-Siyāsat al-ʿāmmiyyah*, y el *Kitāb as-siyāsah fī tadbīri rriʿāsah*; véase las notas complementarias en *DC*, trad. Vargas, pp. 197-199 y Alfred Büchler, «A Twelfth-Century Physician's Desk Book: The *Secreta Secretorum* of Petrus Alphonsi Quondam Moses Sephardi», *Journal of Jewish Studies*, 37/2 (1986), pp. 206-212. Se encontró también un paralelo con la traducción al castellano del *Kitāb ādāb al-falāsifa* (*Libro de los buenos proverbios*) de Hunayn ibn Ishaq (cf. *DC*, trad. Vargas, p. 95 nota 42). Para estudios sobre las tradiciones relacionadas con la figura de Alejandro Magno, se remite a Daviz Zuwiyya (ed.), *A Companion to Alexander Literature in the Middle Ages* (Leiden: Brill, 2011).

liberales, preparado en las siete conductas y versado en las siete honorables destrezas. A todo esto lo considero la nobleza perfecta»[82].

Alfonsi explica cuáles son las siete artes liberales en la sección siguiente, para luego abordarlas de manera más detallada en su *Epistola ad Peripateticos*. El esquema propuesto por Alfonsi se aparta de la división tradicional entre las artes del *trivium* (gramática, lógica y retórica) y las artes del *quadrivium* (matemáticas, astronomía, música y geometría)[83]. Un maestro le explica a su alumno en la *Disciplina*:

> Las artes son la siguientes: dialéctica, aritmética, geometría, física, música y astronomía; sin embargo, existen diversas opiniones para la séptima. Los filósofos que no son partidarios de las profecías dicen que la séptima es la nigromacia. Otros, que no dan crédito a las profecías, buscan que sea la filosofía, que exalta la naturaleza o los elementos del mundo. Uno más, cuyo interés no reside en el estudio de la filosofía, afirman que es la gramática[84].

El distanciamiento del modelo tradicional es evidente. La retórica desaparece y es reemplazada por la *phisica*, con la cual, como veremos en la

---

[82] *DC,* trad. Vargas, p. 95; ed. Hilka y Söderhjelm, pp. 9-10: «Ad quod filius: Edissere mihi, pater karissime, veram nobilitatis deffinitionem. Et pater: Ut, inquit, Aristotiles in epistola sua quam Alexandro regi composuit, meminit: qui cum ab eo quaereret quem sibi ex hominibus consilarum faceret, taliter per epistolam respondit: Accipe, ait, talem qui septem liberalibus artibus sit instructus, industriis septem eruditus, septem etiam probitatibus edoctus, et ego hanc aestimo perfectam esse nobilitatem».

[83] María Jesús Lacarra, «La renovación de las artes liberales en Pedro Alfonso: El papel innovador de un judío converso en el siglo XII», en Caros Laliena Corbera y Juan F. Utrilla Utrilla (eds.), *De Toledo a Huesca: sociedades medievales en transición a finales del siglo XI (1080-1100)* (Zaragoza: Institución Fernando el Católico, 1998), pp. 131-138.

[84] *DC,* trad. Vargas, p. 96; ed. Hilka y Söderhjelm, p. 10: «Unus ex discipulis interrogavit magistrum suum et dixit: Cum septem sint artes et septem probitates et septem industriae, vellem ut haec mihi sicut se habent enumerares. Magister: Enumerabo. Hae sunt artes: Dialectica, arithmetica, geometria, phisica, musica, astronomia. De septima vero diversae plurimorum sunt sententiae quaenam sit. Philosophi qui prophetias non sectantur, aiunt nigromantiam esse septimam. Aliqui ex illis videlicet qui prophetiis non credunt, philosophiam volunt esse septimam, quae res naturales velelementa mundana praecellit. Quidam qui philosophiae non student, grammaticam esse affirmant».

Epistola, se refiere a la medicina. Respecto al séptimo arte, se debate si podría ser la *necromantia* (i.e. la magia) o la filosofía natural, es decir, el estudio del mundo y los elementos que lo componen[85]. Otra posibilidad es que el séptimo arte sea la gramática; esta opción es preferida, añade el maestro, por aquellos que no están interesados en el estudio de la filosofía. Como veremos en la *Epistola*, Alfonsi la refuta categóricamente.

No entraremos en detalles sobre cómo Alfonsi desarrolla su esquema de las artes liberales en la *Epistola*; nos limitaremos a resumir las líneas esenciales. Hay un rechazo casi total a las artes del *trivium*. La retórica, al igual que en la *Disciplina clericalis*, es eliminada del marco sin siquiera mencionarla. La gramática se considera esencial para las artes liberales, pero no puede ser enumerada entre ellas porque carece de universalidad: es diferente en cada idioma y no es una ciencia argumentativa. La dialéctica, o lógica, es de hecho un arte útil y necesario, pero lo es en función de las otras artes, no en sí misma –sirve como herramienta para discernir lo verdadero de lo falso y argumentar correctamente en las otras artes. Por otro lado, el resto de las artes son tanto instrumentales las unas para las otras como útiles y válidas por sí mismas: son la aritmética, la geometría, la medicina (llamada «física», como en la *Disciplina*, y añadida a las clásicas del *quadrivium*) y finalmente la astronomía. La última, que Alfonsi define como más útil, agradable y valiosa (*utilior, iocundior atque valentior*), se establece *per experimentum*[86]. Claramente, aquí no se refiere al experimento de la ciencia moderna, sino al uso de la razón y la argumentación fundamentada en la observación a través de la percepción

---

[85] Charles Burnett señala que en la Edad Media se había perdido el sentido específico de la *necromancia* como adivinación del futuro mediante los muertos, para adoptar en su lugar un significado más general de magia, especialmente aquella parte de la magia que opera a través de *imagines* o talismanes; cf. «Talismans: Magic as Science? Necromancy among the Seven Liberal Arts», en Charles Burnett, *Magic and Divination in the Middle Ages. Texts and Techniques in the Islamic and Christian Worlds* (Aldershot: Variorum, 1996), pp. 1-15. En el *Dialogus*, Alfonsi explica que la nigromancia se divide en nueve partes: «las cuatro primeras tratan de los cuatro elementos y de cómo podemos operar físicamente sobre ellos; las cinco restantes tratan de cómo eso no es posible sino por la invocación de los espíritus malignos» (trad. Ducay, p. 355).

[86] *Ep. Per.*, ed. Tolan, pp. 165-167.

sensible[87]. Si la verdadera nobleza reside, al menos en parte, en el estudio de las artes liberales, desde esta perspectiva consistirá entonces en adquirir las herramientas gramaticales y lógicas para luego desarrollar el estudio de aquellas ciencias que exploran la naturaleza en sus diversos aspectos, a través de un método que no se basa únicamente en la lectura de los libros de las autoridades, sino también en la observación.

La *Epistola*, como se ha mencionado, es una apología al estudio de la astronomía, ciencia de la cual Alfonsi consideraba que los latinos carecían (de ahí su intento de transmitir sus conocimientos en la materia). Es curioso que Alfonsi presente esta apología, incluso en un contexto académico, acompañando sus argumentos con dos relatos (en el tono de los que se encuentran en la *Disciplina*) y dos proverbios de filósofos[88].

Alfonsi describe la situación de aquellos que, por arrogancia, se niegan a estudiar la nueva ciencia astronómica que él promueve y prefieren en su lugar el estudio de Macrobio, proporcionando dos imágenes particularmente divertidas. La primera es la de la cabra que va a un viñedo y, al comer las hojas de la vid, piensa que es la mejor comida que puede encontrar allí, ignorando que existe la uva. La segunda es la de un vendedor de cebollas que se encuentra con un vendedor de perlas y, siendo incapaz de ver más allá de su mundo, piensa que este último solo está vendiendo cebollas minúsculas a un precio muy alto[89]. Sin embargo, la presunción de saber es la mayor enemiga de la sabiduría.

---

[87] Charles Burnett, «Scientific Speculations», en Peter Dronke (ed.), *A History of Twelfth-Century Western Philosophy* (Cambridge: Cambridge University Press, 1988), pp. 152-153.

[88] También se puede encontrar el uso de sentencias y proverbios en el *Dialogus*. Sobre este tema, véase Joanna Skwara, «*Proverbia* and *sententiae* as Argumentation Strategies in the *Dialogus* of Petrus Alfonsi», en Cardelle de Hartmann y Roelli (eds.), *Petrus Alfonsi and His Dialogus*, pp. 183-202.

[89] *Ep. Per.*, ed. Tolan, pp. 166-167: «Cum, inquam, et physice et aliis usque adeo necessaria sit astronomia, patet utique et astronomia ipsa et reliquis artibus utilior, iocundior atque valentior existat. [...] Ars etenim ipsa non nisi per experimentum primum potuit comprehendi, et magistrum artis similiter sine experimento nemo potest cognoscere. Alii, vero, post lectionem Macrobii et ceterorum qui in hac arte laborasse videntur, satisfecisse sibi et artis huius notitiam plenius se esse consecutos presumunt. Porro, cum ab eis eorum ratio (qui se scire dicunt) exigitur, in ostensionis argumentatione deficiunt et in auctores totam vim sue probationis refundunt. Talibus utique qui

Al enumerar los otros posibles impedimentos al conocimiento, Alfonsi complementa sus observaciones con citas bíblicas y dichos de filósofos que concuerdan bien con los consejos dados por el padre al hijo en el *De silentio* de la *Disciplina clericalis*. A quienes posponen el estudio de la astronomía bajo la excusa de su dificultad, Alfonsi responde:

> Aquellos que son aptos para aprender no deben ser impulsados ni repelidos por la dificultad de este arte. Y no se asusten pues, como dicen los filósofos: «Al principio las artes tienden a ser difíciles, para que la oscuridad pueda asustar y repeler a aquellos que son indiferentes y a aquellos que no son adecuados para las artes». Pero los capaces que alcanzan la comprensión, cuando ingresan en los secretos internos de su lectura, saborearán ávidamente una dulzura fácil y feliz[90].

Con la misma sagacidad, Alfonsi responde a aquellos que se justifican argumentando que la astronomía no es útil («se demuestran a sí mismos ser imbéciles débiles») o a aquellos que afirman que ese arte desafía la fe cristiana (su reclamo es «frívolo y ridículo. Porque si es un arte, es verdadero. Si es verdadero, no va contra la verdad»)[91]. Al final, observa Alfonsi, hay dos razones por las cuales las personas se abstienen de

---

se confidunt artis huius hoc modo plenitudinem attigisse, contigisse non ambigo quod in vinea capre evenit. Intravit enim capra in vineam et, cum foliis ventrem implesset, arbitrata est nullum in vinea potiorem fructum haberi [...] Talibus etiam evenisse non ambigo quod eis contingit qui margaritas venditoribus vendunt unionum [...] Ille autem unionem esse putans quod ferebatur, margaritam estimavit secundum precium unionis [...] Unde Iob ait: Cum enim dulce fuerit in ore eius malum abscondit illud sub lingua sua [...] (20:12-13)».

[90] *Ep. Per.,* ed. Tolan, p. 168: «Ego autem dico quoniam eos qui sunt ad discendum idonei non debet artis gravitas impedire sive repellere. Et ideo non formident, quia philosophus ait: "Artes in principio ideo solent esse graves, ut negligentes et indignos artium terreat et repellat obscuritas". Qui autem accesserint ad intelligendum idonei, cum introierint ad interiora lectionis secreta, artium avide degustabunt facilem et iocundam dulcedinem».

[91] *Ep. Per.,* ed. Tolan, p. 168: «Ceterum opinatur pars alia quod nullum provectum ista ars conferat; qui nimirum inter ceteros et imbecilles et invalidi probantur. Alii autem artem istam contra fidem christiane regulam arbitrantur incedere. Quod quam frivolum sit et ineptum naturalia plenius edocent argumenta. Si enim ars est, vera est. Quod si vera est, non est contraria veritati. Unde nec fidei contrarie concluditur».

estudiar astronomía. La primera es la pereza (*desidia*). La segunda es la falta de humildad intelectual para escuchar a alguien que sabe más:

> Otros, que se presumen a sí mismos como Maestros, sienten vergüenza de asumir el papel de estudiantes. Un filósofo dice sobre estas personas: «Quien no experimenta la confusión del aprendizaje en el momento adecuado nunca tendrá el honor de ser un Maestro»[92].

La conclusión de la *Epistola* es un llamado a aquellos que son *industrii* y *prudentes*, que ya sean expertos en esta arte o estén listos para obtener su dominio. De hecho, ellos pueden comprender las «muchas e innumerables cosas en la tierra que están determinadas por el curso de las estrellas», que los hombres comunes no pueden entender –aunque con humildad y la conciencia de que el intelecto humano no puede abarcar todo[93].

V. UNA NOTA A MODO DE CONCLUSIÓN

Tomando como punto de partida uno de los muchos proverbios citados en la *Disciplina clericalis*, «Qui prudenter inquirere voluerit, solutionem prudenter intelliget», nos hemos preguntado qué podría significar, para Alfonsi, llevar a cabo una investigación «prudente». Hemos intentado responder de manera indirecta a esta cuestión reflexionando sobre el papel de la razón en el *Dialogus* (II), analizando los significados posiblemente atribuidos por Alfonsi a la virtud de la prudencia (III)

---

[92] *Ep. Per.*, ed. Tolan, p. 168: «Alii vero qui de magisterio presumpserunt, discipulorum formam erubescunt assumere. Propter quos philosophus ait: "Qui discipline confusionem ad horam non sustinet, honorem magisterii numquam est habiturus"».

[93] *Ep. Per.*, ed. Tolan, pp. 168-169: «Desideramus autem *industrios et prudentes*, ut in initio nobiscum sint, qui post nos possint et debent artis huius magisterium obtinere»; p. 172: «Multa quidem alia et innumerabilia iuxta syderum cursus in terra contingunt, atque vulgarium sensus hominum non attingit. *Prudentium* vero, atque hius artis peritorum, subtile acumen penetrat et cognoscit. In quibus tamen, si aliquid tam subtile inveniatur, ad quod investigandum nullius hominis iam dirigi possit acumen, illud profecto nequaquam quia sydera virtutem non habeant, sed humani debilitate contingit ingenii: quod secularibus intentum negotiis nequaquam ad omnia percipienda seu agnoscenda conscendit, testante Salomone qui dicit in Ecclesiaste: "Cuncta fecit bona in tempore suo et mundum" (*Eccl.* 3:11)».

y, finalmente, presentando su posición sobre la idea de nobleza y el esquema de las artes liberales expresadas tanto en la *Disciplina clericalis* como en la *Epistola ad Peripateticos* (IV).

En el *Dialogus* entre Petrus y Moyses, la razón es el tercer protagonista del debate. Es el instrumento a través del cual, de acuerdo con la *auctoritas* revelada, Petrus se propone demostrar tanto la irracionalidad de las creencias judías y la falsedad del islam, como defender los dogmas cristianos. Estos dogmas, aunque no siempre puedan ser conocidos racionalmente, pueden ser descritos como no contrarios a la razón. Al mismo tiempo, la razón sirve al menos para otras dos funciones fundamentales: primero, es tanto el árbitro que establece la autoridad de una fuente no revelada (por ejemplo, las tradiciones rabínicas del Talmud) como la herramienta para llegar a la correcta interpretación de los pasajes obscuros de las Escrituras; segundo, constituye, yendo más allá de las divisiones confesionales, el terreno compartido del debate y la base para el reconocimiento mutuo de los dos protagonistas. La razón, sin embargo, es un don universal confiado a la humanidad para que pueda volver, a través del conocimiento de la creación, al Creador.

Más adelante, hemos observado cómo el uso que hace Alfonsi del término *prudentia* remite a una constelación de significados compartidos en el ámbito de la tradición medieval latina. Estos significados van desde la superposición semántica en relación con la idea de *sapientia* teórica, perfeccionada mediante estudio y dedicación, hasta la de suprema virtud práctica que guía la acción –gracias a la inteligencia y la capacidad de prever el futuro–, así como la virtud de la discreción, ya sea en el ámbito moral, político o en el uso de las autoridades dentro de un argumento.

Finalmente, Alfonsi plantea una idea de nobleza personal del sabio, contrapuesta a la mera nobleza de sangre, que se basa en la educación y la búsqueda filosófica. La base de esta educación es el estudio de las artes liberales, cuyo esquema tradicional Alfonsi revisa, y acaba por fundamentarse principalmente en las antiguas artes del *quadrivium* –a las que añade la medicina, ampliando la relevancia de la astronomía y la filosofía natural. El método privilegiado para este estudio es el *experimentum*, la observación promovida por la ciencia árabe.

Reuniendo estas notas, se puede conjeturar que, para Alfonsi, los investigadores prudentes son aquellos que, sin buscar atajos, se esfuerzan por educarse dedicando tiempo y energía a la *disciplina*. Tienen la humildad intelectual de ser estudiantes en lugar de maestros ante alguien más erudito que ellos (sea cristiano, judío o musulmán). Confían en el poder de la razón humana y la llevan hasta donde pueda llegar, aunque sepan que no puede conocer todo sin la ayuda de la revelación. Finalmente, reconocen que la autoridad humana es falible y debe ser interpretada y evaluada con discreción, y que el conocimiento transmitido en los libros debe ser acompañado por la experiencia empírica. Quizás a esto último se reduce el racionalismo de Alfonsi.

Para concluir, utilizando las palabras de la *Disciplina clericalis*:

> Un filósofo amonestó a su hijo diciéndole: «Lee todo lo que encuentres, pero no creas todo lo que lees». Un alumno le respondió: «Pienso que es cierto lo que dices, pues no todo lo que está en los libros resulta verdadero: leí algo muy similar entre los libros y proverbios de los filósofos. Hay muchos árboles, pero no todos dan frutos; hay muchos frutos, pero no todos son comestibles»[94].

[94] *DC*, trad. Vargas, p. 1139-140; ed. Hilka y Söderhjelm, p. 31: [De libris non credendis] «Philosophus castigavit filium suum dicens: "Quicquid inveneris, legas, sed non credas quicquid legeris". Ad haec discipulus: "Credo hoc esse: non est verum quicquid est in libris. Nam simile huic iam legi in libris e proverbiis philosophorum: Multae sunt arbores, sed non omnes faciunt fructum; multi fructus, sed non omnes comestibiles"».

Terminología teológica racionalista en el libro IV de *al-Qānūn al-Muqaddas* (s. XI)

Hanna Qabalan
Universidad de Córdoba

I. Introducción

El manuscrito árabe 1623 de la Real Biblioteca de El Escorial es un *unicum* que contiene una colección de cánones conciliares y decretales pontificales en diez libros *maṣāḥif* traducidos a partir de un manuscrito desconocido de la *Hispana Systematica*. Este texto, que ha sido recientemente denominado *Collectio Canonum Arabicorum Ecclesiae Andalusiae* (CCAEA) contiene un texto cuya importancia es conocida desde mediados del siglo XVIII, momento en el que fue catalogado. La importancia del códice consiste en sus características lingüísticas, traductológicas, peculiaridades léxicas y *marginalia* visigóticas. El copista Vicente (*Binjinšiyuš*) y el equipo que colaboró a sus órdenes lo titularon *al-Qānūn al-Muqaddas*, i.e. «Los Santos Cánones» (fols. 307^{v}, 433^{v}), cuya data es del año 1049 (fol. 333^{r})[1].

[1] Juan Pedro Monferrer-Sala, *Al-Qānūn al-Muqaddas X Los Santos Cánones conciliares árabes de la iglesia andalusí Ms. árabe 1623 de la Biblioteca Real de El Escorial* (España: Editorial Sindéresis, 2020), pp. 25-33.

Nuestro objetivo en el presente estudio es realizar un primer bosquejo de la terminología de tipología teológica racionalista utilizada por el traductor de *al-Qānūn al-Muqaddas* en el libro IV con el fin de reafirmar la hipótesis de que ese vocabulario, como señalara Monferrer, ya estaba sistematizado entre los cristianos de al-Andalus en el siglo X[2] al haber sido recepcionado a partir de autores orientales, cristianos, musulmanes y judíos. Indicamos, en cada caso, las referencias orientales de cada uno de los términos, al tiempo que los contextos de los usos de cada uno de ellos por parte de los autores musulmanes de los siglos IX y X tales como al-Kindī (m. c. 873) y al-Fārābī (m. c. 950), así como árabes cristianos como el alumno de al-Fārābī, Yaḥyā b. ʻAdī (m. c. 974), el nestoriano ʻAmmār al-Baṣrī (m. c. 845), el jacobita Abū Rā'iṭah al-Takrītī (m. c. 850) y el melkita Teodoro Abū Qurrah (m. c. 825). Con este cotejo pretendemos corroborar dos cosas: primero, que el uso de tecnicismos teológicos racionales ya estaba sistematizado entre los traductores bilingües latino-árabes en el siglo X; segundo, que ese vocabulario, con independencia de las influencias que los traductores bilingües latino-árabes recibieran de intelectuales musulmanes y judíos andalusíes, procede de intelectuales musulmanes, cristianos y judíos orientales, habiendo sido los autores y traductores árabes cristianos un canal decisivo en la transmisión de esa terminología al mundo mozárabe.

La importancia del contenido teológico de este libro IV, junto con los nueve libros restantes, es evidente. A modo de ejemplo de la importancia de los textos que contiene este libro IV tenemos los textos conocidos como *al-šinbulūš/al-šinbulū* (< latín *symbolum*; pl. *symbola*) o exposición de la profesión de fe conocida por su primera palabra: *Credo/Credimus*. El cuarto capítulo de *al-muṣḥaf al-rābiʻ* recoge los *amānāt al-ābā'* o *waṯā'iq al-īmān*, los siete credos de la fe de la Iglesia andalusí, cuyos fundamentos remontan hasta san Gregorio Taumaturgo, obispo de Cesarea en el siglo III, pasando por los concilios ecuménicos de Nicea

[2] Juan Pedro Monferrer-Sala, «Standardized theological Mozarabic vocabulary in *Kitāb tathlīth al-waḥdāniyyah*», en Charles Burnett y Pedro Mantas-España (eds.), *Mark of Toledo Intellectual Context and Debates between Christians and Muslims in Early Thirteenth Century Iberia* (Córdoba-London: UCOPress-The Warburg Institute, 2022), pp. 197-211.

(325) y Constantinopla (381), hasta llegar a los concilios hispanos de Toledo, específicamente el cuarto, sexto (638), y octavo según se menciona en el texto[3].

Estos textos del *symbolum* no solo son, evidentemente, una mera traducción del texto latino, sino que también incluyen disquisiciones teológicas y argumentaciones sobre los dogmas cristianos, pero todo ello en un contexto teológico racionalista, sirviéndose para ello de una cuidadosa selección del vocabulario, como ya hemos indicado, procedente de obras teológicas (*kalām*) orientales basadas en una terminología teológica compuesta a partir de referentes griegos y siriacos.

II. Selección de términos

En las páginas que siguen examinamos los términos árabes en orden alfabético. En algunos casos, se agrupan varios términos debido a su relación contextual. Indicaremos el contexto correspondiente de cada término, al tiempo que señalaremos la coincidencia con autores orientales.

Ittiḫāḏ / ma'ḫūḏ

Con este término se indica que el *logos*, *kalimah*, solo asumió la carne, la segunda hipóstasis, pero no la sustancia, *jawhar*, de Dios, tal como se infiere de la frase *wa-laysa ḏālika al-ittiḫāḏ muḍāfan ilā al-ṯālūṯ idāfah mujmalah kulliyyah* (239[r]): «esta adquisición no es una adición completa y general a la Trinidad». Este mismo uso del sintagma lo tenemos en ʻAmmār al-Baṣrī, quien señala lo siguiente: *wajaba an yuqāl nāsūt al-Masīḥ wa-nāsūt al-Ibn al-mujtamiʻ lā nāsūt Allāh wa-lā nāsūt al-lāhūt wa-in kāna Allāh huwa al-kalimah al-munfarid waḥdahu li-ittiḫāḏihi iyyāhu nāsūtan*[4], i.e. «espertinente decir la humanidad del

[3] Cf. Juan Pedro Monferrer-Sala, «*Litvrgia mvzarabica.* Traducción árabe del símbolo niceno-constantinopolitano incluido en *al-Qānūn al-Muqaddas* (El Escorial, ms. ár. 1623)», *al-Andalus-Magreb*, en prensa. Agradezco al autor haberme informado sobre este artículo que estudia el texto del Credo niceno-constantinopolitano del octavo concilio de Toledo en el libro VII.

[4] Michel Hayek (ed.), *ʻAmmār al-Baṣrī: Apologie et controverses* (Beirut: Dar el-Machreq, 1977), p. 197.

Cristo y la humanidad del Hijo, no la humanidad de Dios ni la humanidad de la Divinidad. A pesar de que fue Dios, el verbo único fue quien asumió la humanidad».

En relación con el término *ma'ḫūḏ*, aparece, además: *inna al-Ibna waḥdahu ittaḫaḏa ṣūrata al-insān al-ma'ḫūḏ al-maḫlūq* (239ʳ), «solo el Hijo adoptó la imagen humana, el tomado, el creado». En las obras de 'Ammār al-Baṣrī, encontramos, además, una concordancia: *inna qawlanā fī-l-ma'ḫūḏ min al-batūl siwa qawlanā fī-l-muttaḥid al-maḫlūq al-ma'ḫūḏ minhā*[5], «nuestra declaración sobre el tomado de la virgen, es la misma del unido, el creado, el tomado de ella». También Abū Rā'iṭah emplea este participio pasivo, como se observa en la expresión *al-jasad al-ma'ḫūḏ min al-imra'ah al-muttaḥid bihā*[6], «el cuerpo tomado de la mujer, está unido a ella».

Ajzā' (pl. *juz'*) / *farīdāt*

Se emplea en el texto para hacer referencia a las hipóstasis, como se evidencia en la frase: *wa-hunna quyūmāt lā ṣaġīrah fī-l-ajzā' al-farīdāt wa-lā kabīrah fī-l-ašyā' al-kulliyya* (238ᵛ): «y son hipóstasis que no son pequeñas en las partes individuales ni grandes en las cosas generales». Esta noción coincide con la declaración de Abū Rā'iṭah cuando señala: *li'anahu wāḥid kaṯīr ajzā'uhu*[7], «porque es uno, partes numerosas». Asimismo, se encuentra una similitud en el discurso de 'Ammār al-Baṣrī: *wa-naḥsabu ḏālika taṯlīṯan bi-ab'āḍ wa-ajzā'*[8], «y consideramos eso como una triplicidad de distinciones y partes».

Por ende, al explorar el término *farīdāt* mencionado en la frase previamente citada de nuestro texto, podemos observar que deriva de la raíz *fard*, lo cual sugiere que las hipóstasis también se encuentran de manera individual. Este concepto coincide con la perspectiva de Abū Rā'iṭah en: *jawhar wāḥid ṯalāṯat aqānīm mufradah kullu wāḥidin minhum*

[5] Sandra T. Keating, *Defending the 'People of Truth' in the Early Islamic Period: The Christian Apologies of Abū Rā'iṭah* (Leiden: Brill, 2006), p. 184.

[6] Keating, *Defending the 'People of Truth'*, p. 260.

[7] Keating, *Defending the 'People of Truth'*, p. 202.

[8] Hayek (ed.), *'Ammār al-Baṣrī: Apologie et controverses*, p. 152.

bi-ḫāṣṣiyyatihi al-lāzimah lahu, mansūb bihā, a'nī al-ubuwwah wa-l-bunuwwah wa-l-inbiṯāq[9], «una sustancia con tres hipóstasis individuales, cada una de ellas con su propiedad necesaria a la que pertenece, es decir la paternidad, la filiación y la emanación». Y coincide con la argumentación de Yaḥyā b. 'Adī en: *kull wāḥid min al-aqānīm al-ṯalāṯah 'alā infirādihi, fa-yusammā al-Āb ilāhan wa-l-Ibn Ilāhan wa-l-Rūḥ* Ilāhan[10], «cada una de las tres hipóstasis, por separado, son denominadas: el Padre que es Dios, el Hijo que es Dios y el Espíritu que es Dios».

Asmā' / mutarādifah

Con este término se indica las hipóstasis, como se expresa en la frase: *ṯalāṯat asmā' mutarādifah li-šay' wāḥid* (251^{v}), «tres nombres que son sinónimos para una única cosa». Abū Rā'iṭah, al hablar de los hipóstasis, utiliza el término de la siguiente manera: *fa-hāḏihi asmā' ṣifāt ba'ḍihā ilā ba'ḍ*[11], «estos nombres son atributos recíprocos». Por su parte, 'Ammār al-Baṣrī nos dice: *al-asmā' wa-l-ṣifāt al-latī istaḥaqahā min qibal ḫawāṣ jawharihi*[12], «los nombres y atributos que se aplican específicamente a su esencia divina».

Con relación al término *mutarādifah*, que describe a las hipóstasis como sinónimas, se observa una correspondencia que tiene su origen en el contexto islámico, específicamente en la tradición de los ash'aríes. Esta coincidencia se evidencia en las respuestas proporcionadas por Ibn Hazm en su libro, dirigidas a dicha corriente de pensamiento: *wa– kullu hāḏihi al-alfāẓ asmā' mutarādifah li-ma'nā wāḥid 'indahum, wa-huwa quwwatun fī l-šay'*[13], «todas estas expresiones son nombres sinónimos con un único significado: poder sobre el asunto».

---

[9] Keating, *Defending the 'People of Truth'*, p. 114.

[10] Augustin Périer, *Petits traités apologétiques de Yahyâ ben 'Adî* (Paris: Gabalda, Geuthner, 1920), p. 95.

[11] Keating, *Defending the 'People of Truth'*, p. 266.

[12] Hayek (ed.), *'Ammār al-Baṣrī: Apologie et controverses*, p. 156.

[13] Abu 'Ali b. Ahmad b. Sa'id b. Hazm, *Al-Fasl fi al-milal wa-l-ahwa' wa-l-niḥal*. Ed. Muhammad Nasr Abd al-Rahman 'umirah (Beirut: Dar al-Jil, 1996), vol. V, p. 116.

Ašḫāṣ

Este término es utilizado en el texto para representar las hipóstasis: *al-quyūmāt mutamayyizah bil-ašḫāṣ wa-hiya wāḥidah fī-l-jawhar* (251ᵛ), «las hipóstasis se distinguen por sus personas y son una en la esencia». Este término también es utilizado por al-Fārābī, quien señala: *kul ma'nā kāna wāḥidan wa-lam yakun ṣifatan muštarakatan li ašyā' kaṯīrah... fa-yusammā al-ašḫāṣ*[14], «cada significado que es uno, y no es un atributo compartido entre muchas cosas… por lo que se llaman personas». Abū Rā'iṭah, por su parte, también hace referencia al término en la siguiente oración: *innamā waṣafnāhu bi-itiṣāl fī-l-jawhar wa-tabāyun fī-l-ašḫāṣ, ay al-aqānīm*[15], «lo describimos en comunicación con la sustancia y distinción en las personas, es decir, en las hipóstasis».

Iḍāfah / muḍāf / mansūb

Estos términos figuran en el texto dentro del contexto de la humanidad de Cristo, la cual está atribuida no a toda la esencia divina, sino únicamente a la segunda hipóstasis: *inna-l-Ibna waḥdahu ittaḫaḏa sūrata al-insān al-ma'ḫūḏ al-maḫlūq bi waḥdāniyyati al-quyūmah wa-laysa bi waḥdāniyyati al-lāhūt wa-tilka ḫāṣṣat al-bunūwah wa-laysa ḏālika al-ittiḫāḏ muḍāfan ilā al-ṯālūṯ idāfah mujmalah kulliyyah, fa-innahu law tawḥḥaddat jawharatu al-insān bi jawharati Allāh al-lati hiya uḫrā lakāna jamī' al-ṯālūṯ muttaḥiddan bil-jasad* (239ʳ), «solo el Hijo adoptó la imagen humana, el tomado, el creado en la unicidad de la hipóstasis, y no en la unicidad de la divinidad. Esa es la característica de la filiación, y esta toma no es una adición completa y general a la Trinidad. Si la sustancia del humano se unió con la sustancia de Dios, que es otra, entonces toda la Trinidad se habría unido en el cuerpo». Este concepto se alinea con la perspectiva de 'Ammār al-Baṣrī en su discurso sobre la encarnación y la humanidad de Cristo: *fa-innahu yuḍāfu ilā al-bašarī min ġayr an yakūna 'araḍa al-azalī fī ḏālika 'āriḍun wa-lā ḥadaṯa bihi ḥādiṯ...*

[14] Muhsin Mahdi (ed.), *Alfarabi's Book of Letters (Kitāb al-Ḥurūf)* (Beirut: Dar el-Machreq, 1990), p. 139.

[15] Keating, *Defending the 'People of Truth'*, p. 184.

wa-iḏ sāwā al-bašarī bi-nafsihi fī qudratihi wa-mulkihi wa-sulṭānihi lam yusāwī nafsahu ma'a-l-bašarī fī ḍa'fi ṭibā'i jawharihi. kaḏālika ittaḥada al-bašarī fī bunuwwatihi bi-Ilāhiyyati al-azaliyyah al-mansūbah ilā Abih, lam yattaḥid huwa ma'ahu fī bunuwwatihi al-bašariyyah al-muḍāfah ilā ummihi[16], «así, se suma al hombre sin ser afectado por el Eterno y nada le sucede... y mientras se equipara con la humanidad en su capacidad, poder y autoridad, sin embargo no equipara su ser con la humanidad en la debilidad de las naturalezas de su sustancia. Del mismo modo, tomó la humanidad en su filiación con la divinidad eterna atribuida a su Padre, pero no se unió a él en su filiación humana dependiente de su madre». Ese mismo contexto se refleja en el pasaje que tenemos en el libro primero, donde aparece el término *mansūb*, en el contexto en que Cristo está atruibido (*mansūb*) a la sustancia divina y no a la humana, *anna iltiḥāma Allāh laysa mansūban ilā al-Āb wa-lā ilā al-Rūḥ al-Qudus, bal innamā iltaḥama al-Ibnu faqaṭ* (74^{r}), «que la encarnación de Dios no es atribuida ni al Padre ni al Espíritu Santo, sino que solo es atribuida al Hijo».

Anniyyah

El término se presenta como sinónimo de *ḏāt*, como se indica en la frase, *jawharun wāḥidun fī-l-ḏāt wa-l-anniyyah* (238^{v}), «una sustancia única en la esencia». Cuando se menciona la humanidad del Hijo, el texto advierte que la Trinidad no se convierte en cuatro, ni: *wa-lā al-quyūmāt al-ṯalāṯ anniyyah wāḥidah* (238^{v}), «ni las tres hipóstasis se trasforman en una única esencia», evidenciando que la *anniyyah* indica la esencia. Esta noción coincide con la utilización del término por Yaḥyā b. 'Adī, quien menciona varias veces *anniyyah wāḥidah*[17], «una única esencia». En cambio, al-Fārābī la relaciona con lo que constituye la existencia completa: *al-wujūd al-kāmil anniyyatu al-šay' wa-huwa bi-'aynihi māhiyyatuhu*[18], i.e. «la existencia completa es la esencia del objeto y es, por sí misma, su subsistencia».

---

[16] Hayek (ed.), *'Ammār al-Baṣrī: Apologie et controverses*, p. 183.

[17] Samir Khalil, *Le traité de l'unité de Yahyâ Ibn 'Adî (893-974). Étude et édition critique* (Roma-Jounieh: Pontificium Institutum Orientalium Studiorum, 1980), p. 181.

[18] Mahdi (ed.), *Alfarabi's Book of Letters*, p. 61.

Taba'uḍ / *tabāyun* / *tajazzu'* / *tabaddul* y otros

El texto menciona varios términos que destacan la unicidad de la esencia divina y la indivisibilidad de la sustancia. Entre ellos se encuentran expresiones como *lā yanqasim wa-lā yataba'aḍ... ġayr mutabaddil wa-lā mustaḥīl... al-dā'im al-azalī* (236v), «no se divide, ni se separa... no cambia, ni es imposible... el permanente, el eterno». También *lā turā wa-lā tatabāyan* (237r), «no se ve, ni se bifurca», y *lā yataġāyar wa-lā yatajazza'* (239r, 267v), «no cambia, ni se divide». Estos términos coinciden con las citas de Abū Rā'iṭah, quien utiliza expresiones como, *ġayr mawṣūf bi-l-taba'īḍ wa-lā bi-l-tajazzu'*; *lā yurā lā yuḥass wa-lā yudrak*, «no se describe por la alteración, ni por la división»; «no se ve, no se siente y no se percibe»; así como *lā mutaġayyir wa-lā mutabaddil*[19], «no cambia y no se transforma». En esta misma línea se halla 'Ammār al-Baṣrī cuando indica *huwa dā'im ġayr mutaġayyir wa-lā mutabaddil*[20], «Él es eterno, no cambia ni se transforma».

Asimismo, el texto incluye expresiones como *lā infisāl wa-lā tabāyun ... lā iḫtilāf wa-lā taświh* (266r), «no hay división, ni separación... no hay diferencia, ni ambigüedad», que se asemejan a las descripciones de 'Ammār al-Baṣrī sobre *al-jawhar*, como *fa-lam tanqasim wa-lam tatajazza'*, «por lo que no se divide, ni se separa»; *lam yakun baynahā fī-l-jawhar tabāyun wa-lā iḫtilāf*, «no había entre ellas divergencia, ni diferencia en la sustancia»; *lā iḫtilāf fī ḏātihā*, «sin diferencia en su propia esencia»; *ġayr mutabāyināt wa-lā mufarraqāt... lā yataba'aḍ wa-lā yatajazza'*[21], «no son distintas, ni separadas... no se dividen, ni se apartan».

Jawhar / *jawharah*

El término en el texto denota la sustancia divina y es también sinónimo de la esencia *ḏāt*: *jawhar Allāh aw jawhar al-Āb ... Ilāhiyya wāḥidah, jawharah wāḥidah* (237v), «la sustancia de Dios o la sustancia del

19 Keating, *Defending the 'People of Truth'*, pp. 168, 124.

20 Hayek (ed.), *'Ammār al-Baṣrī: Apologie et controverses*, p. 23.

21 Hayek (ed.), *'Ammār al-Baṣrī: Apologie et controverses*, pp. 56, 172, 133, 149.

Padre... Una divinidad, una sustancia». En el primer libro se menciona la fórmula *al-ḏāt al-wāḥidah jawhar wāḥid* (74ʳ), «la esencia única, una sustancia única», que concuerda con el uso de al-Fārābī: *al-jawhar yuqāl 'alā al-mušār ilayhi... wa-'alā mā bihi qiwām ḏātihi*, «la sustancia se dice sobre aquello a lo que se hace referencia... y sobre lo que sostiene su propia existencia». En otro ejemplo, al-Fārābī afirma lo siguiente: *wa-mā yu'arrif mā huwa hāḏā al-mušār ilayh, al-jawhar 'alā al-iṭlāq kamā yusammunahu al-ḏāt 'alā al-iṭlāq*[22], «lo que define a lo que se hace referencia es la sustancia de lo absoluto, como lo denominan la esencia de lo absoluto». Este término también coincide con 'Ammār al-Baṣrī: *huwa ṯābit fī jawharihi 'alā waḥdāniyyatihi*[23], «Él permanece firme en su sustancia, en su unicidad».

Además, en el texto, *jawhar* destaca la unicidad divina y trinitaria, como en *wa-l-Ibnu ma'a al-Ābi wa-l-Rūḥ al-Qudus jawharon wāḥidun* (239ʳ), «el Hijo con el Padre y el Espíritu Santo son una sola sustancia». Y también puede aducirse el ejemplo siguiente: *fa-hāḏā al-ṯālūṯ jawharun wāḥid ġayriyyāt ṯalāṯ* (238ᵛ), «esta Trinidad es una sustancia, tres alteridades». Coincidiendo con la perspectiva de Yaḥyā b. 'Adī: *jawhar wāḥid ḏū ṯalāṭ ṣifāt ḫawāṣ tusammīhā al-naṣārah aqānīm*[24], «una sola sustancia con tres atributos, propiedades denominadas por los cristianos hipóstasis». Abū Qurrah también afirma: *ū'minu bi al-Āb wa-l-Ibni wa-Rūh al-Qudus... ṯalāṯatuhum jawharon wāḥid*[25], «creo en el Padre, el Hijo y el Espíritu Santo... Los tres son una sola sustancia». En 'Ammār al-Baṣrī encontramos un contexto similar: *wajadnā al-ḥayāta wa-l-nuṭqa min jawhar al-ḏāt wa-min bunyat al-jawhar*[26], «hemos encontrado la vida y la facultad del habla en la esencia y en la estructura de la sustancia».

El texto también indica que aunque la sustancia es trina, no es separable y las hipóstasis no se mezclan entre ellas, sino que cada una

[22] Mahdi (ed.), *Alfarabi's Book of Letters*, pp. 100-101; y p. 63.

[23] Hayek (ed.), *'Ammār al-Baṣrī: Apologie et controverses*, p. 50.

[24] Périer, *Petits traités apologétiques*, p. 44.

[25] Ignace Dick, «Deux écrits inédits de Théodore Abu Qurra», *Le Muséon*, 72 (1959), p. 56.

[26] Hayek (ed.), *'Ammār al-Baṣrī: Apologie et controverses*, p. 52.

conserva su entidad y sus propriedades: *fa-lasnā našūbu al-quyūmāt wa-lā nufarriqu al-jawhar fa-naqūl inna al-Āb lam yaḫluqhu aḥadun wa-lā waladahu aḥad wa-naqūl inna al-Ibn lam yaḫluqahu al-Āb bal waladahu wilādan azaliyyan wa-nū'minu anna al-Rūḥ al-Qudus lā maḫluq wa-lā mawlūd bal huwa munbaṯiḳ min al-Āb wa-l-Ibn* (237v), es decir: «no mezclamos las hipóstasis ni separamos la sustancia, así que decimos que el Padre no fue creado ni engendrado por nadie, y decimos que el Hijo no fue creado sino engendrado por el Padre eternamente, y creemos que el Espíritu Santo no es creado ni engendrado, sino que procede del Padre y del Hijo». reflejando la idea filosófica de al-Fārābī: *wa-inna jawhar kull wāḥid min al-ašyā' wāḥid, aw jawhar al-ašyā' kullihā wāḥid*[27], «y ciertamente, la sustancia de cada cosa es única, o la sustancia de todas las cosas es una». Abū Qurrah menciona lo mismo que declaran los dos concilios de Nicea y Constantinopla: *inna al-Ibn wa-l-rūḥ min jawhar al-Āb, wa-inna kulla wāḥid minhuma Ilāh lam yazal ma'a al-Āb wa-min al-Āb*[28], «verdaderamente, el Hijo y el Espíritu son de la sustancia del Padre, y cada uno de ellos es un Dios, que todavía está eternamente con el Padre y procede del Padre». En Abū Rā'iṭah, encontramos el mismo contexto: *ṯalāṯatu ḫawāṣ ḏātiyyah ay aqānīm jawhariyyah Āban wālidan li-kalimatihi munḏu lam yazal Ibnan mawlūdan bilā zamān wa-Rūḥan munbaṯiqan minhu bi-ġayri darkin, Ilāhan wāḥidan wa-rabban wāḥidan wa-jawharan wāḥida*[29], «tres propiedades existentes, es decir tres hipóstasis substanciales: un Padre creador a su Verbo desde que era todavía un hijo engendrado sin tiempo, y un Espíritu procedente de Él sin interrupción, un único Dios, un único Señor, una única sustancia».

Además, el texto utiliza el término *jawhar* en un contexto cristológico para expresar la naturaleza dual del Cristo: *al-insān wa-l-Ilāh masīḥan wāḥidan min jawharayn quyūmah wāḥidah... jawhar nāsūt wa-lāhūtī* (238v): «el humano y el divino, un solo Cristo de dos sustancias,

---

[27] Mahdi (ed.), *Alfarabi's Book of Letters*, p. 104.

[28] Constantin Bacha, *Mayāmir Thāwdūrus, Abī Qurrah Usquf Ḥarrān: aqdam ta'līf 'Arabī Naṣārnī* (Beirut: Maṭba'at al-Fawā'id, 1904), p. 165.

[29] Keating, *Defending the 'People of Truth'*, pp. 112-114.

en una hipóstasis... sustancia humana y divina». Este uso del término en este concepto específico coincide con la perspectiva de Yaḥyā b. ʻAdī: *al-Masīḥ huwa jawhar mutaqawwim min jawharayn Ilāh wa-insān*[30], «el Cristo es una sustancia compuesta de dos sustancias, la divina y la humana». ʻAmmār al-Baṣrī también indica lo mismo: *Masīḥan kāmilan ḏā jawharayn kāmilayn lāhūtī wa-nāsūtī*[31], «un Cristo perfecto, con dos sustancias perfectas, divina y humana».

Ḥayāt / ḥikmah / qudrah / sulṭān / kubrah / quwwah

Estos atributos son mencionados en el siguiente pasaje: *Allāhu al-wāḥid al-bad' Abū al-kalimah al-ḥayyah wa-l-ḥikmah al-qā'imah wa-l-qudrah* (236^{v}) «Dios, el Único, el Principio, Padre del lógos vivo, la Sabiduría existente y el Poder». Estos coinciden con los tres atributos principales de Dios según Yaḥyā b. ʻAdī: *al-jūd, al-qudra, al-ḥikma*[32], «la existencia, el poder, la sabiduría». También, ʻAmmār al-Baṣrī afirma: *wa-ṯabāt al-ḫāṣṣatayn min al-ḥayāt wa-l-ḥikmah fī jawharihi*[33], «la persistencia de las dos propiedades de la vida y la sabiduría en su esencia». Estos atributos forman parte de la esencia divina, como se expresa en la formulación *fa-l-ṯālūṯ mutaġāyir al-quyūmāt mutawaḥḥid al-ḏāt wa-l-qudrah wa-l-sulṭān wa-l-kubrah* (237^{r}) «la Trinidad es una esencia con distintas hipóstasis: poder, soberanía y grandeza».

El término *qudrah* como sinónimo de *ḏāt* coincide con el comentario de Abū l-Huḏayl al-ʻAllāf al *kitāb al-milal wa-l-niḥal* de al-Shahrastānī: *ʻālimun bi-ʻilm wa-ʻilmuhu ḏātuhu qādirun bi-qudrah wa-qudratuhu ḏātuhu*[34], «es omnisciente y su conocimiento es su propia esencia, Es poderosamente capaz y su poder es su propia esencia». En el ámbito andalusí, tenemos el libro *taṯlīṯ al- waḥdāniyyah* que habla de los tres atributos: *al-qudrah al-ʻilm wa-l-irādah* como *afʻāl ṯalāṯah li-ḏāt*

---

[30] Périer, *Petits traités*, p. 95.
[31] Hayek (ed.), *ʻAmmār al-Baṣrī: Apologie et controverses*, p. 191.
[32] Khalil, *Le traité de l'unité*, pp. 242-265.
[33] Hayek (ed.), *ʻAmmār al-Baṣrī: Apologie et controverses*, p. 155.
[34] Muhammad Sayyid Kilani, *Al-milal wa-l-niḥal, al-shahrastani* (Beirut: Dār al-Maʻrifah, 1975), vol. I, p. 30.

wāḥidah[35], esto es «el poder, el conocimiento y la voluntad son como tres acciones para una única esencia».

El término *sulṭān*, sinónimo de *qudrah*, es mencionado por ʻAmmār al-Baṣrī al hablar de Cristo: *ism al-lāhūt wa-ḏāt al-rubūbiyyah wa-l-mulk wa-l-sulṭān*[36], «el nombre de la divinidad es, la esencia de la deidad, el reino y la soberanía», que se refleja en la siguiente cita: *al-ṯālūṯ al-muqaddas al-Āb wa-l-Ibn wa-l-Rūḥ al-Qudus Ilāhan ḏā quwwah wāḥidah wa-sulṭān wāḥid al-ḏāt al-wāḥidah* (238v), es decir: «la Santa Trinidad, el Padre, el Hijo y el Espíritu Santo, un Dios con poder único y soberanía única, la esencia única».

El término *kubrah* es utilizado por al-Ḫawarizmī al hablar de los atributos sinónimos de las propriedades (*al-ḫawāṣ*) afirmando: *al-muqaddimah al-kubrah... kulliyah mūjibah kubrah*[37], «el gran principio... completo, él que responde con grandeza».

En cuanto al término *quwwah*, que es sinónimo de *qudrah*, ʻAmmār al-Baṣrī lo describe como *quwwah min qiwā al-jawhar fa huwa ka-l-nuṭq min al-insān wa-l-ḥarārah min al-nār wa-l-ruṭūbah min al-mā', wa-naḥwa ḏālika mimmā yuqīmu ḏāt al-šay' wa-māhiyyatahu*[38], «un poder de la sustancia, así es Él, como el habla del hombre, el calor del fuego y la humedad del agua, y así todo lo que compone la esencia del objeto y su realidad». En esta misma línea afirma Abū Rā'iṭah: *wāḥidun fī l-jawhar wa-l-azaliyyah wa-l-ʻilm wa-l-quwwah wa-l-majd wa-l-ʻaẓamah wa-ġayr ḏālika mina al-ṣifāt al-jawhariyyah, wa-ṯalāṯatun fī l-aqānīm jamīʻan maʻan, huwa bi-ʻaynihi li-qiwām ḏātihi ḫāṣṣah li kull wāḥidin minhā*[39], esto es: «uno en la sustancia, en la eternidad, en el conocimiento, en el poder, en la gloria, en la grandeza y en otros atributos

[35] Juan Pedro Monferrer-Sala y Pedro Mantas-España (eds.), *De Toledo a Córdoba Tathlīth al-Waḥdāniyyah ('La Trinidad de la Unidad'): Fragmentos teológicos de un judeoconverso arabizado* (Madrid: Editorial Sindéresis, 2018), p. 129.

[36] Hayek (ed.), *'Ammār al-Baṣrī: Apologie et controverses*, p. 207.

[37] Abdul-Amir al-Aʻsam, *La términologie philosophique chez les arabes* (El Cairo: al-Hay'ah al-Miṣriyyah, 1989), p. 223.

[38] Hayek (ed.), *'Ammār al-Baṣrī: Apologie et controverses*, p. 162.

[39] Keating, *Defending the 'People of Truth'*, p. 106.

sustanciales; y tres en las hipóstasis, todas juntas, Él mismo, en función de la subsistencia de la esencia, es una propiedad por cada una de ellas».

Ḫārij

No podemos pasar por alto el término que se asigna al Espíritu Santo, *ḫārij*, como se menciona en *munbaṯiq ḫārij mina l-Āb wa-l-Ibn* (238ᵛ), «procedente, que sale del Padre y del Hijo». Yaḥyā b. ʻAdī utiliza el mismo término: *al-Rūḥ ḫārij ʻan al-Āb munbaʻiṯ minhu*[40], «el Espíritu que sale del Padre, procede de Él»; y Abū Rā'iṭah indica *wālidan mawlūdan ḫārijan*[41], «Padre nacido, saliente».

Ḫāṣṣah (pl. *ḫawāṣ*)

Aparece en el texto junto con la voz *quyūmah* refiriéndose a las hipóstasis, es decir, a las propriedades distintivas de las personas divinas dentro de la sustancia. Por ejemplo, se dice *quyūmah wāḥidah ḫāṣṣah* (237ᵛ), «una hipóstasis, una propiedad». En el libro primero de los cánones, encontramos la expresión *wa-narsumu al-quyūmāt bi-ḫawāṣihā* (83ᵛ), esto es: «definimos las hipóstasis por sus propiedades». Este contexto coincide con lo que nos dice ʻAmmār al-Baṣrī quien señala a propósito: *al-muṯallaṯ fī ḫawāṣihi wāḥidun fī jawharihi*[42], esto es: «trino en sus propiedades, único en su sustancia». También coincide con las *Maqālāt* de Yaḥyā b. ʻAdī: *ḫāṣṣat al-bunuwah fa-yaḫtaṣu bihā*, es decir: «la característica de la filiación que es suya»; y *li-l-ḫawāṣ allatī bihā yastaḫiṣu al-aqānīm*[43], «las propiedades a través de las cuales las hipóstasis se distinguen».

Ḏāt

El término *ḏāt* se emplea frecuentemente en el texto y hace referencia a la naturaleza divina, que es esencialmente una y trina. Cada

---

[40] Périer, *Petits traités*, p. 21.

[41] Keating, *Defending the 'People of Truth'*, p. 188.

[42] Hayek (ed.), *'Ammār al-Baṣrī: Apologie et controverses*, p. 161.

[43] Périer, *Petits traités*, p. 52; 61.

hipóstasis de la Trinidad comparte esta misma esencia, como se expresa en: *huwa al-Ilāh al-wāḥid wa-huwa al-ḏāt al-Ilāhiyya al-wāḥidah al-ṯālūṯiyyah* (237r), «Él es Dios, único, una esencia divina una y trina». En el mismo contexto, se ilustra con el ejemplo *ḏāt al-ṯālūṯ, ḏāt wāḥidah wa-laysa ḏāt al-ṯālūṯ quyūmah wāḥidah* (239r), es decir: «la esencia de la Trinidad es una única esencia, pero no es la esencia de la Trinidad una única hipóstasis». En el libro primero, encontramos: *nuqirru bi al-taṯlīṯ annahā ḏāt wāḥidah ġayr mujazza'ah wa-lā munqasimah wa-ḏātahu hiya quyūmāt ṯalāṯ* (83v), que traducido significa: «reconocemos en la Trinidad que es una esencia única, no distribuida ni dividida y su esencia es de tres hipóstasis». Estos ejemplos coinciden con el uso que hace al-Fārābī con el objeto de comprender la esencia y sus partes. Así, se busca el conocimiento de la esencia y sus atributos: *wa-naltamisu ma'rifatahu bimā huwa ḏātuhu aw bi-jiz' ḏātihi... wa-bi-ab'āḍ mā bihi qiwāmu ḏātihi... wa-naṭlub ma'rifata ḏātihi bi-aḫaṣ mā tu'arifunā ḏātuhu wa-bi-aqrab mā huwa ḏātuhu... wa-naṭlubu minhu ḏātahu mulaḫaṣah bi-ajzā'ihi al-latī bihā qiwāmu ḏātihi*[44], que significa: «buscamos conocerlo por su esencia... y por una parte de su esencia... y buscamos conocer a su esencia a través de la propiedad de su propia esencia y en la forma más cercana posible a su esencia... y buscamos en él su esencia resumida en sus partes que forman su propia esencia». Yaḥyā b. 'Adī habla del Creador, *al-bāri'*, como una esencia, *wāḥidun bi-ḏātihi*[45], «uno en su esencia». También en sus *Maqalāt* habla de *al-ḏāt* con tres atributos *ṣifāt*: *ḏātun wāḥidah wa-lā tatakaṯṯar min ḥayṯ hiya ḏāt wa-innamā tūṣaf bi-ṯalāṯ ṣifāt*[46], «una esencia única que no se multiplica, sino que se describe con tres atributos». Encontramos otra coincidencia con 'Ammār al-Baṣrī cuando afirma: *fa-huwa ḏāt lāhūt wāḥid jawhar wāḥid ḫāliq wāḥid*[47], «Él es una esencia divina única, una sustancia única, un Creador único».

---

44 Muhsin Mahdi (ed.), *Alfarabi's Utterances Employed in Logic (Kitāb al-Alfāz), al-Musta'malah fī l-manṭiq*. «al-Majmū'ah al-Falsafiyyah» (Beirut: Dar el-Machreq, 1986), p. 190.

45 Khalil, *Le traité de l'unité*, p. 206.

46 Périer, *Petits traités*, pp. 21-22.

47 Hayek (ed.), *'Ammār al-Baṣrī: Apologie et controverses*, p. 161.

El término *ḏāt* también se utiliza en el texto para describir a Dios Padre en relación con el Hijo indicando que comparten la misma esencia: *ḏū al-ḏāt al-wāḥidah ma'a al-Āb* (236^{r,v}, 239^{v}), «aquel que posee la única esencia con el Padre»; *Ibnu Allāh huwa min ḏāt al-Āb* (237^{r}), «el Hijo de Dios es de la misma esencia del Padre»; *quyūmat al-Ibn ḫarajat min maknūn ḏāt al-Āb* (238^{v}), «la hipóstasis del Hijo salió de dentro de la esencia del Padre». Este concepto coincide con el uso que hace 'Ammār al-Baṣrī, quien afirma: *iḏ 'arafna al-Ibn fī-l-maḫlūq min ḏāt jawhar al-Āb*[48], es decir: «hemos reconocido al Hijo como el creado a partir de la esencia del Padre». Y coincide también con el uso que hace Abū Rā'iṭah: *lita'lamū anna al-kalima al-mursalah ḏāt kāmilah min ḏāt kāmilah*[49], «para que sepáis que el verbo enviado es una esencia completa de una esencia completa».

Ḏāt también figura en contextos cristológicos para destacar que la persona de Cristo tiene dos esencias, la divina y la humana: *quyūmah wāḥidah ijtama'a fīha ḏātān, ḏāt al-lāhūt wa-ḏāt al-nāsūt* (237^{r}), «una hipóstasis en la que se han reunido dos esencias, la esencia de la divinidad y la esencia de la humanidad». En el libro primero se afirma además *quyūm wāḥid fī ṭabī'atayn ḏāt lāhūt wa-ḏāt nāsūt* (83^{v}), «una hipóstasis en dos naturalezas, la esencia de la divinidad y la esencia de la humanidad». 'Ammār al-Baṣrī utiliza un enfoque similar al hablar de las dos *ḏāt* de Cristo, aunque en su doctrina nestoriana se refiera a la doble persona *qnomā* de Cristo: *ṣāra li-ijtimā'ihimā wa-i'tilāfihimā bilā intiqāl 'an ḏātayhimā masīḥan wāḥidan wa-Ibnan wāḥidan... wa-lam yazal al-ṭibā'ayn ḏātayhimā ilā jihatin masīḥiyyatin wāḥidatin wa-rubūbiyyatin wāḥidatin*[50], que significa: «surge de su unión y asociación, sin transición de sus dos esencias, un único Cristo y un único Hijo... e incluso las dos naturalezas y esencias permanecen en términos de una única cristología y una única deidad».

---

[48] Hayek (ed.), *'Ammār al-Baṣrī: Apologie et controverses*, p. 58.

[49] Keating, *Defending the 'People of Truth'*, p. 206.

[50] Hayek (ed.), *'Ammār al-Baṣrī: Apologie et controverses*, p. 181.

Ṭabī'ah

Es importante señalar que en el libro primero de *al-Qānūn al-Muqaddas* tenemos el término *ṭabī'ah* que se usa tres veces para expresar la naturaleza dual (divina y humana) en la persona única, una hipóstasis que es el Cristo (*al-Masīḥ*): *anna rabbana Yasū' al-Masīḥ huwa Ibn Allāh wa-Ibn Mariam al-batūl, quyūm wāḥid fī ṭabī'atayn ḏāt lāhūt wa-ḏāt nāsūt lā yamtazij al-ṭabī'atān bi-l-ittiḫāḏ... anna kalimata Allāh ittaḫaḏat ṭabī'ah insāniyyah wa-bi-l-laḥm* (83ᵛ), esto es: «que nuestro señor Jesucristo es el hijo de Dios e hijo de la Virgen. Una hipóstasis en dos naturalezas, divina y humana, que no se mezclan en la asunción… y que la palabra de Dios adoptó una naturaleza humana y carnal». Abū Qurrah en sus escritos utiliza ese término en un contexto similar: *anna al-Ibn al-azalī wulida min Mariam al-'Aḏrā' fī ṭabī'atihi al-insiyyah lā fī ṭabī'atihi al-Ilahiyyah* «que el hijo, el eterno, nació de la virgen en su naturaleza humana, no en su naturaleza divina». Y en otro pasaje Abū Qurrah declara la fe ortodoxa indicando *li-hāḏā al-Ibn al-azalī ba'da ta'annusihi ṭabī'atayn, ṭabī'ah Ilahiyyah wa-ṭabī'ah insiyyah* li'annahu *lam yazal Ilāhan fī-l-ṭabī'ah wa-ṣāra insānan fī-l-ṭabī'ah*[51], «para este Hijo eterno, tras su encarnación hay dos naturalezas, una naturaleza divina y una naturaleza humana, porque siendo Dios por naturaleza hízose humano por la naturaleza».

'Ayn / 'unṣur / yunbū'

Para expresar la naturaleza divina y que el Padre (*al-Āb*) es Principio, el texto utiliza la frase *huwa 'ayn jamī' al-Ilāhiyya wa-yunbū'uhā wa-'unṣuruhā* (238ᵛ), «Él es la esencia de toda la divinidad, su fuente y su elemento principal». La palabra *'ayn* ya es empleada por Ibn al-Muqaffa' (s. VIII) como sinónimo de *jawhar*, como lo indica al-Ḫawārizmī en su libro *al-Ḥudūd al-falsafiyyah* cuando afirma que *al-jawhar 'aynan*[52], «Abd Allāh ibn al-Muqaffa' llama a la sustancia *'ayn*, es decir la misma (esencia)». También coincide con Abū Rā'iṭah

[51] Bacha, *Mayāmir*, pp. 59, 60.
[52] al-A'sam, *La Términologie Philosophique*, p. 217.

al señalar que: *jawhar wāḥid aqānīm ṯalāṯah huwa bi-'aynihi fī jamī' ḏawātihi*[53], «una sola sustancia, tres hipóstasis, que son idénticas en toda su esencia».

En cuanto a los términos *'unṣur* y *yunbū'*, estos tienen significados similares relacionados con el concepto filosófico enunciado en *Kitāb al-milal wa-l-niḥal* de al-Shahrastānī, donde se expone la idea de Tales: *al-'unṣur al-awwal huwa qābil kul ṣūrah ay manbi' al-ṣuwar kulliha*[54], «la primera sustancia contiene toda forma, es decir la fuente de todas las formas». En ese mismo contexto, *'unṣur* coincide con la información que proporcionan las *Rasā'il al-Kindī al-Falsafiyya*: *li'anna kulla 'illah imma an takūna 'unṣuran, imma ṣūrah imma fā'ilah*[55], «porque toda causa, sea cual sea, es una sustancia, una forma o un agente». Por su parte, *yunbū'* es un término que refiere la esencia en la obra de 'Ammār al-Baṣrī: *yunbū' kulli ḥikmah*[56], «la fuente de toda sabiduría».

Ġayriyyāt / mutaġāyir

Se trata de un término que se aplica a las hipóstasis que son diversas: *ġayriyyāt ṯalāṯ* (238[v]), «tres alteridades». Relacionada con este término está la expresión *mutaġāyir al-quyūmāt* (237[r,v]), «hipóstasis distintas». Una explicación del término la tenemos en al-Kindī: *al-ġayriyyah hiya al-'āridah fī ḏāt wāḥidah ka-l-laḏī kāna ḥāran fa-ṣāra bāridan, fa-innahu 'aradat lahu ġayriyyah li-taġāyur aḥwālihi*[57], «la alteridad es la que surge en una única esencia como lo que era caliente y volvióse frío, ya que surgió una diferencia debido a la alteración de sus condiciones».

---

53 Keating, *Defending the 'People of Truth'*, p. 198.

54 William Cureton, *Kitāb al-milal wa-al-niḥal: Book of Religious and Philosophical Sects*, part II. Ed. Muhammad al-Shahrastānī (London: The Society for the Publication of Oriental Texts, 1846), p. 256.

55 Mohammad Abdul Hadi Abu Reida, *Rasā'il al-Kindī al-Falsafiyyah* (al-Qāhirah: Dar al-Fikr al-Arabi, 1950), p. 101.

56 Hayek (ed.), *'Ammār al-Baṣrī: Apologie et controverses*, p. 13.

57 al-A'sam, *La términologie philosophique*, p. 198.

Farz

Este término parte de la raíz *farz* para expresar la distinción, precisando la indivisibilidad de las dos naturalezas de Cristo, humana y divina: *lā yuftaraz aḥadu al-jawharayn* (238ᵛ), «ninguna de las dos sustancias está separada». El melkita Abū Qurrah recurre a un *maṣdar* de esta forma verbal al referirse a las dos naturalezas de Cristo: *lā yalḥaqu min tawahhum al-ṭabī'atayn wajhān mufrazān*[58], «las dos naturalezas [en Cristo] no necesariamente tienen dos partes separadas».

Farq

Como sucede en el caso anterior, *farq* y sus derivados aluden también a la idea de falta de diferenciación o inseparabilidad. El texto utiliza la expresión *lā nufarriq al-jawhar* (237ᵛ), «no separamos la esencia», que tiene su paralelo en las palabras de Abū Rā'iṭah, quien habla de *bi-ġayr tabāyun wa-lā iftirāq min jawharihā al-wāḥid*[59], «sin divergencia ni separación de su única sustancia». La misma raíz se emplea para expresar la inseparabilidad del Hijo con respecto al Padre, siendo uno en la sustancia. Así, tenemos los siguientes ejemplos: *fa-lam yufāriq al-Āb al-Ibn qaṭ wa-lā fāraqa al-Ibn al-Āb faqaṭ wa-lā al-Rūḥ al-Qudus* (236ᵛ), «así, el Padre en modo alguno se separa del Hijo, ni el Hijo se separa del Padre en absoluto, y tampoco se separa el Espíritu Santo»; *wa-lam yufāriq Ilāhiyyatihu allatī kāna fīha azaliyan ġayr mutajazzi' fī Ilāhiyyatihi* (239ʳ), «y no se separa de su divinidad, en la cual siempre es eterno, sin que se divida su divinidad». Todo ello coincide con lo que afirma 'Ammār al-Baṣrī: *lā farqa baynahu wa-bayna Abīhi*[60], «no hay diferencia entre él y su Padre».

Siguiendo con los términos que evidencian la unión del Hijo con la sustancia, nos encontramos con la expresión *ġayr mutaġayyir min ġayr mutaġayyir* (236ᵛ), «inmutable de inmutable», que concuerda con la afirmación de 'Ammār al-Baṣrī: *al-bunuwah al-muta'āliyah allatī hiya*

---

[58] Bacha, *Mayāmir Thāwdūrus Abī Qurrah*, p. 105.

[59] Keating, *Defending the 'People of Truth'*, p. 112.

[60] Hayek (ed.), *'Ammār al-Baṣrī: Apologie et controverses*, p. 245.

fī l-ḏāt lā tataġayyar wa-lā tantaqil wa-lā tabṭul[61], «la filiación elevada, que está en la esencia, no cambia, no se traslada, ni se invalida». En el texto también encontramos la expresión *bilā baynūnah wa-lā tajazzu'* (238v), «sin separación y sin división», que coincide con la idea expresada por Abū Rā'iṭah: *innahu kāmil ġayr mutajazzi'*[62], «Él es perfecto, sin cambio alguno». Este mismo sentido se advierte en las palabras de 'Ammār al-Baṣrī: *sāwāhu bi-nafsihi fī kulli al-umūr allatī sāwāhu fīhā falam yaj'al baynahu wa-bayna nafsihi faslan wa-lā baynūnah*[63], «lo hizo igual a sí mismo en todos los aspectos, sin establecer ninguna separación entre Él y su propia esencia, sin distinción alguna».

Fi'l / fā'il

Estos dos términos se utilizan respectivamente para expresar la acción (*fi'l*) y el agente (*fā'il*) de la sustancia divina: *al-ṯālūṯ jamī'an fā'il wāḥid wa-ḫāliq wāḥid wa-fi'l al-Ābi wa-l-Ibni wa-l-Rūḥ al-Qudus fi'l wāḥidan* (239r), «la Trinidad en su totalidad es un único agente, un único creador y una única acción del Padre, del Hijo y del Espíritu Santo». En el libro primero de *al-Qānūn al-Muqaddas*, al hablar del Hijo encontramos la siguiente afirmación: *wa-ḫāliqan wa-fā'il wa-Rabb ma'a al-Ābi wa-l-Rūḥ al-Qudus* (74r), «Creador, Hacedor y Señor junto al Padre y al Espíritu Santo», que asimismo coincide con al-Kindī, que atribuye el término *fā'il* a Dios: *al-'illatu al-ūlā allatī lā 'illat lahā al-fā'ilatu al-ūlā allatī lā fā'ila lahā al-mutammimatu al-ūlā allatī lā mutammima lahā*[64], «la primera causa que no tiene una causa, el primer Hacedor que no tiene hacedor, la primera perfección que no tiene perfección». Yaḥyā b. 'Adī equipara *fi'l* con *ḏāt*: *fi'luhu wa-ḏātuhu mawjūdayn ma'an*[65], «su acción y esencia existen juntas». En Abū Rā'iṭah leemos que el acto (*al-fi'l*) es uno en la creación y en la voluntad: *fa-in qālū fa-Abīnūnā anna fi'l ṯalāṯatihā wāḥidun huwa am kullu wāḥidin minha fi'lun ḫāṣṣ dūna*

[61] Hayek (ed.), *'Ammār al-Baṣrī: Apologie et controverses*, p. 58.
[62] Keating, *Defending the 'People of Truth'*, p. 112.
[63] Hayek (ed.), *'Ammār al-Baṣrī: Apologie et controverses*, p. 223.
[64] Abu Reida, *Rasā'il al-Kindī*, p. 80.
[65] Khalil, *Le traité de l'unité*, p. 249.

al-āḫar yuqāl lahum amā fī wajhi al-ḫalqah wa-l-mašī'ah fa kullumā kāna aw yakūn minhum fa-wāḥidan[66], «así que si dijeran: "Explicadnos si la acción de las tres es una sola, o si cada una de ellas tiene una acción específica con independencia de las otras", se les responderá: "En cuanto a términos de la creación y de la voluntad, todo lo que proceda de ellos es uno"».

Quyūmah / quyūmāt

El texto utiliza un término específico, *quyūmah* (pl. *quyūmāt*), para referirse a la hipóstasis, una forma nominal poco común que no se encuentra en otros textos conocidos. Este término se emplea en contextos teológicos, como por ejemplo en la expresión *quyūmāt ṯalāṯ* (238v), «tres hipóstasis». También tenemos la afirmación *laysa ḏāt al-ṯālūṯ quyūmah wāḥidah* (239r), «la esencia de la Trinidad no es una hipóstasis única» y *qā'im min ṯalāṭ quyūmāt* (267v), «consta de tres hipóstasis». Pero es interesante hacer notar que el término *quyūmah*, o su plural *quyūmāt*, también es utilizado en el texto de *al-Qānūn al-Muqaddas* en contextos no teológicos refiriéndose al concepto «persona»: *wa-inna aḥadan min atbā'ihi qabaḍa bi-ġayri ma'rifat al-usquf 'alā al-ašyā' allatī ḏakarnā šay'an min al-quyūmāt wa-kāna qassan fal-yuḥram al-qurbān ṯalāṯata ašhurin* (30r), «si uno de los seguidores del obispo recibe dinero de las personas para los sacramentos sin el conocimiento del obispo y es sacerdote, debe ser privado de la comunión durante tres meses». En otras ocasiones se refiere también a la persona del obispo: *risālat Irmišādah al-baṭriyārj ilā Abīfān usquf al-Qusṭanṭīniyya ya'muruhu an yaqūma maqāmahu wa-yalbas ḥurmata quyūmatihi fī-l-iḥtijāj 'alā al-ḫawārij* (82v), «carta del patriarca Hormisdas a Epifanio, obispo de Constantinopla, ordenándole que ocupara su lugar y vistiera la santidad de su persona para protestar contra los herejes». Y también *an taqūma maqāmana wa-taḥwī miṯāl quyūmina fī l-kūr al-ba'īdah* (84v, 222r), «ocupar nuestro lugar y mantener el ejemplo de nuestra persona en países lejanos».

---

[66] Keating, *Defending the 'People of Truth'*, p. 226.

El término *quyūmah* (pl. *quyūmāt*) no aparece, sino que es el resultado de la deformación del préstamo siriaco *qnomō* (pl. *qnomē*) de donde el árabe *q(a)nūm* (pl. *aqānīm* < griego ὑποστασις) al sustituir la *nūn* por una *yā'*[67]. Obviamente, la voz *quyūmah*, en su contexto latino adaptó su sentido al del contexto teológico católico, adoptando la noción de hipóstasis o persona divina, como también sucede en textos cristianos orientales, si bien también es utilizado con el sentido más general de «persona».

Por otro lado, la forma *uqnūm* aparece solo una vez en nuestro texto al hablar de la veneración del Hijo y del Espíritu Santo en el día de Pentecostés: *fa-lā farqa iḏan fī ta'zīm uqnūmayn lā iḫtilāf wa-lā tašwīh fī jawharayhimā al-wāḥid* (266[r]), «no hay diferencia al glorificar estas dos hipóstasis, como no hay diferencia ni cambio en su única esencia».

Una sola vez aparece también la forma *uquyūmah*, en concreto en el libro cuarto cuando se nos habla en el texto de las acciones humanas y divinas del Cristo: *uquyūmah wāḥidah bi-'aynihā wa-šaḫṣihā* (265[r]), «una sola hipóstasis idéntica en su persona».

En resumen, el uso de *quyūmah* o *quyūmāt* refiere el concepto de hipóstasis, concretamente en contextos trinitarios. El término, en singular, se utiliza para describir las tres hipóstasis o personas divinas. Además, se utiliza de manera más amplia, incluso fuera del ámbito teológico, para hacer referencia al concepto de «persona» (*šaḫṣ*). En las obras de Abū Rā'iṭah hallamos el termino *qiwām ḏāt* «la subsistencia de la esencia», para referirse a las hipóstasis[68], e.g. *mutamayyizah li-mīzat qiwām ḏāt kulli waḥidin minhā*[69], «particular en función de la subsistencia de la esencia de cada una de ellas».

Bilā kayf

Esta expresión es utilizada en contextos cristológicos, donde describe el nacimiento de Cristo, por ejemplo, en la frase: *wa-ḏālika*

[67] Debo esta sugerencia a Juan Pedro Monferrer-Sala.

[68] Cf. Rachid Haddad, *La Trinité divine chez les théologiens arabes, 750-1050* (Paris: Beauchesne, 1985), p. 177.

[69] Keating, *Defending the 'People of Truth'*, p. 200.

al-wilād huwa wilād ġayr mutawaham wa-lā maḫlūq, wa-lākinahu bilā kayf (238v), «y ese nacimiento es un nacimiento que no es imaginado ni creado, sino que es sin cómo». Esta expresión coincide con las ideas de al-Ash'arī en el medio islámico, en concreto cuando dice: *wajhon bilā kayf wa-yadān wa-'aynān bilā kayf*[70], «un rostro sin cómo, manos y ojos sin cómo».

Muḥbasah / muṭlaqah

Dos términos utilizados en el texto para describir las hipóstasis, tanto en su interrelación mutua e independiente como en su vinculación con la sustancia, en la frase: *wa-hunna quyūmāt lā ṣaġīrah fī-l-ajzā' al-farīdāt wa-lā kabīrah fī-l-ašyā' al-kulliyyah al-majmū'ah al-muḥbasah al-muṭlaqah* (238v) «y son hipóstasis que no son pequeñas en las partes individuales ni grandes en las cosas generales cerradas y liberadas». De hecho, encontramos que Abū Rā'iṭah utiliza términos sinónimos como *mu'taqal ma'sūrah mursalah*, que se traducen como «cerrada restringida, unida, absoluta» para expresar que las hipóstasis se encuentran cerradas en las propriedades de cada una, *e.g. ṣāra kull wāḥid minhā qanūman kāmilan mu'taqalan bi-ḫāṣṣiyyatihi*[71], «cada una de ellas es una hipóstasis completa, restringida en su propriedad». En otros pasajes Abū Rā'iṭah usa el mismo concepto para indicar que las hipóstasis están cerradas en la unicidad de la sustancia: *aqānīm ṯalāṯah ma'sūrah li-ittifāq jawharihā wa-mutabāyinah li-ḥāl qiwām ḏāt kulli waḥidin minhā*[72], «tres hipóstasis unidas en la coincidencia de su sustancia y separadas en la subsistencia de la esencia de cada una de ellas». En otra parte se menciona que está atada (*ma'sūrah*), lo que significa que se ha sumado a otras hipóstasis: *wa-ammā al-ma'sūrah al-mansūbah al-muḍāfah ilā ġayrihā ka-ḥay wa-'ālim wa-ḥakīm*[73], «en cuanto a la unida, atribuida, sumada a otras, como el Vivo, el Conocedor y el Sabio».

---

[70] Mohammad Abdel Hamid, *Maqālāt al-islāmiyyīn wa-iḫtilāf al-muṣallīn* (Beirut: al-Maktabah al-'Aṣriyyah, 1990), vol. I, p. 290.

[71] Keating, *Defending the 'People of Truth'*, p. 188.

[72] Keating, *Defending the 'People of Truth'*, p. 194.

[73] Keating, *Defending the 'People of Truth'*, p. 180.

Con relación al término *muṭlaqah* en Abū Rā'iṭah, podemos entender el concepto al asociarlo con el sinónimo *mursalah*, indicando así que las hipóstasis absolutas (*mursalah*) son aquellas que no se combinan con otras: *fa-l-mursalah ka-qawl al-qā'il arḍ wa-samā' wa-nār wa-kullumā kāna mimmā qīla šabīhan bimā lā yuḍāfu ilā ġayrihi*[74], «las absolutas son aquellas como cuando se dice tierra, cielo, y fuego, y todo lo que es similar a lo que no puede ser añadido a nada más».

Mušār ilayhi

Expresión utilizada como sinónimo de la sustancia divina, similar a lo que hemos observado en el discurso de al-Fārābī sobre el término *jawhar*[75]. El texto enfatiza que Cristo, al ser *al-mušār ilayhi*, comparte la misma sustancia con el Padre y el Espíritu Santo, a pesar de tener dos naturalezas, humana y divina, que están unidas en su persona, *lā yuftaraz aḥad al-jawharayn 'inda al-qaṣd wa-l-i'timād wa-l-murād al-mušār ilayhi wa-l-manẓūr naḥwahu fa-l-Ibn muftaraz min al-Āb wa-l-Rūḥ al-Qudus bilā inḥizāl wa-lā inqitā' min al-jawhar* (238[v], 239[r]), «ninguna de las dos sustancias de la intención, lo deseado, a lo que se hace referencia, y lo anhelado que se separa, ya que el Hijo salió del Padre y del Espíritu Santo, sin división ni distinción de la sustancia».

Maqṣūd

Para expresar las hipóstasis, se emplea el término *maqsūd* como sinónimo de *quyūmah*: *inna al-Masīḥ jawhar lāhūt wa-nāsūt ṣārā ma'an quyūmah wāḥidah maqṣūdan wāḥidan* (238[v]) «en verdad, el Cristo es una esencia divina y humana, parte de una única hipóstasis, un único propósito». Y también *laysa ḏāt al-ṯālūṯ quyūmah wāḥidah wa-lā maqṣūdan wāḥidan* (239[r]), «la esencia de la Trinidad no es una única hipóstasis, ni una única intención». Al-Fārābī utiliza este término en su discurso sobre la sustitución de la cosa por el nombre específico:

---

[74] Keating, *Defending the 'People of Truth'*, p. 176.

[75] Mahdi (ed.), *Alfarabi's Book of Letters*, pp. 100-101; y p. 63.

fa-qāma ism al-kullī maqāmah al-kullī wa-aqamnā al-kullī maqāmah al-amr al-maqṣūd[76], «el nombre del todo toma el lugar del todo y colocamos el todo universal en el lugar de la intención».

Huwiyyah

Aparece en expresiones como *al-quyūmāt al-ṯalāṯ jawharah wāḥidah huwiyyah wāḥidah* (238v), es decir: «las tres hipóstasis son una sustancia única, identidad única»; y también en *ṯalāṯ quyūmāt wa-huwiyyah* (267v), «tres hipóstasis y una identidad». De acuerdo con al-Fārābī, esta voz deriva de *huwa* y en este contexto *huwiyyah* es utilizado como sustituto de *al-wujūd*, que refiere la existencia[77].

Waḥdāniyyah

Se emplea en el texto para expresar la naturaleza de Dios, como se advierte en ejemplos como *Allāh wāḥid waḥdāniyah wāḥidah* (237v), «Dios es uno, unicidad una». También es utilizado como adjetivo de «sustancia» en *waḥdāniyyah al-jawhar al-wāḥid* (267v), «la unicidad de la sustancia única». También en el libro primero de los cánones aparece como adjetivo de la esencia divina: *wa-naḥnu muqirrūn bi-l-taṯlīṯ wa-waḥdāniyyah ḏāt wāḥidah* (83v), «y nosotros reconocemos la Trinidad y la Unicidad de una única esencia». Tal uso coincide con el que hace Yaḥyā b. 'Adī, quien lo utiliza para describir la naturaleza de la esencia: *al-waḥdāniyah bil-ḏāt*[78], «la unicidad en la esencia». También se encuentra en las obras de Abū Rā'iṭah, que considera la unicidad como una propiedad de Dios: *Allāhu yuṣafu ma'a waḥdāniyhah bi-l-taṯlīṯ*[79], «Dios es descrito como una unidad en la Trinidad».

Además, el término *waḥdāniyyah* es utilizado para expresar la unicidad de la persona de Cristo, no la unicidad de la encarnación con la sustancia divina: *v.gr. inna al-Ibna waḥdahu ittaḥaḏa sūrata al-insān*

[76] Mahdi (ed.), *Alfarabi's Utterances*, p. 90.
[77] Mahdi (ed.), *Alfarabi's Book of Letters*, pp. 112-116.
[78] Khalil, *Le traité de l'unité*, p. 231.
[79] Keating, *Defending the 'People of Truth'*, p. 170.

al-ma'ḫūḏ al-maḫlūq bi waḥdāniyyah al-quyūmah wa-laysa bi-waḥdāniyyah al-lāhūt wa-tilka ḫāṣṣat al-bunūwah (239r)[80]. 'Ammār al-Baṣrī, que hace uso de este concepto en el mismo contexto, habla de las implicaciones de la encarnación de Cristo y su humanidad en: *laysa min qibal ḥulūl al-lāhūt fī-l-nāsūt qāmat waḥdāniyyat al-Masīḥ wa-waḥdāniyyat bunūwatihi, bal min qibali iḫtiṣāṣ al-Ibn ḫāṣṣatan al-nāsūt bi-l-tajassud wa-l-tawḥīd min baynihimā*[81], «no fue mediante la incorporación de la divinidad a la humanidad como se estableció la unicidad de Cristo y de su filiación, sino más bien desde la particularidad del Hijo, que es la humanidad, en la encarnación y la unidad de ambas».

III. CONCLUSIÓN

El análisis precedente de la terminología teológica de corte racionalista utilizado por el traductor de *al-Qānūn al-Muqaddas* en el libro IV revela una riqueza y diversidad resultante de una rica interacción cultural, lingüística, filosófica y teológica fruto de la relación entre intelectuales cristianos, judíos y musulmanes. Fruto de lo anterior es el vocabulario, que como se advierte ya estaba totalmente sistematizado entre los cristianos andalusíes cuando fue traducido *al-Qānūn al-Muqaddas*.

Es obvia la influencia del *kalām* oriental, que bien a través de autores cristianos o musulmanes orientales influyó en el texto. Las técnicas expositivas propias de la argumentación de los géneros polemista y apologético, en muchos casos como respuesta a las críticas de «los herejes» (*al-ḫawārij*) puede ser un indicio de la influencia de intelectuales cristianos orientales como el nestoriano 'Ammār al-Baṣrī o el sirio ortodoxo Abū Rā'iṭah al-Takrītī. Con todo, es importante tener en consideración que el texto no solo buscaba expresar la fe, sino además responder y atacar a otros grupos religiosos, grupos heréticos, pero también a musulmanes y judíos, afirmándose de este modo frente a sus creencias.

El texto, así pues, es eminentemente cristológico; tema motivo de encendidas controversias entre los cristianos, tanto a nivel interno como

[80] Cf. la traducción de esta frase en el término *iḍāfah*.

[81] Hayek (ed.), *'Ammār al-Baṣrī: Apologie et controverses*, p. 202.

frente a otras comunidades cristianas. No en vano el texto no deja de repetir y enfatizar la encarnación de Cristo en el cuerpo, siendo esta una encarnación de la filiación y por ello sin estar conectada totalmente con la sustancia divina ni con la Trinidad y las demás hipóstasis, sino únicamente con la segunda hipóstasis, que es el Hijo, refiriéndose así a la filiación.

La importancia teológica de los textos, de los *Symbola* en concreto, que incluye el libro IV, es evidente, demostrando con ello la transmisión de la fe cristiana por medio de un léxico árabe andalusí que hunde sus raíces en los concilios ecuménicos para desembocar en los concilios hispanos de Toledo. Estos textos no solo son traducciones, sino que también incorporan exposiciones y argumentaciones teológicas de calado en línea con el dogma católico, pero enmarcado en un contexto racionalista gracias a un nutrido vocabulario cuidadosamente seleccionado procedente de autores orientales.

PARTE II

La *Mustaḫrajah* de al-ʻUtbī como fuente para la historia social de al-Andalus: notas histórico-religiosas

Simone Petrillo
Roma

I. Tradicionalismo y racionalismo: definición léxica vs. definición estipulativa

Los conceptos «tradición» y «racionalismo», aplicados a textos religiosos andalusíes, poseen un interesante potencial analítico, pues la coordinación de ambos (tradición y racionalismo) conlleva una evidencialidad propia. De hecho, estas dos conceptualizaciones delinean la estructura fundamental de los estudios histórico-religiosos, al tiempo que refieren la «relación tensa» que se da entre el objeto y el método de estudio en la disciplina conocida como la «Historia de las religiones». En el contexto de este coloquio y en virtud del tema propuesto, parecía apropiado reflexionar teóricamente sobre la relación que existe entre estos dos conceptos, al tiempo que definir, siquiera de forma preliminar, la importancia que se atribuye a los dos antes de analizar el caso específico de un texto religioso andalusí, en este caso la *Mustaḫrajah* de al-ʻUtbī.

La discusión sobre la tradición y el racionalismo dentro de los *religious studies* se origina a partir de un análisis crítico de las ideas fundamentales de estos dos conceptos desde una perspectiva metodológica. La ubicación intencional de estos términos, especialmente en el examen de textos religiosos, es una decisión deliberada más que un juego aleatorio, mostrando un intento tendente a resaltar un tema clave en este ámbito de estudios. Para comprender a fondo este problema es imperativo adentrarse en la premisa de que el concepto de tradición, en su forma singular, trasciende la mera transmisión a lo largo de las generaciones y está estrechamente relacionada con las acciones humanas, las estructuras de poder y los entornos sociopolíticos, en lugar de ser fija e inmutable; encarna el resultado de un discurso político deliberado dentro de un medio social distintivo con el objetivo de establecer y fomentar la adhesión a esta tradición, un fenómeno a menudo calificado como «tradicionalismo»[1]. Por el contrario, el término «racionalismo» denota el esfuerzo por explicar la tradición mediante marcos racionales, elucidándola a través del razonamiento humano y la lógica[2].

Si bien el tradicionalismo y el racionalismo pueden parecer inicialmente como construcciones antagónicas en el contexto de la «Historia de las religiones», en realidad podrían operar sinérgicamente, como veremos en la siguiente sección. Navegar dentro de esta tensión requiere una comprensión matizada de la dinámica de la «creación de tradiciones» y las complejidades de la narración historiográfica de los objetos religiosos.

Las llamadas «religiones reveladas» tienen su origen en eventos históricos fundamentales que experimentan una constante evolución,

---

[1] Según este marco y el sentido común, el tradicionalismo está estrechamente relacionado con el hecho religioso, compartiendo sus fines y medios, hasta identificarse tales veces con la acción de perpetuar una determinada religión.

[2] El «racionalismo», según las definiciones propuestas por los principales diccionarios inglés (*Oxford English Dictionary*), español (*Real Academia Española*) e italiano (*Treccani*), abarca varios aspectos clave que merece la pena destacar aquí: en teología, denota tratar la razón como la autoridad última en religión o explicar los eventos sobrenaturales de manera racional; en filosofía, aboga por que la razón sea el único principio rector, descartando la creencia religiosa, y enfatiza el papel de la razón en la adquisición de conocimiento, a menudo contrastando con el empirismo. Notablemente, pero la definición del diccionario de la Real Académica Española especifica que el racionalismo puede ser también un «[s]istema filosófico que funda sobre la sola razón las creencias religiosas», es decir, aquel esquema interpretativo particular del tradicionalismo religioso sobre lo que voy a reflexionar a lo largo de este artículo.

facilitando la reinterpretación de la historia basada en eventos fundacionales específicos. El cristianismo es un buen ejemplo de este fenómeno. La figura histórica de Jesús asume un papel crucial en la remodelación de la trayectoria de la comunidad cristiana y proporciona una lente interpretativa de la realidad. Dentro del marco cristiano, la tradición (gr. *parádosis*) sirve como un instrumento epistemológico racional congruente con la perspectiva historiográfica cristiana. Serge Gruzinski destaca acertadamente el profundo impacto del cristianismo en la conceptualización y práctica de la historia, aunque reconociendo su no exclusividad[3]. De hecho, la historia emerge como un instrumento central dentro de la tradición islámica también, notablemente a través de la construcción de *al-sīrah al-nabawiyyah*, indispensable para descifrar las complejidades multifacéticas de los hadices.

Si examinamos brevemente las *Theses on Method* de Bruce Lincoln, es posible entender claramente por qué sostengo que la interrelación entre el tradicionalismo y el racionalismo representa un problema central de los estudios religiosos:

> (1) La conjunción *de*, que une los dos sustantivos en el etnónimo disciplinar «Historia de las religiones» no es un mero conector neutro. Más bien, anuncia una reivindicación de propiedad y una relación de inclusión: la historia es el método y la religión el objeto de estudio. (2) La relación entre los dos sustantivos también es forzada, como se hace evidente si nos tomamos la molestia de precisar su significado.
>
> La religión, sostengo, es aquel discurso cuya característica principal es su deseo de hablar de cosas eternas y trascendentes, definiendo una autoridad igualmente trascendente y eterna. *La historia, en el más marcado*

[3] Serge Gruzinski, *La macchina del tempo. Quando l'Europa ha iniziato a scrivere la storia del mondo*. Trad. Maria Matilde Benzoni (Milano: Raffaello Cortina Editore 2018), quien explica claramente cómo la «máquina del tiempo» cristiana/europea, es decir la Historia como disciplina académica, que interpreta la realidad y los eventos históricos, se ha establecido con éxito en todo el mundo y ha remodelado las historias locales fuera de la perspectiva cristiana. Sobre la perspectiva cristiana en general sobre el tiempo y la historia, véase el seminal Oscar Cullmann, *Cristo e il tempo. La concezione del tempo e della storia nel cristianesimo primitivo* (Bologna: il Mulino, 1965).

contraste posible, es aquel discurso que habla de cosas temporales y terrenales con una voz humana y falible, mientras reclama su autoridad en virtud de una rigurosa práctica crítica [cursiva mía][4].

La tesis número 2 aclara por qué la relación entre religiones e historia es «tensa» al proponer una definición de estos dos términos. Según Lincoln, la religión es aquel discurso que tiene como objetivo hablar sobre cosas que no cambian con el tiempo (como supuestamente la «tradición» para los tradicionistas), mientras que la historia es aquel discurso que tiene como objetivo hablar sobre cosas humanas y cambiantes en una «human and fallible voice». En este sentido, la historia como enfoque metodológico parecería especialmente cercana al racionalismo; sin embargo, la primera se distingue de la segunda por «staking its claim to authority on rigorous critical practice». Esta práctica crítica rigurosa implica, más que simplemente formular explicaciones racionales para sujetos históricos, abrazar sistemáticamente una hermenéutica de la sospecha, entendida como el rechazo activo para aceptar pasivamente la información obtenida de fuentes como realidad sin la posibilidad de corroboración externa. Este enfoque enfatiza la importancia de interrogar la fiabilidad y veracidad de las fuentes históricas, reconociendo que las narrativas históricas pueden ser moldeadas por sesgos, agendas y limitaciones inherentes a las propias fuentes.

Por el contrario, el racionalismo, entendido como el esfuerzo humano por proporcionar explicaciones racionales para la formación de la tradición, o el discurso religioso en general, no es suficiente por sí solo para formular un discurso histórico-crítico sobre la tradición. El racionalismo puede ser, de hecho, inherente al propio discurso religioso tradicionalista, sirviendo como su fundamento; un ejemplo de esto puede ser el evemerismo (siglos IV-III a. C.) que postula que los relatos mitológicos de la religión clásica se basan en eventos o figuras históricas reales. Dicho esto, queda claro cómo el racionalismo podría ser un instrumento interno dentro del propio tradicionalismo religioso. Un instrumento

[4] Bruce Lincoln, «Theses on Method», *Method & Theory in the Study of Religion*, 8, 3 (1996), pp. 225-227 (traducción mía).

diseñado para reforzar la autoridad de una tradición religiosa específica y no para deconstruirla, como es el caso del método histórico-crítico.

II. La *Mustaḫrajah* de al-ʿUtbī: un caso de tradicionalismo racionalizado

Las consideraciones presentadas hasta ahora en niveles metodológicos eminentemente abstractos encuentran su demostración empírica en un caso específico: el recurso a las obras de jurisprudencia islámica, específicamente la *ʿUtbiyyah*, como fuentes para la reconstrucción de la historia social de al-Andalus. No es pertinente aquí, ni es mi intención, trazar los pasos en la formulación de la idea de la «España de las tres culturas», para lo cual remito a otros estudios[5]. Basta con enfatizar que el estudio de la sociedad andalusí es un tema bien establecido en la investigación española, así como, en menor medida, más allá de España. La noción de una sociedad tripartita, compuesta por tres culturas y/o identidades (cristiana, islámica y judía), está firmemente arraigada en los productos de la investigación histórica sobre al-Andalus. Sin embargo, este marco interpretativo, a pesar de las orientaciones político-ideológicas subyacentes en diferentes posiciones académicas, podría ser engañoso si no se reconoce su estatus como una construcción, no solo por parte de los académicos modernos, sino también por ciertos actores históricos específicos de la historia andalusí, que a menudo pertenecen a grupos

[5] En las corrientes historiográficas españolas sobre al-Andalus, la literatura académica es particularmente abundante. Véanse, sin embargo, especialmente los trabajos de Alejandro García Sanjuán, quien se ha dedicado al tema en varias ocasiones, en particular «Writing the History of Al-Andalus. Spain and the West», en Maribel Fierro (ed.), *The Routledge Handbook of Muslim Iberia* (London-New York: Routledge, 2020), pp. 620-637. Véase también Pablo Bornstein, *Reclaiming Al-Andalus. Orientalist Scholarship and Spanish Nationalism, 1875-1919* (Portland: Sussex Academic Press, 2020). Para la historiografía sobre al-Andalus en francés véase Gabriel Martínez-Gros, «De Reinhart Dozy à Èvariste Lévi-Provençal ou de l'ère des révolutions à celle de l'islamologie», en Manuela Marín (ed.), *Al-Andalus/España. Historiografías en contraste* (Madrid: Casa de Velázquez, 2009), pp. 51-65; y el clásico Pierre Guichard, *Al-Andalus: Estructura antropológica de una sociedad islámica en Occidente* (Barcelona: Barral, 1976). Para el contexto italiano véase Alessandro Vanoli, *La Spagna delle tre culture. Ebrei, cristiani e musulmani tra storia e mito* (Roma: Viella, 2006).

sociales bien definidos e internamente cohesivos. Esto implica que la «España de las tres culturas» es un producto literario *lato sensu* más que histórico *stricto sensu*; por lo tanto, debe ser tratado con particular precaución al interpretar la historia social de la sociedad andalusí.

La *Mustaḫrajah* de al-ʻUtbī (también conocida como *ʻUtbiyyah*) se erige como un caso emblemático de estudio en este tema. La fue analizada magistralmente por Ana Fernández Félix en un volumen publicado en 2003 con el título *Cuestiones legales del Islam temprano*[6]. El trabajo tiene dos objetivos: el primero es estudiar la figura de al-ʻUtbī (biografía, formación educativa, maestros, discípulos, etc.), su actividad como *faqīh* y su obra principal, la *Mustaḫrajah* (composición, tradición manuscrita, estructura de la obra, género literario, etc.); el segundo objetivo es investigar el proceso de formación de la sociedad andalusí, es decir, los tipos de relaciones establecidas por los musulmanes con cristianos y judíos a través del análisis de aquellas partes (de hecho muy pocas) de la *ʻUtbiyyah* que tratan explícitamente de los ḏimmíes, cristianos y judíos. Este segundo objetivo, claramente expresado por el subtítulo del volumen (*La ʻUtbiyya y el proceso de formación de la sociedad islámica andalusí*) es central para entender y estructurar el marco histórico dentro del cual se enmarca la *Mustaḫrajah*. Así, pues, nos encontramos en esta parte del volumen con un estudio que es explícitamente histórico y especialmente atento a la dimensión social, en lugar de optar por un estudio filológico-literario. Esta distinción es de gran importancia, ya que la validez de las obras de *fiqh* como fuentes para la investigación histórica ha sido durante mucho tiempo incierta y objeto de debate. La investigadora es consciente de esto cuando menciona el comentario de Carlo Alfonso Nallino a principios del siglo XX, quien se ocupó del manuscrito que contiene el *Kitāb al-bayān* de Ibn Rušd, que transmite la recensión de la obra de al-ʻUtbī.

Vale la pena dejar constancia del mismo con la siguiente cita:

> En los tratados de derecho encontramos sobre todo una construcción

[6] Ana Fernández Félix, *Cuestiones legales del Islam temprano. La* ʻUtbiyya *y el proceso de formación de la sociedad islámica andalusí* (Madrid: CSIC, 2003).

> teórica ideal elaborada por los juristas, que se perpetúa en fórmulas a menudo estereotipadas y que en más de una ocasión se aleja de la realidad de la vida. En obras como las de Ibn Rushd, en cambio, encontramos una serie de casos, en su mayoría extraídos de las necesidades cotidianas, los cuales son los únicos que pueden revelarnos la gran capacidad de adaptación del derecho musulmán y la forma en que se desarrolla, en relación con las necesidades políticas y sociales de los distintos países islámicos y de las diferentes épocas[7].

Es probable que Nallino siguiera, aunque adaptándolo al contexto más específico del *fiqh*, la posición de Goldziher respecto a la fiabilidad de los hadices en la reconstrucción de la historia islámica[8]. Nallino destaca cómo la obra de Ibn Rušd al-Jadd (450-520 AH/1058-1126 d. C.) representa una excepción a la mayoría de las obras de *fiqh* que la precedieron: la actividad exegética sobre la *Mustaḫrajah* de al-ʻUtbī, las dificultades planteadas por algunas de sus afirmaciones subrayan las demandas jurídicas experimentadas por Ibn Rušd. En este sentido, el *Kitāb al-bayān* emerge como una obra valiosa para la reconstrucción de la historia social andalusí de los siglos XI-XII. Sin embargo, es este un caso aislado; de hecho, Nallino es categórico al juzgar que las obras de *fiqh* son históricamente poco fiables: «En los tratados de derecho tenemos, sobre todo, una construcción teórica ideal de los juristas, que se perpetúa en fórmulas a menudo estereotipadas y que más de una vez se aleja de la realidad de la vida». Es justo con respecto a esta posición, y en contra de ella, por lo que Fernández Félix adopta una postura opuesta a la de Nallino:

> Hay que tener en cuenta, además, que cualquiera de estos juristas procede de una sociedad concreta, y como individuo perteneciente a ella, las cuestiones que está planteando a cualquiera de sus maestros surgen dentro de ese marco. El hecho de que, como ocurre en algunos casos, pueda

---

[7] Carlo Alfonso Nallino, «Intorno al *Kitāb al-Bayān* del giurista Ibn Rushd», en *Homenaje a D. Francisco Codera en su jubilación del profesorado: Estudios de erudición oriental con una introducción de D. Eduardo Saavedra* (Zaragoza: Mariano Escar Tipógrafo, 1904), pp. 67-77: 76-77 (Traducción mía).

[8] Ignaz Goldziher, *Muhammedanische Studien* (Halle: Niemeyer 1889).

resultar evidente que esas preguntas estén reflejando casos hipotéticos, no resta validez a su utilización como fuente para estudiar la sociedad de la que proceden, ya que muestra las inquietudes de unos individuos que pertenecen a una sociedad sobre el funcionamiento de ésta. Si, como ocurre con los andalusíes cuyos *samā's* aparecen en esta obra, conocemos, además, la influencia y poder en la vida social y política andalusí que tuvieron algunos de ellos, como Yaḥyà b. Yaḥyà, no podemos evitar pensar que intentarían hacer que las opiniones formuladas por ellos fuesen aplicadas en la realidad[9].

El argumento propuesto por Fernández Félix es el siguiente: que los juristas andalusíes son individuos que reflejan la sociedad a la que pertenecen, formulan preguntas y buscan respuestas a problemas contemporáneos, y que muchos de ellos, como Yaḥyā b. Yaḥyā (fallecido en 234 AH / 848 d. C.), tenían el poder para incorporar sus ideas; sin embargo, esto no implica *sic et simpliciter* que las obras de *fiqh* puedan ser utilizadas como fuentes válidas para reconstruir la sociedad andalusí en su totalidad. Queda una cuestión fundamental: la «España de las tres culturas», la sociedad andalusí tripartita formada por cristianos, musulmanes y judíos, es una narrativa reiterada a lo largo del tiempo y ciertamente consolidada, pero como narrativa, debe ser historizada para evitar que se convierta en un mito en el que se crea *a priori*[10]; en otras palabras, es

[9] Fernández Félix, *Cuestiones legales del Islam temprano*, p. 413.

[10] Los investigadores han articulado a lo largo del tiempo la categoría histórico-religiosa de «mito» de varias maneras complejas. Para obtener una visión general de las diferentes interpretaciones del mito en el siglo XX, véase Giovanni Leghissa y Enrico Manera (eds.), *Filosofie del mito nel Novecento* (Roma: Carocci 2015), que también proporciona al lector las referencias bibliográficas fundamentales. En este contexto, abordé la teoría de Peppino Ortoleva sobre el mito, que categoriza los mitos en tipos de «alta intensidad» y «baja intensidad» (Peppino Ortoleva, *Miti a bassa intensità: Racconti, media, vita quotidiana* [Torino: Einaudi, 2019]). La distinción entre mito de alta intensidad y mito de baja intensidad se basa principalmente en el marco temporal. El primero se sitúa en un tiempo y un mundo diferentes al que habita quien lo escucha, a menudo centrándose en los orígenes del mundo, como los mitos clásicos griegos, cf. Angelo Brelich, *Introduzione alla storia delle religioni* (Roma: Edizioni dell'Ateneo, 1965), pp. 6-30 y Maria Grazia Lancellotti (ed.), *Come funzionano i miti. L'universo mitologico di una cultura melanesiana* (Bari: Edizioni Dedalo 2003). En contraste, los mitos de baja intensidad se sitúan en el tiempo y el mundo presentes,

de gran importancia entender si la imagen de una sociedad fundada en la distinción de identidades religiosas (que se puede discernir dentro de obras como la *Mustaḫrajah*) es un producto de la literatura jurisprudencial islámica, es decir, una propuesta política de un grupo social particular (los *fuqahā'*), o bien no. Por fuerza, está dentro de nuestra obligación como investigadores buscar las respuestas a esta pregunta. Aplicar un método histórico-crítico riguroso, es decir, rechazar cualquier *argumentum ab auctoritate* mediante el empleo sistemático de una hermenéutica de la sospecha, nos permite plantear las preguntas «correctas» a las fuentes y así abrir nuevos y fructíferos caminos de investigación. Consideremos un caso específico tomado del Apéndice C del estudio de Fernández Félix, que recopila textos de *samā'* donde se menciona directamente al otro, cristiano o judío.

> Dijo Mālik: lo que sacrifican la gente del Libro para sus fiestas y sus templos, preparándolo [para su consume], no me agrada que se coma (*lā uḥibbu akla-hu*), aunque opino que no está prohibido. // Dijo Ibn al-Qāsim: no me gusta que se coma (*lā yu'ŷibu-nī akla-hu*). // Dijo *'Īsà*: no creo que haya ningún problema en hacerlo (*lā ba's bi-hi*). // (Dijo) Saḥnūn: todo lo que ellos sacrifican para sus fiestas no es lícito comerlo (*lā yaḥillu*

integrados en el contexto histórico. El concepto de mitos de baja intensidad de Ortoleva, originalmente diseñado para examinar obras culturales de masas como novelas, películas y programas de televisión, refleja en última instancia una cualidad humana universal que influye en todas las formas de creación humana. La ciencia y la historia, disciplinas académicas que deberían ser más conscientes de las limitaciones de la narración humana de eventos históricos, no están exentas de crear mitos menores, «[l]a scienza produce miti almeno quanti ne dissipa» (Ortoleva, *Miti a bassa intensità*, p. x.). Esto sucede, según Ortoleva, porque «[i] miti a bassa intensità [...] vengono interiorizzati da milioni di persone non attraverso la solennità del rito bensì attraverso la ripetizione spesso inconsapevole degli atti di consumo» (p. XVIII), y entre estos actos de consumo es posible incluir la historiografía. En este marco, es esencial recurrir y volver a una aplicación estricta del método histórico-crítico, que es el único medio del que disponemos hasta la fecha para frenar la tendencia humana a mitologizar nuestras narrativas («Dire che la bassa intensità va letta in prospettiva storica significa [...] evitare una rappresentazione totalizzante ed eccessivamente lineare o univoca» [p. XIX]).

akla-hu), pero lo que sacrifican para ellos mismo, no hay ningún problema en consumirlo (*fa-lā ba's bi-hi*)[11].

Le pregunté ['Abd al-Mālik b. al-Hasan a Ibn Wahb] sobre lo que sacrifican para las Iglesias. Contestó [Ibn Wahb]: no hay problema en comerlo (*lā ba's bi-akli-hi*)[12].

Se le preguntó a Mālik acerca de comprar el animal que ha sacrificado el cristiano, cuando se sabe que su propósito es el de degollarlo para sus fiestas en las Iglesias. Lo que consideró reprobable[13].

Estos tres textos de *samā'* plantean una cuestión social muy concreta: ¿es permisible para un musulmán (es decir, ese individuo abstracto cuyo comportamiento refleja lo descrito en las obras de *fiqh*) consumir alimentos sacrificados por no musulmanes? Tanto la forma en que se plantea la pregunta como las respuestas proporcionadas por los principales eruditos malikíes difieren entre sí; sin embargo, al dialogar con estas cuestiones jurídicas, es posible hacer hipótesis sobre la identidad de estos no musulmanes. Excluyendo el primer caso donde hay una definición genérica de «gente del Libro» (*ahl al-Kitāb*), comúnmente entendida como un término colectivo para cristianos y judíos, los otros dos casos identifican claramente a los individuos, es decir, los cristianos y el contexto espaciotemporal dentro del cual ocurren los sacrificios de animales, es decir, las iglesias y festividades religiosas. Pero ¿los cristianos realmente participaron en sacrificios de animales en el contexto de festividades religiosas y/o en iglesias?

Emplear una metodología histórico-crítica rigurosa para examinar estas cuestiones jurídicas requiere una investigación exhaustiva sobre la presencia o ausencia de corroboración externa con respecto a la práctica de los cristianos de sacrificar animales. Descuidar la realización de tal escrutinio podría potencialmente contribuir a la perpetuación de la narrativa formulada por el grupo social responsable de estos textos, es decir los *fuqahā'* malikíes.

---

[11] Fernández Félix, *Cuestiones legales del Islam temprano,* p. 447 (Apéndice C, n. 60).

[12] Fernández Félix, *Cuestiones legales del Islam temprano,* p. 448 (Apéndice C, n. 73).

[13] Fernández Félix, *Cuestiones legales del Islam temprano,* p. 448 (Apéndice C, n. 62).

Explorar este enfoque nos permite determinar si las compilaciones de *samā'* están conectadas con la realidad geográfica. En el *maḏhab* malikí la información se transmitía a través de sesiones de «audición» durante las cuales se presentaban asuntos legales a Mālik (93-179 AH / 711-795 EC), el fundador de la escuela, y eran discutidos por sus discípulos y luego entre los discípulos de sus discípulos[14]. Aunque la obra de Mālik, el *Muwaṭṭa'*, no menciona los sacrificios de animales cristianos, es razonable creer que pudo haber sido preguntado al respecto, dado que hay instancias de sacrificios de animales cristianos en tradiciones cristianas locales específicas, aunque la literatura cristiana clásica en griego y latín claramente denuncia estas prácticas como paganas (y esto confirma en cierto modo la «veracidad» de la tradición jurisprudencial)[15]. La tradición cristiana armenia, por ejemplo, es un ejemplar prominente del mantenimiento y reelaboración de las prácticas de sacrificio animal previas dentro del culto y la sociedad cristiana. Fred C. Conybeare demostró hace mucho tiempo que la tradición de sacrificar

[14] Sobre la escuela malikí y los orígenes de la ley islámica en general, véanse Agostino Cilardo, *Teorie sulle origini del diritto Islamico* (Roma: IPOCAN, 1990); Mālik Ibn Anas, *al-Muwaṭṭa'. Manuale di legge islamica*. Ed. Roberto Tottoli y Luca Patrizi (Torino: Einaudi 2011), «Introduzione»; Norman Calder, *Studies in Early Muslim Jurisprudence* (Oxford: Clarendon Press, 1993); Patricia Crone, *Roman, Provincial and Islamic Law. The Origins of the Islamic Patronate* (Cambridge: Cambridge University Press, 1987); Anver M. Emon y Rumee Ahmed (eds.), *The Oxford Handbook of Islamic Law* (Oxford: Oxford University Press, 2018); Wael Hallaq, *The Origins and Evolution of Islamic Law* (Cambridge: Cambridge University Press, 2005); Benjamin Jokisch, *Islamic Imperial Law. Harun-Al-Rashid's Codification Project* (Berlin-New York: De Gruyter, 2007); Harald Motzi, *The Origins of Islamic Jurisprudence. Meccan Fiqh before the Classical Schools* (Leiden: Brill, 2002).

[15] Sobre el debate interno entre autores cristianos sobre la permisibilidad de la práctica de los sacrificios de animales, y más en general sobre la institución del sacrificio animal dentro de las culturas mediterráneas, véanse Daniel C. Ullucci, *The Christian Rejection of Animal Sacrifice* (Oxford-New York: Oxford University Press, 2012); Jennifer Knust y Zsuzsanna Várhelyi (eds.), *Ancient Mediterranean Sacrifice* (New York: Oxford University Press, 2011); Marie-Zoe Petropoulou, *Animal Sacrifice in Ancient Greek Religion, Judaism, and Christianity, 100 BC-AD 200* (Oxford: Oxford University Press, 2008); George Heyman, *The Power of Sacrifice: Roman and Christian Discourses in Conflict* (Washington, D.C.: Catholic University of America Press, 2007); y Guy Stroumsa, *La fin du sacrifice: Mutations religieuses de l'antiquité tardive* (Paris: Odile Jacob, 2005).

diferentes animales durante la *agapē* está documentada en las literaturas cristianas armenia y siríaca (especialmente los Cánones de estas Iglesias locales), a pesar de chocar con la oposición de las autoridades eclesiásticas bizantinas en el medio cristiano siríaco y armenio[16]. Sin embargo, no tenemos evidencia de esta práctica en el cristianismo occidental.

Con este conocimiento, es plausible creer que el tema para los musulmanes de consumir alimentos sacrificados por cristianos existía dentro del contexto geográfico y temporal de Mālik. Por otro lado, encontrar estos temas y casos legales en obras asociadas con la tradición malikí occidental, particularmente en al-Andalus, demuestra su naturaleza altamente «tradicionalizada». Esto significa que la transmisión de esta información era más importante que su utilidad práctica real y contribuyó a la creación de una cierta imagen de la sociedad ideada por los juristas musulmanes. En otras palabras, a pesar de que la literatura cristiana, tanto en griego como en latín, rechaza claramente la práctica de los sacrificios de animales en tanto que rito pagano, tenemos evidencia de sacrificios de animales en contextos cristianos orientales armenios y siríacos. El hecho de que una obra andalusí haga referencia a sacrificios de animales, pero carezca de fuentes locales que confirmen esta práctica, nos lleva a reevaluar una de las características de las obras de *fiqh* que obviamente influye en nuestro juicio valorativo de su utilidad como fuentes para la historia social andalusí. Esta característica consiste en la preservación de casos legales abstractos presentados entre maestro y alumno, a pesar de su utilidad práctica real dentro del contexto geográfico. Esto implica que su contenido no tenía propósitos prácticos, o si los tenía, servían como ejemplos de tradicionalismo, como casos hipotéticos desligados del contexto histórico y geográfico en el que fueron originalmente producidos para moldear una imagen específica de la sociedad mediante un enfoque racionalizado de los asuntos legales.

En conclusión, la presente contribución no pretende resolver este problema pese a su importancia en el ámbito historiográfico andalusí, sino más bien llamar la atención sobre un tema central de los estudios

[16] Fred C. Conybeare, «The Survival of Animal Sacrifices inside the Christian Church», *The American Journal of Theology*, 7/1 (1903), pp. 62-90.

religiosos: a saber, la distinción entre el racionalismo y la aplicación de un método histórico-crítico para el análisis de un texto religioso. Describir el contexto y la función de este tipo de fuente requiere, más que la simple racionalización de la fuente en sí misma, la contextualización histórica y geográfica de su producción, delineando los posibles objetivos políticos y *Weltanschauung* del grupo social que la produjo[17]. Se trata, por lo tanto, de alentar la adopción de un enfoque más amplio, más abierto, en el estudio de textos religiosos, una perspectiva que permita trascender los estrechos límites disciplinarios, abrazando las complejidades inherentes a los fenómenos religiosos en toda su dimensión.

[17] Lincoln, «Theses on Method», no. 8: «(8) Those who sustain this idealizing image of culture do so, *inter alia*, by mistaking the dominant fraction (sex, age group, class, and/or caste) of a given group for the group or "culture" itself. At the same time, they mistake the ideological positions favored and propagated by the dominant fraction for those of the group as a whole (e.g., when texts authored by brahmins define "Hinduism", or when the statements of male elders constitute "Nuer religion"). Scholarly misrecognitions of this sort replicate the misrecognitions and misrepresentations of those the scholars privilege as their informants».

QAṬ' AL-MANĀKIR WA-BASṬ AL-'ADL. LAS CAMPAÑAS CONTRA EL VICIO EN AL-ANDALUS Y SUS PRECEDENTES ORIENTALES

PEDRO BUENDÍA
UNIVERSIDAD COMPLUTENSE DE MADRID

En el año 206 (822), recién ascendido al trono, el emir 'Abd al-Raḥmān II decretó, como primera medida de su reinado, una acción ejemplarizante y sensacional: la crucifixión del *qūmis* Teodulfo; la demolición de la alhóndiga del arrabal de Segunda con todos sus lupanares y tabernas; desparramar todo el vino que se hallase en la ciudad, y azotar públicamente a quien fuese sorprendido entregándose al vicio:

> Cuando al-Ḥakam perdió la esperanza de vivir, llamó a su hijo y heredero 'Abd al-Raḥmān, le cedió el gobierno del califato y le encargó de la ejecución de sus normas [...]. Lo primero de lo que se ocupó fue de suprimir conductas reprobables en Córdoba [*fa-kāna awwal šay' naẓara fīhi taġyīruhu al-munkar fī Qurṭuba*], por lo que ordenó destruir la alhóndiga que tenía el Sultán en Córdoba Segunda, en el río, y crucificar al conde cristiano Rabī' ben Teodulfo, que la había instalado.
>
> Allí se vendía vino y cometía público pecado, por lo que el local fue destruido e incendiado; las bebidas, vertidas, y las vasijas, rotas, aplicándose las sanciones coránicas a los que fueron encontrados dentro. La gente

prorrumpió en gritos de bendición, alzando tanto sus voces que pudo oírlas al-Ḥakam, el cual se alarmó y preguntó; y cuando supo lo que había hecho su hijo, se tranquilizó y dijo: «él sabe mejor lo que ha hecho»[1].

El carácter despiadado e inflexible de esta célebre noticia, con su galería de imágenes admonitorias (el vino vertido, el conde crucificado, las vasijas rotas, los tugurios incendiados), va más allá del presunto celo religioso del monarca y debe leerse en una triple dimensión: atajar la opresión (ajusticiando al abusivo Teodulfo, símbolo visible de la política y el régimen de su predecesor al-Ḥakam)[2]; suprimir el suministro de la bebida prohibida (estandarte de las prohibiciones islámicas), y castigar públicamente a los pecadores que la consumían en público (ordenar lo correcto y prohibir lo censurable). El escarmiento y advertencia a la población avisaban de un cambio radical en el gobierno, y legitimaban con sangre al nuevo gobernante mediante pública demostración de celo religioso. Por más que Ibn Ḥayyān se afane en hacernos pasar la medida por afortunada y recordarnos los presuntos gritos de júbilo de la plebe, es evidente que su testimonio se encamina a mostrar, mediante un cuidado aparato de elementos probantes, la ortodoxia y rectitud de la política recién inaugurada.

De hecho, el mismo autor nos confirma poco más adelante que el emir bebía, así como su hijo Muḥammad, incluso desde la juventud[3]. La

---

[1] Ibn Ḥayyān, *al-Muqtabis* II-1. Ed. Mahmud Ali Makki (Riyad: Markaz al-Malik Fayṣal li-l-dirāsāt wa l-buḥūṯ al-islāmiyya, 2003), p. 186; *Crónica de los emires Alḥakam I y 'Abdarraḥmān II entre los años 796 y 847 (Almuqtabis II-1)*. Trad. Mahmud Ali Makki y Federico Corriente (Zaragoza: Instituto de Estudios Islámicos y del Oriente Próximo, 2001), p. 91.

[2] El conde era el almojarife o responsable de la recaudación de todos los impuestos, canónicos o no, del emirato, y el jefe de la guardia personal del emir al-Ḥakam. Su celo en la recaudación y su elevada posición le identificaban como el símbolo visible del estado y probablemente le hicieron blanco de inquinas palaciegas y envidias. El mismo Ibn Ḥayyān (*Crónica*, p. 273) le acusa en varias ocasiones de imponer impuestos abusivos y quebrantar al pueblo con medidas perversas. Véase Ángel Custodio López y López, «El conde de los cristianos Rabīʿ ben Teodulfo, exactor y jefe de la guardia palatina del emir al-Ḥakam I», *Al-Andalus Magreb: Estudios árabes e islámicos*, 7 (1999), pp. 169-184.

[3] Véanse Ibn Ḥayyān, *Crónica*, pp. 200, 265; Ibn Ḥazm, *Naqṭ al-'arūs*. Ed. Iḥsān 'Abbās en *Rasā'il Ibn Ḥazm al-Andalusī* (Beirut: al-Mu'assasa al-'arabiyya li-l-dirāsāt wa-l-našr, 1987), vol. II, § 24, p. 73; *Naqṭ al-'arūs*. Traducción por Luis Seco

sinceridad de la primera medida como monarca de ʿAbd al-Raḥmān II queda soslayada por su eficacia política. Es dudoso, sin embargo, que la actitud de quebrar vasijas, escarnecer pecadores y arrasar antros de música y alcohol tuviese una eficiencia duradera, pues la vemos repetirse periódicamente en las sociedades islámicas premodernas, a través de múltiples dinastías y latitudes. Un somero recorrido por las fuentes históricas y literarias nos mostrará que este tipo de campañas furibundas contra el vicio no fue algo puntual ni extraordinario y que, salvo algunas excepciones, su objeto no parece haber sido otro que otorgar al gobernante un lustre edificante de ejemplaridad y legitimidad religiosa.

Así lo expresa precisamente Ibn ʿIḏārī casi cuatro siglos más tarde, al referir la primera medida adoptada por el tercer califa almohade Abū Yaʿqūb al-Manṣūr (1184-1199) al subir al trono: *Tawarruʿ al-Manṣūr fī qaṭʿ al-manākir wa basṭ al-ʿadl*, «El celo de al-Manṣūr en cortar lo reprobable y extender la justicia»:

> Cuando [Abū Yaʿqūb al-Manṣūr] vio la generalización de la locura y del extravío, y oyó la difusión de la frivolidad y el afán por darse a las pasiones, y lo concurrido del mercado de las cantoras y de las tañedoras de música, desaprobó y se enojó en Dios por esta desaprobación y prescindió del qué dirán y puso los avisos y las prevenciones en lugar de la espada afilada. Mandó *derramar los líquidos que embriagan y suprimirlos*, y amenazar con la pena de muerte al que los hiciese. Expidió comunicaciones sobre esto a todos los gobernadores de las capitales y *se derramó de vino, en el país, lo que valía grandes sumas*[4].

Al-Manṣūr parece haber sido, como veremos, uno de los pocos gobernantes que emprendieron, motivados por sinceros designios religiosos, este tipo de fervorosas campañas contra el consumo de bebidas

---

de Lucena; texto árabe por C.F. Seybold; índices por Mª. Milagros Cárcel Ortí (Valencia: Anubar, 1974), p. 98.

[4] Ibn ʿIḏārī, *Al-bayān al-muġrib fī āḫbār mulūk al-andalus wa-l-maġrib (qism al-muwaḥḥidīn)*. Ed. Muḥammad Ibrahim al-Kattānī *et alii* (Beirut: Dār al-Garb al-Islāmī, 1985), p. 172-173; *al-Bayān al-muġrib*, vol. I: *Los almohades*. Trad. Ambrosio Huici Miranda (Tetuán: Editora Marroquí, 1953), p. 93.

alcohólicas y la disipación. Ibn Ḫallikān nos confirma su ferviente empeño:

> Abū Ya'qūb al-Manṣūr hizo todo lo posible para mantener viva la llama de la justicia. Era particularmente estricto en obligar a sus súbditos a realizar las cinco oraciones diarias, y en ocasiones llegó a ejecutar a los que bebían vino. Infligió asimismo severos castigos a los gobernadores que, con su mala conducta, provocaban las quejas de sus súbditos[5].

Sin embargo, la preocupación de los gobernantes por el descontrol de la población y el incremento del consumo de alcohol es muy anterior, y hunde sus raíces al poco del nacimiento mismo del islam. Al-Ṭabarī nos informa sobre la imposición, tras la muerte del Profeta, de la pena canónica de ochenta latigazos al bebedor:

> [En el año 18/639], Abū 'Ubayda escribió al califa 'Umar: «Varios musulmanes se han dado a la bebida [...] Les conminamos a explicar su actitud, y se justificaron con interpretaciones, diciendo: "Se nos ha dado a elegir, y elegimos". Se les recordó la aleya alcoránica que dice (5:91) "¿Os abstendréis, pues?"; pero ellos replicaron que no creían que tuviese tal sentido». 'Umar entonces le respondió: «Esto es algo personal entre nosotros y ellos: "¿Os abstendréis, pues?" significa "No lo hagáis nunca más"». Reunió a la gente en asamblea, y estuvieron todos conformes en castigar la ebriedad con ochenta azotes, y que se responsabilizase a quienes cayesen en ella por cometer una falta contra la religión [*fisq*][6].

Al poco tiempo, en el año 35/655, ya en el califato de 'Uṯmān (645-656), la corrupción de las costumbres se había convertido en motivo de alarma, y nada anunciaba que sería cosa fácil de contener:

---

[5] Ibn Ḫallikān, *Wafayāt al-A'yān*. Ed. Iḥsān 'Abbās (Beirut: Dār Ṣādir, 1968-1972), vol. VII, p. 11; *Ibn Khallikan's Biographical Dictionary*. Trad. William Mac Guckin de Slane (París: 1843), vol. IV, p. 343.

[6] al-Ṭabarī, *Tārīḫ al-Rusul wa-l-Mulūk*. Ed. M. Abū l-Faḍl Ibrāhīm (El Cairo: Dār al-Ma'ārif, 1976), vol. IV, § 2571, p. 96; *The History of al-Ṭabarī* (Nueva York: SUNY Press, 1990), vol. XIII, trad. Gautier H.A. Juynboll, pp. 151-152.

> Cuando el mundo comenzó a corromperse, y a mermar la compostura de la gente, la primera cosa prohibida que apareció en Medina fue el tirar augurios del vuelo de las palomas y de la trayectoria de los proyectiles. 'Uṯmān delegó el asunto en manos de un miembro de los Banū Layṯ, quien lo cortó de raíz y acabó con aquellas prácticas.
>
> La ebriedad comenzó al punto a extenderse entre la gente. 'Uṯmān envió una patrulla, armada con palos, que hacía rondas para vigilar, e impidieron de momento a la gente proseguir en su conducta. No obstante, la cosa siguió empeorando, y 'Uṯmān hizo pregonar los castigos prescritos legalmente [*ḥudūd*] para quienes cometiesen dichas infracciones. Reprochó públicamente a la gente su comportamiento, y se acordó dar de latigazos a aquellos que bebiesen vino. Varias personas fueron prendidas y azotadas[7].

La noticia es fascinante. Una humanidad recién purificada por el islam se obstina en adentrarse por las sendas del vicio, y los esfuerzos del atribulado califa apenas pueden contener las oscuras fuerzas de la dipsomanía y el desparramo. Recordemos que la prohibición del vino se produce –según la versión tradicional– en el año 4 de la Hégira, en Medina, tras el asedio y expulsión de la tribu judía de los Banū al-Naḍīr[8]. En vida del Profeta solo conocemos algunos casos aislados de castigo «a medias» por embriaguez: el primero, cuando mandó azotar a un tal 'Abd Allāh, apodado *El Burro* (*al-ḥimār*), por reírse de él y también por andar borracho. Al reincidir en la pena (no sabemos cuál de las dos), el Profeta lo perdonó. El segundo, cuando le llevaron a un fulano beodo y ordenó golpearlo (*amara bi-ḍarbihi*), lo cual se puso en práctica a guantazos, golpes de sandalias e improvisados azotes con las ropas que los castigadores llevaban puestas[9].

---

[7] al-Ṭabarī, *Tārīḫ*, vol. IV, § 3028, p. 398; al-Ṭabarī, *History*, vol. XV, trad. R. Stephen Humphreys, p. 226.

[8] Ibn Hishām, *The Life of Muhammad*. A Translation of Isḥāq's Sīrat Rasūl Allāh by Alfred Guillaume (Oxford: Oxford University Press, 2004), p. 437 y n. 680.

[9] al-Buḫārī, *Ṣaḥīḥ*, ed. Muṣṭafà Dīb al-Bagā (Beirut: Dār Ibn Kaṯīr, 1987), *kitāb* 89 (*al-ḥudūd*), *bāb* 5 (*mā yukrahu min la'n šārib al-ḫamr*), n.º 6398-6399: «*Fa-minnā man yaḍribuhu bi-yadihi wa minnā man yaḍribuhu bi-na'lihi fa-minnā man yaḍribuhu bi-ṯawbihi*». El Profeta, según asegura el hadiz, mandó después no ensañarse con el hombre. Existe otra tradición que asegura, a nuestro juicio con más endeble

En el caso que nos ocupa, referente al califa ʻUṯmān, no es ocioso señalar la llamada «proyección hacia atrás», normativa que realiza el cronista asegurando, probablemente antes de la compilación «oficial» del Alcorán, que ya existían los delitos de *ḥudūd.* La fechoría del *šurb al-ḫamr* o pecado capital de ingestión de vino, si hemos de dar fe al autor, ya había sido sancionada con una pena de ochenta azotes, pero es obvio que al-Ṭabarī nos está ofreciendo un constructo idealizado del pasado, basado en la idea de una irrevocable decadencia, y por otra, en una verdad positiva: la gente bebía, y la ebriedad no desapareció ni siquiera en los tiempos previos a la *fitna,* la época dorada y fundacional de toda una civilización.

Algo más de medio siglo más tarde (91/710), bajo el gobierno del califa al-Walīd, hallamos un episodio de persecución del vino en las campañas de Transoxiana emprendidas por el legendario Qutaybah b. Muslim, quien había enviado a su enérgico hermano, ʻAbd al-Raḥmān, contra el *iḫšīd* Ṭarḫūn de Samarkanda[10]. Tras lograr un rápido avance en sus incursiones, ʻAbd al-Raḥmān vio que su ejército se relajaba y se entregaba a la molicie antes de culminar la conquista. Entonces decidió adoptar medidas expeditivas:

> Desde Kesh y Qarshi, Qutaybah b. Muslim despachó a su hermano ʻAbd al-Raḥmān contra Ṭarḫūn. Aquel prosiguió su avance hasta que, a la hora de la oración de media tarde, se detuvo en un prado cercano al lugar donde se encontraba Ṭarḫūn. Su ejército se dispersó y se dio a la bebida hasta embrutecerse y cometer estragos, de modo que ʻAbd al-Raḥmān ordenó a Abū Marḍiyyah, uno de sus clientes, que impidiera que la gente bebiese el zumo fermentado [*ʻaṣīr*]. Conque este les propinó una buena golpiza, les

credibilidad, que el Profeta administró cuarenta azotes con dos ramas de palma a un fulano que estaba ebrio. De ahí provendría la fijación posterior del castigo canónico de los 80 azotes (o 40, en el caso de la escuela šāfiʻī). Véase Rudolph Peters, *Crime and Punishment in Islamic Law* (Cambridge: Cambridge University Press, 2005), p. 64.

[10] Sobre Ṭarḫūn, véase Hamilton Alexander Rosskeen Gibb, *The Arab Conquests in Central Asia* (Londres: The Royal Asiatic Society, 1923), pp. 6, 18-36. Sobre el título *iḫšīd*, véase EI2, s.v. «Ikhshīd», art. de Clifford Edmund Bosworth. Sobre Qutaybah b. Muslim y su hermano ʻAbd al-Raḥmān, véase EI2, s.v. «Ḳutayba b. Muslim», art. de C.E. Bosworth.

rompió las vasijas y desparramó el vino, que corrió por aquel valle. Desde entonces el lugar se llamó «La pradera del vino» [*marj al-nabīḏ*].

A este respecto, dijo uno de sus poetas:

En cuanto al vino, yo ya no lo bebo,
pues temo al perro de Abū Marḍiyyah
hecho una furia, con el hacha en la mano,
trepando a las paredes en pos de la bebida[11].

En este caso, la persecución organizada contra el vino y los bebedores responde a unos intereses más prácticos y estratégicos, si bien aún justificados por un cierto designio religioso. Observemos cómo la retórica de las vasijas rotas y los ríos de vino desparramándose confiere una fuerza épica a la acción y se constituye en su elemento probante, que andado el tiempo encontraremos en otras muchas ocasiones.

Si exceptuamos el celo religioso del califa ʿUmar II, tardaremos algunas décadas en encontrar de nuevo una campaña colectiva contra la consunción de alcohol[12]. Según nos informa al-Maqrīzī, en el año 170 (786), uno de los gobernadores abbasíes de Egipto con el califa Hārūn al-Rašīd vuelve a lanzar una persecución obstinada contra el trasiego de vino y otras bebidas alcohólicas:

al-Rašīd nombró gobernador [de Egipto] a ʿAlī b. Sulaymān [...] quien se esforzó durante su mandato en *ordenar lo correcto y prohibir lo*

---

[11] al-Ṭabarī, *Tārīḫ*, vol. VI, § 1229, pp. 462-463: al-Ṭabarī, *History*, vol. XXIII, trad. Martin Hinds, p. 176.

[12] Tanto Miguel Sirio como Teófanes el Confesor y Agapio de Hierápolis nos proporcionan variadas noticias acerca de la inquina del califa omeya ʿUmar II (717-720) para sus súbditos cristianos, contra los cuales decretó toda una galería de medidas opresivas, entre ellas la prohibición de beber vino. Véanse *Chronique de Michel le Syrien, Patriarche Jacobite d'Antioche (1166-1199)*. Ed. y trad. Jean-Baptiste Chabot (París: Ernest Leroux, 1899), vol. II, pp. 488-489; *The Chronicle of Theophanes Confessor*. Traduced with Introduction and Commentary by Cyril Mango and Roger Scott with the assistance of Geoffrey Greatrex (Oxford: Clarendon Press, 1997), § 399, p. 550; Agapio de Hierápolis (Maḥbūb b. Qusṭanṭīn), *Kitāb al-ʿUnwān*. Ed. y trad. Alexandre Vasiliev, *Patrologia Orientalis* 8 (1912), pp. 502-503 [242-243].

censurable, prohibiendo la música y el consumo de bebidas alcohólicas, así como destruyó las iglesias de construcción reciente en Egipto[13].

Tras la inquina impostada de al-Mutawakkil y sus agrias leyes del *ġiyār*[14], y al cabo de otro siglo y medio, en el año 321/933 hallaremos de nuevo un acoso frenético contra la música, las cantoras y las bebidas alcohólicas, esta vez por parte del nada edificante califa al-Qāhir. Este soberano, que era un perdulario contumaz, apenas permaneció dos años en el poder y se estrenó en el trono con unas medidas tan ejemplares como poco sinceras:

> Este año se promulgó el decreto de al-Qāhir sobre la prohibición de las esclavas cantoras, el vino y las demás bebidas embriagantes. Se apresó a todo aquel que se supo que era cantante, así fuese hombre, hermafrodito o esclava. A algunos se los desterró a Kufa, a otros a Basora, y las esclavas fueron vendidas, a pesar de ser de poca edad. Y no obstante lo dicho, el propio califa al-Qāhir estaba engolfado en el vino, rara vez llegaba a encontrarse sobrio y se deleitaba con la música, escogiendo de las esclavas cantoras cuantas le placían[15].

Al poco tiempo, al otro extremo del orbe islámico, en al-Andalus la historia se repite. Al-Ḥumaydī destaca, en su célebre glosa de las características del reinado del califa al-Ḥakam II (961-976), su riguroso celo en contra del vino:

---

[13] al-Maqrīzī, *al-Mawā'iẓ wa-l-i'tibār (Ḫiṭaṭ)*. Ed. Ḫalīl Manṣūr (Beirut: Dār al-kutub al-'ilmiyya, 1998), vol. II, p. 109. Véase Paulina B. Lewicka, *Food and Foodways of Medieval Cairenes. Aspects of Life in an Islamic Metropolis of the Eastern Mediterranean* (Leiden-Boston: Brill, 2011), p. 515 y n. 149.

[14] También este califa, que era un consumado bebedor, dictó severas y crueles medidas, de sobra conocidas, contra sus súbditos *ḏimmíes*. En su célebre edicto del *ġiyār* o leyes discriminatorias contra los cristianos de 233/849 se sirvió, entre otros argumentos, del consumo de vino por parte de estos como excusa para oprimirlos. Véase al-Ṭabarī, *Tārīḫ*, vol. IX, § 3/1389-1394, pp. 171-175; al-Ṭabarī, *History*, vol. XXXIV, trad. Joel L. Kraemer, pp. 89-94; EI2, s.v. «*ghiyār*», art. de M. Perlmann.

[15] Miskawayh, *Tajārib al-Umam*, en *The Eclipse of the Abbasid Caliphate*. Ed. y trad. Henry Frederick Amedroz y David Samuel Margoliouth (Oxford: Basil Blackwell, 1920), vol. I, p. 269.

Se había propuesto erradicar el vino de al-Ándalus, y decretó que fuese derramado por doquier, mostrándose inflexible en este empeño. Pidió consejo a los alfaquíes sobre la posibilidad de talar de raíz todas las cepas de vid en sus dominios; pero le dijeron que la gente también elaboraba el vino a base de higos y otras cosas semejantes, conque desistió de ello[16].

Sobre esta campaña de aniquilación del redomado vicio de beber, el mismo autor nos refiere una hermosa casida de al-Ramādī:

¡Enamorados del vino! Por más que os angustie quedar
de él privados, no tendréis forma alguna de consuelo.
Quienes os buscaban la ruina no cejaron hasta conseguir
que el vino, cual sangre, fuera vertido sobre la faz de la tierra.
Se expande su aroma por el lado de Levante, y de Poniente,
y ha quedado toda Córdoba impregnada de su fragancia.
Di a quienes lo derramaron a manos llenas
acompañándose del cascar de recipientes y botellas,
y de puertas incendiadas, hasta dejar a sus habitantes
ocupando moradas baldías cual desiertos:
¿pretendisteis acaso con esa justicia hecha al vino
ejecutar vuestra sentencia, aunque fuera mala ley?[17]

El pináculo de estas acciones impetuosas contra el vicio lo representa el fascinante califa fatimí al-Ḥākim, quien algunas décadas más tarde (393-395/1003-1005), en uno de sus típicos arrebatos, decide arrasar con el comercio y consumo de alcohol en Egipto, hecho descrito por al-Anṭākī con una imaginería y retórica similares a las exhibidas por su contemporáneo Ibn Ḥayyān y más tarde por Ibn ʿIḏārī:

Prohibió al-Ḥākim la venta de vino, y dispuso que no quedase rastro de él: *mandó romper las vasijas* de los vinateros y propietarios de casas de

---

16 *Jaḏwat al-Muqtabis*. Ed. Ibrahim al-Abyārī (El Cairo-Beirut: Dār al-Kitāb al-Miṣrī, Dār al-Kitāb al-Lubnānī, 1989), vol. I, p. 43.

17 Al-Ḥumaydī, *Jaḏwa*, pp. 43-44; *Šiʿr al-Ramādī*. Ed. Māhir Jarrār (Beirut: al-Muʾassasa al-ʿarabiyya li-l-dirāsāt wa l-našr, 1980), p. 73. Trad. de Jaime Sánchez Ratia, en Jorge Lirola Delgado (ed.), *Antología de poetas del Algarve andalusí* (Almería-Silves: Fundación Ibn Tufayl de Estudios Árabes, 2023), pp. 170-171.

mala vida [*mawāḫīr*], *derramándose el vino por doquier* y clausurándose los lugares donde solían reunirse y engolfarse los perdularios y viciosos, de modo que sus camarillas fueron dispersadas[18].

Apenas dos años después (397/1007), sin embargo, el califa da un giro radical a esta feroz política, y por consejo de su nuevo médico cristiano revierte la prohibición del vino y se inclina por breve espacio al extremo opuesto:

> Ya hemos mencionado que al-Ḥākim había prohibido el vino, su exposición pública y su importación, y que él mismo se había apartado de la bebida. Su médico Abū l-Fatḥ Manṣūr b. Sahlān había fallecido, y tomó como nuevo galeno a Abū Ya'qūb Isḥāq b. Ibrāhīm b. Anasṭās, quien le aconsejó beber vino, recordándole los beneficios que este tiene, de modo que escuchó su consejo y se volvió atrás de la prohibición que había promulgado. Convocó a su círculo íntimo a una camarilla de cantantes y gente de la farándula, bebió al compás de sus cantos, se despendoló en su compañía y los colmó de favores. Así pues, la gente volvió a su anterior forma de vida, esto es, a vender la rosa de Jericó, la *molojeya* y los peces sin escamas, así como a vestirse con la estola o *ṭaylasān*[19].

Puede decirse, no sin cierta sorna y con un punto de delectación por el humor antojadizo de al-Ḥākim, que fueron las malas compañas quienes lo persuadieron al extravío, pues el califa retornó a su antiguo parecer después de que el médico cristiano muriese ahogado tras caerse borracho en una alberca[20]. De nuevo observamos cómo aparece la retórica de la devastación y el desperdicio, con las imágenes de las vasijas rotas y el vino vertido:

---

[18] al-Anṭākī, *Tārīḫ*. Ed. 'Umar 'Abd al-Salām Tudmurī (Trípoli del Líbano: Gross Press, 1990), p. 253; *Histoire de Yaḥya-Ibn-Sa'īd d'Antioche*. Ed. y trad. I. Kratchkovsky y A. Vasiliev, *Patrologia Orientalis* 23 (1932), p. [257] 465.

[19] al-Anṭākī, *Tārīḫ*, pp. 268-269; *Histoire*, pp. 480-481 [272-273].

[20] «*Wa fīhā māta Ya'qūb b. Nasṭās* [*sic.*] *al-naṣrānī, ṭabīb al-Ḥākim, sakrān fī birkat mā'*», al-Maqrīzī, *Itti'āẓ al-ḥunafā bi-aḫbār al-a'imma al-Fāṭimiyyīn al-ḫulafā*. Ed. Muḥammad Ḥilmī Muḥammad Ahmad (El Cairo: Wizārat al-Awqāf, 1996), vol. II, p. 70.

Algún tiempo después murió el médico Abū Ya'qūb, y al-Ḥākim renunció a este género de vida y prohibió beber el vino de modo más estricto aún, reforzando la interdicción de vez en cuando, hasta el punto de proscribir la venta o importación de pasas y miel. Ordenó confiscar a los mercaderes grandes cantidades de ambas mercancías, con un valor considerable, que mandó quemar y arrojar al Nilo. Mandó asimismo romper todas las vasijas donde se guardaba el vino y prohibió fabricarlas en lo sucesivo[21].

Según nos confirma al-Maqrīzī, el califa ordenó arrancar todas las viñas de Giza y declaró ilícitas las reuniones donde hubiese música y divertimento, refrendando estas medidas con severos castigos. Prohibió la compraventa de esclavas cantoras e impidió asimismo a los cairotas navegar en barco sobre el Nilo o pasear por sus riberas, así como celebrar reuniones en las afueras, entre otras muchas medidas disparatadas y excéntricas[22]:

> En el año 402/1011 prohibió la venta de pasas y emitió órdenes para que estas no se acarreasen ni vendiesen, arrojándose al Nilo una gran cantidad y siendo quemadas otras muchas. Vetó a las mujeres visitar las tumbas, de modo que no se vio a una sola mujer pisar los cementerios durante las principales festividades del año. Las reuniones y paseos de esparcimiento por el Nilo fueron asimismo prohibidas. Impidió vender la uva en cantidades por cima de cuatro arreldes y que esta se prensase, tirando y pisando muchas cantidades por los caminos, y también arrojándolas al Nilo. También prohibió su trasiego y mandó arrancar todas las cepas que había en Giza[23].

De nuevo en Egipto, Ibn Iyās, *el Burgués de El Cairo*, nos informa de una célebre y virulenta campaña contra la vida perdularia por parte del sultán Baybars en el año 665/1267, que habría de provocar la amarga sátira de Ibn Dāniyāl (1248-1311):

---

[21] al-Anṭākī, *Tārīḫ*, pp. 269-270; *Histoire*, p. 481 [273].

[22] Como que los mercaderes dejasen abiertas sus tiendas de noche (ya que el califa padecía de insomnio y gustaba de salir a pasear a altas horas), o las ya mencionadas prohibiciones de consumir peces sin escamas y tomar la típica sopa de *molojeya* (al-Anṭākī, *Tārīḫ*, pp. 250-253).

[23] al-Maqrīzī, *Ḫiṭaṭ*, vol. IV, p. 75.

Este año, a mediados del mes de *ša'bān*, ordenó el sultán cortar de raíz la expedición y venta de hachís, y quemarlo. Hizo *arrasar las tiendas de bebidas embriagantes y romper cuanto recipiente de vino había en ellas, derramándolo por todas partes*. Prohibió los tugurios de prostitutas y obligó a agachar la cabeza a proxenetas y bujarrones. El firmán se extendió a todas las provincias de Egipto y la prohibición llegó asimismo a las provincias de Siria. De modo que en los días de Baybars *se purificaron todas las comarcas*, para espanto de las gentes. Al poco, el prefecto de policía apresó a un fulano llamado Ibn al-Kāzarūnī, el borracho más famoso de El Cairo, le colgó la jarra y la copa de vino del cuello, y lo crucificó en la Puerta de la Victoria. Cuando los libertinos vieron lo que le había sucedido a Ibn al-Kāzarūnī, pronto obedecieron a pies juntillas y sin rechistar, cosa sobre la cual dice Ibn Dāniyāl:

Hasta que lo crucificaron, era la ebriedad un castigo
ligero, que la ley ventilaba a simples latigazos;
pero cuando vimos al crucificado, a mi amigo le dije:
«A arrepentirse tocan, pues la pena del límite
[ḥadd] ha traspasado todos los límites»[24].

Algunas décadas después, en 1320-21, el *bahādur* ilḫānī, Abū Sa'īd 'Alā' al-Dunyā wa l-Dīn –también al poco tiempo de ocupar el trono– pone en práctica una serie de brutales medidas en sus dominios, según nos refieren Ibn Taġrī Birdī, Ibn Kaṯīr y al-Maqrīzī:

En este año llegó la noticia de que Abū Sa'īd había derramado el vino en todos sus territorios, arrasado las casas de perdición, desterrado a los músicos y clausurado las bodegas. Mandó asimismo cortar los impuestos obtenidos por el comercio [de bebidas embriagantes], destruyó las iglesias

[24] Esto es, que se ha aplicado al borracho Ibn al-Kāzarūnī un castigo correctivo y ejemplarizante (pena de muerte por crucifixión) que va mucho más allá de lo que tradicionalmente estipulaba el derecho islámico como punición para el delito de *ḥadd* (pl. *ḥudūd*, «límite») en su modalidad de ebriedad por vino, que normalmente era de ochenta latigazos. Ibn Iyās, *Badā'i' al-zuhūr fī waqā'i' al-duhūr*. Ed. Muḥammad Muṣṭafà (El Cairo-Beirut: 1986-1992), vol. I/1, p. 326. Véase Li Guo, «Paradise Lost: Ibn Dāniyāl's response to Baybars' campaign against vice in Cairo», *Journal of the American Oriental Society*, (2001), pp. 219-235.

cercanas a Tabriz, impulsó las conversiones al islam, hizo reinar la justicia y construyó mezquitas y aljamas. Aplicó pena de muerte a todo aquel que se hallase en posesión de vino tras su vertido público, y escribió a los gobernadores de las provincias de Siria que revocasen las licencias de los bodegueros y derramasen el vino, cerrando las tabernas y conminando a arrepentirse a la gente de vida licenciosa. Esta política se puso en práctica en todas las ciudades, comarcas y aldeas de Siria bajo su control. Los gobernadores se esforzaron en suprimir las conductas reprobables hasta que por voluntad de Allāh se purificó el país y sus gentes[25].

Todas estas acciones enconadas y sañudas se caracterizan por unos elementos comunes, a saber: la voluntad ejemplarizante del caudillo y el escarmiento público; la dialéctica retornante corrupción/ purificación; la retórica de las vasijas rotas y los tugurios arrasados con el vino castigado y derramado, y la legitimación religiosa del monarca mediante el férreo control del orden y el espacio público[26]. Algunos casos como los de Abū Yaʻqūb al-Manṣūr y al-Ḥakam al-Mustanṣir parecen haber estados motivados por un sincero celo religioso[27]; pero Miskawayh, Ibn Dāniyāl y al-Anṭākī nos muestran claramente que el gobernante no siempre estaba inspirado por la devoción (ni mucho menos por la piedad), y que perseguía la restauración forzada de un ideal social en crisis permanente, fortaleciendo al mismo tiempo su imagen pública como garante del orden y guía de la comunidad.

En la nítida línea que separa lo público de lo privado, y como subraya M. Marín, el consumo de alcohol parece haber operado «como signo separador de espacios entre las élites de la sociedad islámica. El

---

[25] al-Maqrīzī, *al-Sulūk li-maʻrifat duwal al-mulūk*. Ed. Muḥammad ʻAbd al-Qādir ʻAṭā (Beirut: Dār al-kutub al-ʻilmiyya, 1997), vol. III, pp. 30-31; Ibn Taġrī Birdī, *al-Nujūm al-zāhirah fī mulūk Miṣr wa l-Qāhirah* (El Cairo: Dār al-Kutub al-Miṣriyya, 1929-1971) vol. IX, p. 309; Ibn Kaṯīr, *al-Bidāyah wa l-Nihāyah*. Ed. ʿAbd Allāh b. ʿAbd al-Muḥsin al-Turkī (El Cairo: Hijr li-l-ṭibāʻa wa-l-našr, 1997), vol. XVIII, p. 208.

[26] Para otras campañas contra el vicio en Egipto y Siria mamelucos, respectivamente, véanse Carl F. Petry, «Travails of Prohibition: Suppression of Alcohol Use in the Mamluk Sultanate», en Amalia Levanoni (ed.), *Egypt and Syria under Mamluk Rule* (Leiden-Boston: Brill, 2021), pp. 25-37; Boaz Shoshan, *Damascus Life 1480-1500. A Report of a Local Notary* (Leiden-Boston: Brill, 2020), p. 69.

[27] Ibn Ḥazm, *Naqṭ al-ʻarūs*, § 24, p. 73.

príncipe –a pesar de su carácter público de guía y conductor de la comunidad– mantiene un ámbito privado que escapa al control de la norma religiosa»[28]. Ibn Ḥazm expresa a la perfección esta división no siempre amable ni coherente entre la vida pública y la privada en su *Naqṭ al-'Arūs,* cuando afirma que el califa

> al-Walīd b. 'Abd al-Malik se montaba en un asno e iba por los zocos ejerciendo la policía del mercado entre los comerciantes de legumbres, y sin embargo fue tan tirano como un faraón. Ḥammād b. Buluqqīn, cuyas acciones eran como las acciones de Bābak al-Ḫurramī, ayunaba en los meses de *rajab* y *ša'bān*, y no bebía vino[29].

Parece, pues, pertinente analizar la narrativa subyacente a la descripción de estas campañas contra el vicio, según la tópica que en ellas se despliega, y su significación pragmática con respecto a la interpretación no siempre unánime de la interdicción religiosa. Si bien dicha prohibición, en sentido lato, es clara, sus implicaciones legales han venido siendo objeto de debate desde los principios mismos del derecho islámico: qué cosa es *ḫamr* y qué no es, y si el resto de bebidas alcohólicas concomitantes (pero no hechas de uva) son lícitas o no: *nabīḏ* y *rubb* principalmente[30]. La escuela *ḥanafī,* es bien sabido, autorizó tradicionalmente el consumo moderado de *nabīḏ*, pero la misma interpretación de lo que es o no es *nabīḏ* ha traído ríos de tinta en el derecho islámico[31]. De modo semejante, cuando Ibn Ḥazm compone su célebre lista acerca de los califas que bebían, admite:

---

[28] Manuela Marín, «En los márgenes de la ley: el consumo de alcohol en al-Ándalus», en Cristina de la Puente (ed.), *Identidades marginales* (Madrid: CSIC, 2003), pp. 271-328: 303.

[29] Ibn Ḥazm, *Naqṭ al-'arūs*, § 22, p. 71; trad. Seco de Lucena, pp. 96-97.

[30] Véanse EI2, s.v. «*k͟hamr*» art. de Arent Jan Wensinck y Joseph Sadan; y «*nabīd͟h*», art. de Peter Heine.

[31] Marín, «Alcohol en al-Ándalus», pp. 305-309; Najam Haider, «Contesting Intoxication: Early Juristic Debates over the Lawfulness of Alcoholic Beverages», *Islamic Law and Society*, 20/1-2 (2013), pp. 48-89; Christopher Melchert, *The Formation of the Sunnı Schools of Law* (Leiden: Brill, 1997), pp. 49-51; Mustapha Sheikh y Tajul Islam, «Islam, Alcohol, and Identity: Towards a Critical Muslim Studies Approach», *ReOrient*, 3/2 (2018), pp. 185-211.

De los Abbasíes, al-Hādī y al-Rašīd fueron aficionados a la bebida, aunque este último bebía solamente *líquidos cuya licitud puede discutirse; pero vino de uva, no* [*wa inna-mā kāna yašrab al-Rašīd mā ḫtulifa fī jawāzihi faqaṭ, wa-ammā ḫamr al-'inab fa-lā*]. [...] De los omeyas de al-Ándalus, al-Ḥakam I *al-Rabaḍī* bebió públicamente, pero ninguno de sus sucesores bebió *vino de uva* [*ḫamr al-'inab*], tomando únicamente hidromiel[32]. Y nada más. De esto no tengo la menor duda. 'Abd Allāh, al-Ḥakam II, al-Mu'ayyad, al-Mahdī, Sulaymān y al-Mustaẓhir no bebieron *ni líquidos cuya licitud se discute, ni vino* [*lā muḫtalifan fīhi wa lā ḫamran*], por motivos piadosos y por pureza de espíritu[33].

Este tipo de vacilaciones en la interpretación de la prohibición se echa de ver muy claramente en los textos que nos ocupan y en las motivaciones de sus protagonistas. En 1171, apenas una década antes de las drásticas medidas adoptadas por el califa almohade Abū Ya'qūb al-Manṣūr, su padre y predecesor en el trono, Abū Ya'qūb Yūsuf (1163-1184), ofrece un sensacional convite multitudinario, que pasará a los anales de la historia, donde la bebida alcohólica del arrope fermentado (*al-rubb*) corre a raudales:

Salió el Príncipe de los Creyentes, después de la oración del viernes, hacia la albufera de las afueras de Marrākuš, y ofreció allí un banquete a los árabes, a la gente que acudía y a otros muchos, que se prolongó durante quince días. Cada día entraban en el recinto de la albufera más de tres mil hombres. Se había preparado, *según era costumbre, un río de arrope fermentado* [*nahr min rubb*], mezclado con agua. Cuando un grupo comía y se levantaba, se dirigía al sitio del califa y lo saludaba; él pedía a Allāh por ellos y de seguido se encaminaban *a la acequia del arrope* a beber y solazarse. En este banquete se vio lo nunca antes visto en punto a goces y atenciones[34].

---

32 Ár. *al-'asal al-maṭbūḫ* (miel cocida), expresión que ha de entenderse forzosamente como «bebida fermentada de miel cocida», esto es, hidromiel. Véase nuestra aclaración más adelante.

33 Ibn Ḥazm, *Naqṭ al-'arūs*, p. 73; trad. Seco de Lucena, p. 98.

34 Ibn Ṣāḥib al-Ṣalāt, *al-Mann bi-l-imāma*. Ed. 'Abd al-Hādī al-Tāzī (Beirut: Dār al-ġarb al-islāmī, 1987), pp. 344-345; *al-Mann bi-l-imāma*. Estudio preliminar, traducción e índices por Ambrosio Huici Miranda (Valencia: Anubar, 1969), p. 173. Huici

No cabe duda de que ambos califas, padre e hijo, tomaron sus medidas *de acuerdo con la ley y la costumbre*, aunque paradójicamente ambas políticas sean lo opuesto la una de la otra. La célebre carta, exhumada por Lévi-Provençal, mediante la cual Abū Ya'qūb al-Manṣūr decreta la prohibición total del consumo de arrope, es suficientemente ilustrativa acerca de la notable confusión normativa imperante en torno a qué cosa es *ḫamr* y qué no:

> Del emir de los Creyentes, Ya'qūb, hijo del emir de los Creyentes, Yūsuf, hijo del emir de los Creyentes, 'Abd al-Mu'min, a los *ṭalaba* de los almohades [legisladores provinciales], jeques y notables, y a toda la población de Sevilla:
>
> En Marrakech, en el final de Ramadán del año 580 (4 de enero de 1185).
>
> Ha llegado a noticia del Soberano que los musulmanes, en su conjunto, han superado los límites de la tolerancia habitual por cuanto respecta al consumo de la bebida de arrope, que hasta ahora el gobierno almohade había permitido, en forma de almíbar cocido, *dejando al margen el vino propiamente dicho*. Pero se han producido exageraciones, y la gente se ha aprovechado de esta autorización para cometer fraudes y mezclas *prohibidas por la ley*.
>
> En estas condiciones, el soberano ha decidido prohibir totalmente el consumo de esta bebida. Al recibir esta carta, será necesario hacer efectiva su supresión, vaciar los comercios donde se vende y destinarlos a negocios legales, cerrar los tugurios (*diyār*), y finalmente verter por tierra *cuanta cantidad pueda incautarse de vino disfrazado bajo esta denominación*. También será necesario aplicar las penas previstas por la Ley [*šar'*] a todo aquel que sea sorprendido con tufos de aliento ebrio. Esta orden se publicará a lo largo y ancho de nuestros dominios, y se enviarán copias a todas las localidades dentro de nuestra jurisdicción[35].

Las palabras «almíbar cocido», «mosto cocido» y similares con que se ha solido traducir *al-rubb* son equívocas. Invitan a pensar que se trata

traduce *al-buḥayra* por «huerto». Nos inclinamos a pensar que se trata de la albufera de Lalla Takerkoust, a unos 30 km al sur de Marrakech, habitada al menos desde tiempos romanos y lugar habitual de descanso.

[35] Évariste Lévi-Provençal, «Un recueil de lettres officielles almohades. Étude diplomatique et historique», *Hespéris*, (1941), 1-80, n.º XXVIII, pp. 56-57.

de una bebida dulce e inocua, no alcohólica (o como mucho ligeramente alcohólica), cuando es todo lo contrario. En principio, el arrope en sí mismo no es sino un almíbar formado por la cocción de diversas frutas (o sus jugos, incluida la uva); o bien de hortalizas dulces como la zanahoria, la remolacha y, sobre todo, la calabaza. Producto de estos cocimientos es un almíbar espeso y dulce, usado desde tiempos inmemoriales para una variedad de fines tanto culinarios como medicinales. En España, todavía se llama «arrope» a una variedad de melaza hecha por la cocción de la calabaza, extremadamente dulce. Ahora bien, la «bebida de arrope» es otra cosa bien distinta, que ilustra además hasta qué punto esta cuestión no ha sido comprendida del todo. Basta conocer mínimamente los procesos esenciales de la vitivinicultura para saber que el arrope, además de su forma básica de almíbar, ha sido tradicionalmente usado (y lo sigue siendo)[36] como fermento o fortificante de la bebida destinada a ser alcohólica. Mezclado con agua en las debidas proporciones y puesto a fermentar, el arrope produce una bebida alcohólica que puede alcanzar incluso los 20 grados. Así pues, cuando hablamos de *al-rubb* como una bebida en los textos medievales árabes, estamos, sin género de duda, ante lo que se llama una bebida alcohólica fortificada, no ante un mosto analcohólico o un jarabe dulce[37]. Esa y no otra es la razón de que el califa Abū Yaʿqūb Yūsuf ofreciera en su banquete un río de arrope mezclado con agua. Esta y no otra es la razón de que su hijo, en un arrebato de sincero celo

---

[36] En los vinos de Málaga y Oporto, entre otros muchos.

[37] José María Ruiz Pérez, *Tratado teórico y práctico de la fermentación espirituosa ó alcohólica, aplicable al arte de fabricar vinos y aguardientes con mostos naturales y artificiales* (Granada: Imprenta Manuel Sanz, 1845), pp. 101-102: «Hay algunos territorios en donde se halla establecida muy de antiguo la costumbre de arropar ó azucarar los mostos; estos vinos arropados enrancian en pocos años y se conservan en buen estado si el arrope ó jarabe de mosto está bien hecho y es agregado en dosis conveniente [...] Con este jarabe concentrado hasta los cuarenta grados, cuyos productos alcohólicos están reconocidos, se puede regular la alcoholizacion de un mosto débil: cada veinte y cinco libras de dicha sustancia azucarada que se le agreguen, ó diez arrobas ó trescientos veinte cuartillos de mosto, lo elevarán tres grados; y produciendo por su fermentación diez cuartillos de alcohol absoluto, reforzarán el vino con un tres por ciento de su volumen de alcohol, ó lo que es lo mismo, un seis por ciento de aguardiente á veinte grados». Si se hace con miel en lugar de hacerse con frutas, el producto se llama, como es bien sabido, hidromiel.

religioso, pensase que, cambiando el vino por el arrope, sus súbditos estaban recurriendo a un subterfugio para disimular la ebriedad bajo una apariencia legal puramente cosmética.

En esta intersección aparece un factor clave: la narrativa del legislador ejemplarizante, y la dimensión pública del consumo de alcohol como amenaza del orden social prefigurado en el ideal islámico. Cuando los cronistas e historiadores árabes quieren desacreditar a un personaje, dudando de su sinceridad religiosa, no es inusual que afirmen de él que «bebía vino». Así se dice –solo por ceñirnos a al-Andalus– de al-Muṭarrif, hijo del emir ʻAbd Allāh; del *Rey Lobo* Ibn Mardanīš[38]; de ʻAbd al-Raḥmān Sanchuelo y de al-Hakam I, entre una larga lista[39]. Pero el mecanismo opera asimismo a la inversa mediante un patrón repetitivo: el legislador que se caracteriza por su rectitud y pureza de espíritu irrumpe en la historia rompiendo vasijas, despanzurrando laúdes, derramando ríos de vino y arrasando negocios de mal vivir.

El ejemplo de Abū Yaʻqūb al-Manṣūr ilustra el proceso a la perfección. Su acceso al trono en 1184 se produce en detrimento de su hermano mayor Muḥammad, el primogénito y heredero, que es desposeído de sus derechos por el padre de ambos, el califa Abū Yaʻqūb Yūsuf, en los últimos días de su reinado. La razón de este despojo se debe a que, según las crónicas, era un disoluto y bebía públicamente vino:

> Porque llevaba en sus costados las señales de haber bebido vino prohibido y muestras de embriaguez, llevando las marcas de ello en sus vestidos, en su tienda y en su silla, cuando montaba en su caballo en la expedición, a la vista de los grandes de los almohades y de sus jeques y de todos los creyentes peregrinos que hacían la visita[40].

Ningún mejor golpe de efecto, por tanto, para su hermano y sustituto que presentarse y ser presentado, apenas unos meses después de haber

---

[38] Ibn Ṣāḥib al-Ṣalāt, *al-Mann bi-l-imāma*, pp. 65-66; trad. Huici Miranda, pp. 11-12.

[39] Véanse otros ejemplos en Maribel Fierro, *La heterodoxia en en al-Ándalus durante el período omeya* (Madrid: Instituto Hispano-Árabe de Cultura, 1987), p. 104, n. 26.

[40] Ibn Ṣāḥib al-Ṣalāt, *al-Mann bi-l-imāma*, p. 150; trad. Huici Miranda, p. 54.

subido al trono, como fiel guardián de la ortodoxia; una ortodoxia que quizá solo se contemplaba como un ideal, en tanto se practicase una extendida permisividad social, si no con el vino de uva, sí con las bebidas embriagantes, y no siempre de forma exclusiva en el ámbito privado. Refuerzan esta idea ciertos hechos fehacientes como que la producción y venta de bebidas alcohólicas, tanto en al-Andalus como en muchos otros puntos de la geografía islámica, estaba (y sigue estando) sujeta a la fiscalidad del estado, así como la existencia de multitud de lagares, prensas, establecimientos y utensilios para la elaboración y comercio del vino y otras bebidas alcohólicas en múltiples áreas de la geografía árabe[41]. La insistencia, por lo demás, de los manuales de *ḥisbah* en

---

[41] Véanse, entre una bibliografía ya abundante, Luis Molina, «Nota sobre *murūs*», *Al-Qanṭara*, 4 (1983), pp. 283-300; Shelomo Dov Goitein, *A Mediterranean Society. The Jewish Communities of the Arab World as Portrayed in the Documents of the Cairo Geniza* (Los Ángeles: University of California Press, 1983), vol. IV, *Daily Life*, pp. 254-255; Shoshan, *Damascus Life 1480-1500,* p. 68 y n. 129; Petry, «Travails of Prohibition», pp. 25-37; Donald Whitcomb y Hamdan Taha, «Khirbet al-Mafjar and its Place in the Archaeological Heritage of Palestine», *Journal of Eastern Mediterranean Archaeology and Heritage Studies,* 1 (2013), pp. 54-65; Mathieu Tillier y Naïm Vanthieghem, «Des amphores rouges et des jarres vertes: Considérations sur la production et la consommation de boissons fermentées aux deux premiers siècles de l'hégire», *Islamic Law and Society*, 30 (2023), pp. 1-64; Lutfi A. Khalil y Fatimi Mayyada al-Nammari, «Two Large Wine Presses at Khirbet Yajuz, Jordan», *Bulletin of the American Schools of Oriental Research,* 318 (2000), pp. 41-57; Paulina B. Lewicka, «Restaurants, inns and taverns that never were: some reflections on public consumption in Medieval Cairo», *Journal of the economic and social history of the Orient*, 48 (2005), pp. 40-91; Nizar Turshan y Matthew Cox, «Ya'amun Main Wine Press from Roman to the End of Umayyad and Early Abbasid Periods in Northern Jordan», *Mediterranean Archaeology and Archaeometry*, 15/3 (2015), pp. 131-139; Gideon Avni, «Between Ramla and Fusṭāṭ: Archaeological Evidence for Egyptian Contacts with Early Islamic Palestine», en Jelle Bruning, Janneke H. M. de Jong y Petra M. Sijpesteijn (eds.), *Egypt and the Eastern Mediterranean World. From Constantinople to Baghdad, 500-1000 CE* (Cambridge: Cambridge University Press, 2022), pp. 205-237; Lea Drieu, Paula Orecchioni *et alii,* «Chemical Evidence for the Persistence of Wine Production and Trade in Early Medieval Islamic Sicily», *Proceedings of the National Academy of Sciences* (*PNAS*), 118/10 (2021), pp. 1-8; Tasha Vorderstrasse, «Terms for Vessels in Arabic and Coptic Documentary Texts and Their Archaeological and Ethnographic Correlates», y Hansen, Nicole, «Sunshine Wine on the Nile», ambos en Alexander T. Schubert y Petra Sijpesteijn (eds.), *Documents and the History of the Early Islamic World* (Leiden: Brill, 2014), pp. 195-234 y 291-303, respectivamente;

torno a la vigilancia de los espacios públicos, del consumo de vino y de la venta de uvas al por mayor indica por una parte que la prohibición era vigente e indudable y, por otra, que la gente, en mayor o menor medida y con todas las salvedades posibles, nunca dejó de beber[42].

De hecho, el *topos* del legislador que celosamente irrumpe en los lugares arrasando tabernas, cascando tinajas y redomas, quebrando rabeles y espantando cantoras, es una parte esencial de la caracterización literaria del celo religioso y de la conquista de la legitimidad. Sucede con ʻAbd Allāh b. Yāsīn, el guía espiritual almorávide (m. 1058):

> ʻAbd Allāh b. Yāsīn continuó en seguida la marcha, hasta apoderarse de Siŷilmāsa, donde mató a todos los Magrāwa que había en ella. Se detuvo allí hasta que puso en orden sus asuntos y suprimió las iniquidades; recogió los instrumentos de música, quemó las casas en que se vendía vino, suprimió las contribuciones y los impuestos nuevos del Majzen, y dejó los tributos que prescribe el Alcorán y la Sunna[43].

Sucede, cómo no, con el Mahdī Ibn Tūmart (m. 1130):

> Al-Mahdī iba por los zocos y predicaba el cumplimiento de lo legal y la abstención de lo pecaminoso; rompía las flautas y los instrumentos de placer, y derramaba el vino donde lo encontraba; hizo esto en cualquier país a donde llegaba y en cualquier lugar donde se paraba[44].

Sucede también con Yūsuf b. Tāšfīn (m. 1106):

Antonio Malpica, «Algunos planteamientos sobre la vid en el mundo andalusí partiendo de la arqueología», en Julia María Carabaza y Jacinto E. Hernández Bermejo (eds.), *La vid en al-Andalus. Tradición, diversidad y patrimonio* (Granada: Comares, 2020), pp. 111-120.

[42] Véanse a este respecto las importantes matizaciones de Marín, «Consumo de alcohol», p. 300.

[43] Ibn Abī Zarʻ, *Rawḍ al-Qirṭās*. Ed. ʻAbd al-Wahhāb b. Manṣūr (Rabat: Dār al-Manṣūr, 1972), p. 128; *Rawḍ al-Qirṭās*. Trad. Ambrosio Huici Miranda (Valencia: Anubar, 1964), vol. I, pp. 244-245.

[44] Ibn Abī Zarʻ, *Rawḍ al-Qirṭās*, pp. 173-174; trad. Huici Miranda, vol. II, pp. 344-345.

> Cuando Yūsuf b. Tāšfīn se apoderó de al-Ándalus [...] se calmaron los pechos, se refrescaron los ojos, creció el amor de la gente de al-Ándalus hacia los almorávides y arreció el temor de los reyes de los cristianos. Yūsuf, a todo esto, los auxiliaba con tropas tras tropas y con una caballería tras otra, y decía en todas sus sesiones: «Mi único propósito, al apoderarme de esta península, era sacarla de manos de los cristianos, por ver cómo se habían apoderado de su mayor parte y por el descuido de sus reyes: por su abandono de la guerra, por delegar su gobierno, por su indolencia y por su afición al bienestar, pues la única preocupación de cada uno era el vino que bebían, las cantoras a quienes oían y las diversiones en que pasaban los días»[45].

La hallamos por supuesto en Damasco con Ibn Taymiyyah (1263-1328):

> En la mañana del citado viernes 17 de *rajab* de 699 (1300), merodeó el jeque Taqī l-Dīn Ibn Taymiyyah –Allāh lo tenga en Su Gloria– junto con sus seguidores, por las bodegas y tiendas de los vinateros, rompiendo vasijas, rajando pellejos, vertiendo el vino por doquier y amonestando severamente a quienes se engolfaban en estas conductas pecaminosas, cosa de la que se regocijó la gente[46].

De estas estrategias de legitimidad perseguidas por el gobernante, unas veces sinceras y otras coyunturales, fingidas o de conveniencia, podemos extraer una tipología clara, cuyas categorías no necesariamente están reñidas entre sí: 1) dignatarios o soberanos recién ascendidos al trono; 2) gobernantes que intentan reforzar su poder mediante aplicación pública de castigos ejemplares en contextos de crisis social, impopularidad o descontento social; y 3) gobernantes y personajes píos que velan por el orden público, por el mantenimiento del ideal de sobriedad como garantía del bienestar común, cuando la práctica del consumo de

---

[45] 'Abd al-Wāḥid al-Marrākušī, *Kitāb al-Mu'ŷib fī talĵīṣ āĵbār al-Magrib: Lo admirable en el resumen de las noticias del Magrib*, por Abū Muḥammad 'Abd al-Wāḥid al-Marrākušī. Trad. Ambrosio Huici Miranda (Tetuán: Editora Marroquí, 1955), p. 118.

[46] Ibn Katīr, *al-Bidāyah wa l-Nihāyah*, vol. XVII, pp. 727-728.

alcohol se liberaliza en exceso o da lugar a desórdenes y escándalos públicos[47]. Un texto de Ibn Ṣāḥib al-Ṣalāt (s. XII) reviste en este sentido un interés especial, pues conjuga claramente ambas cuestiones: el consumo permitido de la bebida de arrope fermentado entre las clases dirigentes almohades frente a la grave acusación de cometer un delito por ingesta de vino de uva o *ḫamr*. Se refiere a la denuncia que, en la campaña de Mahdiyyah (553/1158), presenta el visir 'Abd al-Salām b. Muḥammad al-Kūmī contra los hijos del califa almohade 'Abd al-Mu'min, asegurando que bebían vino:

> 'Abd al-Salām se adueñó de toda la situación en esta campaña y exigió y apretó a los Sayyids, y les atribuyó ante su padre malas acciones de diversiones y vanidades, de día y a lo largo de las noches; y ya de antiguo, antes de esta expedición victoriosa, los menospreciaba y trataba mal, y denunció al Amīr al-Mu'minīn que bebían el vino prohibido, y lo confirmó y repitió allí su acusación contra ellos. Se impresionó el Califa con su dicho, y para observarlos les envió unos jeques almohades de confianza, los cuales entraron en sus sitios de reunión, sin pedir permiso ni ser invitados; y los encontraron que comían su comida y que tenían en sus manos *la bebida cocida de arrope permitida, en la que no había disputa ni duda* (*mašrūb maṭbūḫ min al-rubb al-ḥalāl allaḏī lā mirya fīhi wa-lā rayba*)[48].

Como hemos ya apuntado, el concepto del orden público es esencial. En tanto no se fuerce al gobernante a ejercer la acción política represiva mediante el uso del precepto coránico de *al-amr bi-l-ma'rūf wa l-nahī 'an al-munkar*, muchos de los textos expuestos aquí parecen indicar que la ingesta de alcoholes de varia naturaleza gozó tradicionalmente de una permisividad mayor de la que en principio sería de suponer. La interdicción alcoránica, la prohibición del alcohol como epítome y resumen del modo de vida musulmán, y la comparación inevitable con buena parte

[47] Mohammed Mezziane ha mostrado una política de motivaciones muy parejas al respecto de la prohibición o represión pública de la homosexualidad en épocas premodernas: «Sodomie et masculinité chez les juristes musulmans du IXe au XIe siècle", *Arabica*, 55 (2008), pp. 276-306; véase además Marín, "Consumo de alcohol», pp. 296-297 y 314.

[48] Ibn Ṣāḥib al-Ṣalāt, *al-Mann bi-l-imāma*, p. 113; trad. Huici Miranda, pp. 30-31.

de las sociedades islámicas actuales nos inclinan a pensar algo que los textos, en un principio, desmienten.

Una anécdota de los primeros tiempos del islam ilustra perfectamente esta inestable (y algo contradictoria) coyuntura. Se refiere de nuevo al califa 'Uṯmān, y a los pormenores de la pública flagelación de su medio hermano al-Walīd b. 'Uqbah, gobernador de Kufa y dipsómano irredento. Ciertos notables de aquella ciudad llamados Abū Zaynab, Abū Muwarri' y Jundub guardaban una inquina personal contra al-Walīd porque este había mandado ejecutar a sus hijos, y lo acusaban públicamente, pero sin pruebas, de estar enfrascado con el vino y las cantoras, y de llevar un género de vida licencioso. Tras varios intentos, y dado que no lograban su objetivo, forjaron una conjura contra él: testificaron falsamente ante el califa que lo habían visto vomitar vino en público. Dado que se cumplían los medios de prueba estipulados (dos testigos irreprochables, al menos en teoría), a 'Uṯmān no le quedó otro remedio que azotarlo, castigo en el que participó el mismo imán Alí:

> Abū Zaynab y Abū Muwarri' se dirigieron a Medina y se presentaron ante 'Uṯmān. Con ellos vinieron algunos hombres que 'Uṯmān ya sabía que habían sido apartados de sus cargos por al-Walīd. Le refirieron al califa la acusación. Dijo 'Uṯmān: «¿Quién va a testificar?» —«Abū Zaynab y Abū Muwarri'», respondieron, «los otros tienen miedo». 'Uṯmān les preguntó: «¿Cómo visteis lo que decís que visteis?» —«Éramos miembros de su séquito», respondieron, «entramos a su presencia y estaba vomitando vino». 'Uṯmān dijo: «Sólo puede vomitar vino quien lo ha bebido».
>
> De seguido mandó llamar a al-Walīd. Cuando entró ante 'Uṯmān [...] juró que era inocente y explicó su versión de los hechos. 'Uthman dijo: «Cumpliremos con la pena estipulada [*ḥadd*] por beber vino, y el falso testigo se granjeará él solo el fuego del infierno. ¡Sufre pacientemente, hermano!» Luego dio la orden a Sa'īd b. al 'Āṣ, quien azotó a al-Walīd [...]. El día que lo iban a azotar llevaba puesto un manto [*ḫamīṣa*], pero Alí b. Abī Ṭālib (sobre él sea la paz) se lo arrancó de las espaldas[49].

[49] al-Ṭabarī, *Tārīḫ*, vol. IV, § 2848, pp. 276-277; al-Ṭabarī, *History*, trad. Humphreys, vol. XV, pp. 49-54.

Previamente, en sus intrigas contra al-Walīd, ya lo habían acusado sin pruebas ante otras personalidades, entre ellas el célebre Ibn Mas'ūd, compañero del Profeta, tradicionista y compilador del Alcorán, una de las primeras autoridades religiosas de su época:

> Jundub y algunos de sus hombres se acercaron a Ibn Mas'ūd y le dijeron: «al-Walīd es adicto al vino». Difundieron este rumor hasta que la gente comenzó a hablar de ello. Ibn Mas'ūd se pronunció entonces al respecto: «Cuando alguien hace algo a escondidas, no perseguimos sus vergüenzas ni violamos su intimidad»[50].

La respuesta lapidaria de Ibn Mas'ūd resume a la perfección la postura en la que tradicionalmente estuvieron conformes todas las escuelas jurídicas del islam: la privacidad y el domicilio son inviolables salvo causas muy justificadas, y si la transgresión no comporta un desorden público ni un perjuicio a otras personas, no se puede castigar al transgresor sin pruebas, ni conseguirlas violando su intimidad[51]. Si trasladamos la cuestión al dilema del consumo de alcohol en sus dos vertientes, pública y privada, las piezas finalmente encajan. Ello dejaría las cosas tal y como en general las hemos visto: unos elaborando vino, otros bebiéndolo con o sin ostentación pública, y el estado cobrando felizmente sus impuestos. Hasta que un gobernante, por determinadas razones que no siempre son sinceramente religiosas, decreta un escarmiento público y la historia vuelve a comenzar.

Establecer conclusiones generales sobre el consumo de alcohol a lo largo de la historia de las sociedades árabes premodernas es una ardua y extensa tarea que se escapa con mucho al alcance de estas páginas y que ha de basarse por fuerza en documentos, no solo literarios e históricos,

---

[50] «*Man istatara 'annā bi-šay', lam nattabi' 'awratahu wa-lam nahtak satrahu*», al-Ṭabarī, *Tārīḫ*, vol. IV, § 2845, pp. 274-275; al-Ṭabarī, *History*, trad. Humphreys, vol. XV, p. 50.

[51] Véase al respecto las ya clásicas obras de Michael Cook, *Commanding Right and Forbidding Wrong in Islamic Thought* (Cambridge: Cambridge University Press, 2004), y *Forbidding Wrong in Islam: An Introduction* (Cambridge: Cambridge University Press, 2003), esp. cap. 5 («What about privacy?»), pp. 57-72. Marín, «Consumo de alcohol», pp. 283, 317.

sino también arqueológicos y materiales. Con todo tipo de precauciones y reservas, nosotros nos inclinamos a pensar, siguiendo las palabras de D.S. Goitein, que estos «ataques espasmódicos de celo religioso» que hemos mostrado aquí no son sino el reflejo oficialista y normativo de «una cierta laxitud» que, con muchas variaciones y altibajos, parece haber prevalecido como norma general[52].

Más allá de la narrativa historiográfica y de la pública demostración de legitimidad aquí analizadas, cabe preguntarse finalmente una interesante y muy actual cuestión de orden puramente normativo: cuando las fuentes sugieren mediante una elaborada narrativa de *loci probantes* y épicas imágenes que se intentaba mantener la tradición, preservar los usos consolidados, evitar la innovación y la degeneración, precisamente lo que nos están diciendo es lo contrario: las campañas contra el vicio se suceden porque la gente bebía con obstinado empeño, y porque el alcohol parece haber sido una inexorable realidad histórica y social. Cuando Ibn Ṣāḥib al-Ṣalāt afirma que no había ninguna duda sobre la licitud de la bebida alcohólica de arrope, y cuando hasta el furibundo Ibn Ḥazm reconoce que la legalidad de ciertas bebidas alcohólicas estaba en discusión, ambos nos proporcionan una preciosa descripción de la norma imperante en sus tiempos. Resulta obvio, por otra parte, que en toda sociedad donde se da una prohibición constante o genérica de determinadas substancias o drogas, tiene que darse por fuerza una transgresión, que es la que sujeta la norma y le otorga razón para existir[53].

Al referir un testimonio que, lejos de ser unívoco o unánime, va cambiando y amoldándose al marco general condicionado por la prohibición coránica del *ḫamr*, las fuentes revelan cuanto callan y nos dejan entrever un variadísimo panorama de interpretaciones, escenarios, coyunturas, entornos culturales y materiales relacionados con el alcohol y su consumo, en una colorida y duradera variedad de casos que se remonta a los orígenes mismos del islam. Hoy, sin embargo, la interpretación parece

---

[52] Goitein, *A Mediterranean Society*, vol. I, p. 122; vol. II, p. 286.

[53] Véanse a este respecto las conclusiones de Marín, «Consumo de alcohol», p. 321.

haberse unificado en un sentido tan negacionista como regresivo[54]: toda bebida alcohólica está interdicta «porque así ha sido siempre»[55], incluso en usos culinarios, cuando el alcohol se cuece y evapora. Ello, sin embargo, hace recaer sobre las bebidas embriagantes una calificación que nunca tuvieron: la impureza. De la evitación de la ebriedad como disipación e inmoralidad; del escándalo público como alteración del orden y la paz social, pasamos a una escala mucho más compleja en términos religiosos, ideológicos, psicológicos y sociales: la concepción del cuerpo contaminado, la evitación de la impureza como marca que identifica y a la vez separa. ¿Estamos ante una resignificación identitaria, o simplemente atravesamos un período transitorio de rigorismo ideológico? Son interesantes cuestiones que solo el tiempo y otros estudios mejores que este nos ayudarán a comprender.

---

[54] Es interesante señalar dos casos contemporáneos semejantes a los aquí expuestos: el primero, cuando en 1983 el general y presidente Gaafar Nimeiry decreta la aplicación de la sharía en Sudán, celebrándolo con el vertido de cientos de botellas de alcohol al Nilo en Jartum. El segundo sucede en 2008: tras adquirir el hotel Grand Hyatt de El Cairo, el millonario saudí Abdel Aziz Ibrahim suspendió la venta de alcohol en el establecimiento y arrojó al Nilo más de un millón de dólares en cerveza, vino y whisky: «Alcohol is dumped in Nile», *The New York Times*, 25 de septiembre de 1983; «Egypt: no more liquor at my hotel!», *Los Angeles Times*, 22 de junio de 2008; «Last call at the Cairo Grand Hyatt», *NBC News*, 16 de julio de 2008.

[55] No nos parece inoportuno referir la comunicación personal (enero de 2024) de un acreditado arqueólogo que ha realizado importantes excavaciones en Oriente Medio y al cual, tras descubrir un lagar de notables dimensiones en unas importantes ruinas islámicas, las autoridades del país le sugirieron encarecidamente que catalogase el artefacto como «prensa para las uvas» evitando bajo cualquier circunstancia mencionar la palabra «vino».

La tradición mālikí en al-Andalus nazarí vista desde un texto religioso-jurídico: el caso de *Zahrat al-Rawḍ* de Ibn Bāq (s. XIV)*

Rachid El Hour
Universidad de Salamanca

I. Introducción

En varias ocasiones tuve la oportunidad de hablar de la obra Ibn Bāq, cuya edición realicé hace más de 20 años, incluso he podido publicar algunos estudios sobre ella. Creo que el interés de la obra dentro del mundo sociojurídico andalusí, sobre todo en una época como la nazarí hacen que este congreso y los temas que trata sean una ocasión inmejorable para volver a hablar de *Zahrat al-Rawḍ fī talḫīṣ taqdīr al-farḍ*.

* Este artículo es el resultado de los siguientes proyectos de investigación: «Género y santidad: experiencia religiosa y papel social a través de las vidas de mujeres santas en el norte de Marruecos (Tánger, Tetuán)» (N1 Referencia: PID2019-104300GB-I00), financiado por MCIN/AEI/10.13039/501100011033, FEDER «Una manera de hacer Europa», e «Identidad cultural y religiosa en el sufismo de Marruecos y Senegal (siglos IX-XX): Hagiografías, cuestiones de género y simbología» (Cód. PID2023-151079OB-100).

Mi contribución tiene como objetivo estudiar la tradición mālikí en el texto de Ibn Bāq. La obra es de carácter jurídico que se sitúa dentro de la tradición musulmana mālikí, aunque en algunos aspectos como la vestimenta y el uso de *ḥammām*, entre otros, se impone la costumbre y la tradición locales nazaríes, haciendo que se diferenciara de dicha tradición. Para demostrarlo, esta intervención abordará varios aspectos. Por un lado, y como es de esperar, hablará del autor y de la obra, aspectos muy importantes para situar la obra en un contexto histórico que puede resultar de interés para determinar la especificidad de la obra. Por otro lado, se analizarán los aspectos que ponen de manifiesto la singularidad de la obra dentro de la tradición mālikí andalusí.

II. IBN BĀQ AL-UMAWĪ[1]

Son pocos los datos que existen sobre la persona de Ibn Bāq. No se refieren a él ninguna fuente biográfica, ni siquiera las de época nazarí. Ibn al-Jaṭīb, por ejemplo, no hace alusión a este personaje. Sin embargo, gracias a un artículo de 'A. Az. Al-Sāwirī[2] se ha podido saber su nombre completo: era Abū l-Ḥasan 'Alī b. Muḥammad b. Bāq al-Andalusī, al-Umawī[3], natural de Almería, que fue mujtahid y probablemente hizo la peregrinación, cosa que se deduce de que el autor de su biografía lo llama al-ḥājj. Murió el 14 de Šuwwāl de 763/6 de agosto de 1362. Al no conocer la fecha de su nacimiento, resulta imposible calcular la edad que tenía cuando murió. A pesar de todo, esta biografía demuestra que Ibn Bāq vivió en época nazarí, aunque es difícil saber concretamente bajo qué reinado; probablemente durante los de Yūsuf I

[1] Reproduzco aquí parte de la biografía publicada en la edición de la obra de Ibn Bāq, *Zahrat al-rawḍ fī talḫīṣ taqdīr al-farḍ*. Ed. Rachid El Hour (Madrid: CSIC, 2003).

[2] Al-Sāwirī, «Tarājim magribiyya andalusiyya tunšar li-awwal marra», *Da'wat al-Ḥaqq*, 338 (1998), pp. 101-109, biografía n.º 5.

[3] Ibn al-Zubayr (*Ṣilat al-ṣila*. Ed. Evarist Levi-Provençal [Rabat: Économique, 1938,], p. 144, n.º 288) menciona a un tal Abū l-Ḥasan 'Alī b. Yūsuf b. 'Alī b. Bāq, murciano, a quien los cristianos dieron muerte en 674/1275-6. Dice Ibn al-Zubayr que tenía poco saber (*lam yakun kaṯīr 'ilm*). No creemos que tenga mucho que ver con Ibn Bāq, autor de esta obra, aunque cabe la posibilidad de fuera familia suyo, basándonos en su *kunya* y en la cercanía geográfica.

(734-757/1333-1354) y de su hijo Muḥammad V (754-794/1354-1391), pese al paréntesis (762-764/1360-1363) impuesto por el golpe llevado a cabo por el hermanastro de este, Ismā'īl II[4], en 760/1360. No cabe duda de que esta nueva realidad política afectó a la ciudad de Almería, sobre todo si tenemos en cuenta que el gobernador de Almería «se declaró a favor de Islmā'īl II e hizo encarcelar a los mensajeros de Muḥammad V»[5], pero aquí no pretendo analizar los acontecimientos históricos de la época, sino proporcionar las circunstancias en las que vivió Ibn Bāq. Este murió poco después de que Muḥammad V recuperase su reino el 20 de Jumādā II 763/16 de marzo de 1362; con ello se adueñó, sin duda, de todo su territorio, incluyendo Almería[6].

Según la obra, Ibn Bāq era *fāriḍ*[7], es decir, un experto, entre otros[8], en la evaluación de las obligaciones y pagos legales, y es evidente que Ibn Bāq tenía conocimiento en el tema del cálculo e incluso de química, que, al parecer, eran necesarios para su trabajo[9]. Estamos ante una nueva aportación acerca de la existencia del trabajo de unos expertos ligados a la administración judicial andalusí en época nazarí, aunque cabe la posibilidad de que haya existido en épocas anteriores, especialmente en época almohade[10], partiendo de la idea de que la herencia almohade era fuerte y muy bien consolidada en época nazarí. Esta herencia se manifiesta en varios

---

[4] Véase Ibn al-Jaṭīb, *al-Lamḥa al-badriyya fi l-dawla al-naṣriyya*. Ed. Muḥibb al-dīn al-Ḫaṭīb (El Cairo: al-Matba'a al-Salafiyya, 1929/1347), p. 22; Cf. Rachel Arié, *El reino nazarí de Granada (1232-1492)* (Madrid: Mapfre, 1992), p. 47.

[5] Arié, *El reino nazarí de Granada,* p. 45.

[6] En Almería un jefe local se sublevó en agosto de 1366 con la autoridad real, pero la revuelta fue reprimida (Arié, *El reino nazarí de Granada,* p. 49). Esto confirma que la ciudad de Almería ya había sido recuperada por Muḥammad V antes de esta fecha.

[7] Este término no figura en ninguna de las fuentes biográficas andalusíes que he podido manejar, por lo que me he basado únicamente en el texto de Ibn Bāq para deducir que designaba de expertos ligados a la administración pública nazarí. Se puede llegar a esta conclusión si se toma en consideración lo que Ibn Bāq dice al principio de esta obra: «cuando fui encargado de determinar la evaluación de las obligaciones y pagos» (*lammā usnida ilayya al-naẓar fī taqdīr al-farḍ*).

[8] Ibn Bāq también habla de otros furrāḍs, por lo que se observa que no era el único. Cf. *Zahrat al-rawḍ*, p. 46.

[9] Agradezco a la Dra. D. Serrano sus opiniones a este respecto.

[10] Agradezco a la Dra. M. Fierro sus opiniones a este respecto.

aspectos, sobre todo en el sistema monetario nazarí. Desgraciadamente no se sabe casi nada de estos expertos ni de su existencia en épocas anteriores –aunque sí tenemos noticias sobre otros, por ejemplo, en temas como construcción–[11] y sus competencias, los criterios de su elección por parte de las autoridades y las condiciones que se exigían para ejercer su función. No se sabe en qué circunstancias se recurriría a sus servicios, ni si estos eran requeridos en cualquier momento o solo en situaciones conflictivas[12].

III. Zahrat al-rawḍ fī taljīṣ al-farḍ

En cuanto a la obra, *Zahrat al-rawḍ*, ninguna de las fuentes árabes manejadas hace alusión a ella, a pesar de la enorme utilidad que representan las informaciones a ella expuestas. La obra de Ibn Bāq se puede clasificar como un manual que refleja el quehacer de su trabajo. En él, el autor recoge varios temas y aspectos de la vida socioeconómica de la Almería nazarí, lugar de residencia de Ibn Bāq. La obra es un buen reflejo de varios problemas legales a los que se enfrentaba el autor, especialmente en materias como el acidaque, el azaque y la indumentaria. Desde su posición profesional como experto en la evaluación de las obligaciones, Ibn Bāq intenta determinar las distintas obligaciones y responsabilidades económicas que corresponden al marido, en diversos aspectos repartidos entre los 10 capítulos que componen esta obra[13].

III.1. La tradición religiosa mālikí en *Zahrat al-rawḍ*

En primer lugar, hemos de dejar claro que la obra se sitúa dentro de la tradición mālikí, pese a las singularidades que se aprecian en algunos apartados, producto, en mi opinión, de la delicadeza del momento histórico por el que pasaban los pocos territorios que quedaban en al-Andalus. Mucha casualidad que otra obra de derecho mālikí, también del periodo

[11] Véase Jean Pierre Van Staëvel, «Savoir voir et le faire savoir: l'expertise judiciaire en matière de construction, d'après un auteur tunisois du 8e/XIVe siècle», *Annales Islamologiques*, 35 (2001), pp. 627-662.

[12] Para más detalles véase la edición de la obra antes señalada.

[13] Para más detalles véase la edición de la obra de Ibn Bāq.

nazarí, trata temas de pensión de las mujeres divorciadas. Se trata de *Maqāla fī farḍ al-nafaqāt li-l-zawjāt al-muṭallaqāt* de Ibn Manẓūr al-Qaysī al-Mālaqī (814-5/888-1478)[14]. (*Misiva acerca de la evaluación de las pensiones de las mujeres divorciadas*). He de hacer hincapié en la aparición del término «farḍ» en el título de las dos obras, que he traducido por «evaluación». La aparición del término en la segunda obra puede llevarnos a deducir, por un lado, que el cargo de *fāriḍ* continuaba existiendo casi un siglo después de su probable aparición en la época de Ibn Bāq y, por el otro, que el tema de las pensiones realmente constituía un problema sociojurídico en época nazarí. La obra de Ibn Manẓūr tiene la singularidad de incluir, además de las pensiones que corresponden a las madres, las pensiones de hijos e hijas y las que corresponden a las mujeres responsables de la custodia de niños. Invita a reflexionar la especificación que hace Ibn Manẓūr del sexo de los hijos a cargo de las madres, y de los niños. No sé si esto es indicativo de que había diferencias en las pensiones según el sexo de los niños, pero lo cierto es que había resistencia en el pago de las pensiones por parte de los hombres.

Volviendo a la obra de Ibn Bāq, no creo que sea necesaria concretar dónde se plasma la tradición mālikí en general porque sería copiar la mayor parte de ella. Sin embargo, nos gustaría centrar nuestro interés en las fuentes usadas por Ibn Bāq para la composición de su obra, aspecto que más nos permite ver el peso que tiene la tradición mālikí.

Esta tradición se aprecia especialmente en la aparición de las obras clásicas del derecho mālikí que ha utilizado el autor, encabezadas, como es natural, por *al-Muwaṭṭa'* del fundador de la escuela mālikí, Mālik b. Anas (179/795-6); además cita otros siete textos orientales. Sin embargo, las obras andalusíes de derecho mālikí son las más citadas por Ibn Bāq, encabezadas por la *Wāḍiḥa* de Ibn Ḥabīb (m. 238/852)[15], *Al-Tafrīʻ*

[14] Ibn Manẓūr al-Qaysī, *Maqāla fī farḍ al-nafaqāt li-l-zawjāt al-muṭallaqāt 'alā azwāzihinna fīmā yakūnu baynahum min al-banīn wa-l-banāt wa-l-nisā' al-ḥāḍināt 'alā man lahunna min al-maḥḍūnīn wa-l-maḥḍāwunāt*. Ed. Ḥayāt Qārra (Rabat: Dār al-Ḥadīṯ al-Kattāniyya, 2019 [1440]).

[15] Véase *Das K. «al-Wādiha» des 'Abd al-Malik b. Habīb*. Ed. Beatrix Ossendorf-Conrad (Beirut: In Kommission Bei Franz Steiner Verlag Stuttgart, 1994). Véase también Ibn Ḥabīb, *al-Tarīf = Historia*. Ed. Jorge Aguadé (Madrid: CSIC, 1991).

de Ibn al-Jallāb (m. 378/985)[16]; *Muntaḫab al-aḥkām* de Ibn Abī Zamanīn (m. 399/1008-9)[17]; *Al Muqni' fī 'ilm al-šurūṭ* de Ibn Mugīt (m. 459/1067)[18]; *Al-Kāfī fī fiqh al-Madīna al-Mālikī* de Ibn 'Abd al-Barr (m. 463/1070-1)[19]; *Al-Istiḏkār al-Jāmi' li-maḏāhib fuqahā' al-amṣār wa-l– 'ulamā' al-aqṭār* de Ibn 'Abd al-Barr[20]; *Al-Waṯā'iq* de Abū l-Qāsim Ḫalaf b. Sulaymān b. Fatḥūn (m. 505/1112)[21]; *Fatāwā*[22] o *masā'il* de Ibn Rušd (m. 521/1126)[23]; al-Maqṣad al-maḥmūd fī talḫīṣ al– 'uqūd de al-Jazīrī (m. 585/1236)[24]; Kitāb al-Nafqāt de Ibn Rašīq (m. 446/)[25]. También usó obras magrebíes,

---

[16] Véase Alfonso Carmona, «El autor de las leyes de moros», en *Homenaje al profesor José María Fórneas Besteiro* (Granada: Universidad, 1994), vol. II, pp. 857-862; *El tratado jurídico de al-Tafrī'* de Ibn la-Jallāb, Manuscrito aljamiado de Almonacid de la Sierra. Edición y estudio Souha Abboud-Haggar (Zaragoza, Diputación Provincial de Zaragoza-Institución «Fernando el Católico», 1999).

[17] Véase Ibn Abī Zamanīn, *El KitābMuntaḫab al-aḥkām*. Ed. y trad. María Arcas Campoy. Resumen de tesis doctoral inédita, Universidad de Granada, 1984; María Arcas Campoy, «La correspondencia entre los cadíes en *el Muntaḫab al-Ahkām* de Ibn Abī Zamanīn», en *Actas del XII Congreso de la U.E.A.I. (Málaga, 1984)* (Madrid: s.n. 1986), pp. 47-62; «Ibn Abī Zamanīn y su obra jurídica», *Cuadernos de Historia del islam*, 11 (1984), pp. 87-101.

[18] *Al-Muqni' fī- 'ilm al-šurūṭ (Formulario notarial)*. Ed. Francisco Javier Aguirre Sádaba (Madrid: CSIC, 1994).

[19] Ed. Beirut: Dār al-Kutub al-'Ilmiyya, 1987 (1407). Sobre Ibn 'Abd al-Barr véase Manuela Marín, «La obra genealógica de Ibn 'Abd al-Barr», en *Actas de las Jornadas de Cultura árabe e islámica (1978)* (Madrid: Instituto Hispano-Árabe de Cultura, 1981), pp. 205-229, especialmente la p. 206 y ss; «La actividad intelectual», en *Los reinos de taifas: al-Andalus en el siglo XI. Historia de España Menéndez Pidal,* VIII/1. Ed. María Jesús Viguera (Madrid: Espasa Calpe, 1994), pp. 501-561.

[20] Ed. Damasco: Iḥyā' al-Ṭurāt al-Islāmī, 1973, 30 vols.

[21] La obra no está editada. Sobre ella véase Rachid El Hour, «Ibn Fatḥūn, Abū l-Qāsim», en *Enciclopedia Andalusí. Biblioteca de al-Andalus* (Almería: Fundación Ibn Tufayl de Estudios Islámicos, 2004), pp. 75-76.

[22] Edición Muḥammad 'Abd al-Ḥamīd al-Tiḫkānī, al-Dār al-Baydā', Casablanca, 1992. Véase la reseña de Delfina Serrano Ruano, «Fatāwā y Masā'il de Ibn Rušd», *al-Qanṭara*, 15 (1994), pp. 531-532.

[23] Ed. al-Mujtār al-Tāhir al-Talīlī (Beirut: Dār al-Āfāq al-Jadīda, 1987).

[24] Ed. Asunción Ferreras (Madrid: CSIC, 1998); reseña Wael Hallaq, *Al-Qanṭara*, 20 (1999), pp. 551-552.

[25] Ed. 'Abd al-Salām al-Ja'māṭī-Riḍwān al-Ḥaḍrī (Tetuán: Manšūrāt al-Majlis al– 'Ilmī al-A'lā, 1998).

como la *Mudawwana* de Saḥnūn (m. 240/854)[26]; *Iṯbāt mā laysa min-hu budd li-man arāda al-wuqūf 'alā ḥaqīqat al-dīnār wa-l-diham wa-l-ṣā' wa-l-mudd* de al-'Azafī[27]; *al-Muqni'* de Jamā'a al-Tūnisī (m. 712/1312-3), o la de al-Qāsim b. al-Kātib (m. 408/1017-8); además de basarse en la obra del siciliano Abū Bakr b. Yūnis al-Tamīmī (m. 451/1059-60). Sin embargo, observamos que han sido tres obras que más han influido en la labor de Ibn Bāq como experto en la evaluación de las obligaciones: al-Jazīrī o al-Bāhilī, y sobre todo Ibn Rašīq (m. 1054), almeriense de época de taifas y autor de *Kitāb al-nafaqāt*, la primera y única obra que trata exclusivamente el tema de las pensiones antes del periodo nazarí.

Se observa pues, que las obras andalusíes son las que han sido más citadas. Creo que la frecuencia del uso de las obras andalusíes es un buen reflejo del peso de la tradición mālikí andalusí en la creación de las normas jurídicas nazaríes.

III.2. Ibn Bāq y la tradición mālikí nazarí

Tal como se ha comentado con anterioridad, la obra se sitúa en la tradición religiosa mālikí, presente en la práctica totalidad de los diversos apartados. Sin embargo, el autor consciente o inconsciente deja constancia de identidad nazarí, y almeriense en particular, en cuanto a algunos aspectos, todos ellos relacionados con las mujeres nazaríes de su época.

Vamos por partes:

a. Indumentaria

Ibn Bāq, como hace en todos los apartados de su obra, empieza hablando de la normativa mālikí, pero acaba hablando de al-Andalus nazarí, pero especialmente de su ciudad, Almería, haciendo hincapié en las

---

[26] Sobre la difusión de esta obra en al-Andalus véase José María Fórneas, «Datos para un estudio de la *Mudawwana* de Saḥnūn en al-Andalus», en *Actas del Coloquio Hispano-tunecino (Palma de Mallorca, 1979)* (Madrid: Instituto Hispano-Árabe de Cultura, 1983), pp. 93-118; 'Umar al-Jīdī, *Muḥāḍarāt fī ta'rīḫ al-Mālikī fī-l- Ġarb al-Islāmī* (Casablanca: Manšūrāt 'Ukāẓ, 1987).

[27] Edición Mohamed Cherif, Abū Ẓabbī: al-Mujamma' al-Ṯaqāfī, 1999; reseña de Rachid El Hour en *al-Qanṭara*, 22 (2001), pp. 239-241.

normas y costumbres locales, dejando claro que a pesar de compartir las normas de la escuela mālikí, al-Andalus, y Almería en particular, gozaban de normas mucho más flexibles.

El apartado de la vestimenta es uno de los que realmente plasma la especificidad de la tradición mālikí nazarí.

El vestido tenía un valor socioeconómico muy importante. Por ello, podía provocar conflictos sociales y jurídicos y los doctores del derecho se vieron obligados a establecer normas legales que los evitaran, lo que se manifiesta particularmente en la redacción de los contratos a la hora de utilizar todo el acidaque o parte de él para la compra del vestido, por parte del walī.

Existen algunos trabajos acerca del vestido andalusí en época nazarí, en los que utilizan obras como *al-Lamḥa al-badriyya* del granadino Ibn al-Ḫaṭīb, el Muġrib de Ibn Sa'īd, las pinturas de Alhambra y algunas fuentes cristianas en las que se pueden recoger referencias sobre el vestido andalusí de la época[28]. Sin embargo, ha de tenerse en cuenta que la mayor parte de las informaciones se centran en el vestido de los hombres (soldados, notables), mientras que las noticias referentes a la indumentaria de las mujeres son muy escasas. Por eso, la obra de Ibn Bāq puede rellenar parte de esta laguna.

Ibn Bāq informa que, a la hora de la compra del vestido, el marido debe tener en cuenta tanto lo que su mujer suele ponerse (es decir, que no puede comprarle vestido por su propio gusto), como las diferentes estaciones del año, pues le corresponde una camisa y una pelliza para el invierno si ella es de las que se visten con piel de cordero y de conejo (*in kānat mimman talbas al-ḫirfān aw min al-qalniyāt in kānat talbasu-hā*), y una camisa que oculte la pelliza (*qamīṣ yuwārī al-farw*), un velo (*miqna'a o jimār*), botines (*juffān*) y calzas (*jawrabān*) para el invierno.

Como la seda ha sido siempre una mercancía de lujo, a veces ni siquiera los ricos están obligados, desde el punto de vista legal, a conceder nada de seda a sus mujeres. Ibn Juzayy (m. 741/1340) seguramente contemporáneo de Ibn Bāq, aunque vivió en dos ciudades diferentes, Granada y Almería, proporciona importantes datos acerca del uso de seda en

[28] Véase Rachel Arié, «Quelques remarques sur le costume des musulmans d'Espagne au temps des Naṣrides», *Arabica*, 12 (1965), pp. 244-261.

los vestidos, referencias que pueden ayudarnos a determinar la opinión, no solo de Ibn Juzayy, sino también de los alfaquíes y juristas del reino nazarí de Granada: «con respecto a los tipos de vestidos se declaran lícitos todos ellos para las mujeres, mientras que a los hombres se les prohíbe, por completo, todos los que contengan seda y oro»[29].

Parece ser que la prohibición de la seda afectaba únicamente al uso de la seda pura y no a la mezclada con otras materias, como la lana; en el reino nazarí de Granada se seguía a este respecto la tradición islámica general[30].

Ibn Bāq ofrece una amplia lista de los componentes de la *kiswa* en al-Andalus y, probablemente, en la Almería nazarí. Al especificar dicho vestuario, hace hincapié en que ha de ser renovado. Entre las prendas cuya duración se calcula en dos años, figura la aljuba, la pelliza, los trajes confeccionados con piel de cordero (*ṯawb al-jirfān*) o de conejo (*ṯawb al-qanliyāt*), los de lanza gruesa (*ṯiyā al-ṣūf al-gilāẓ*) con el alquicel (*al-kisā'*)[31] y los hechos con fieltro o algo parecido, como los llamados *al-qabaṭī al-maḥšuwwa*. Cuatro años se suponía que duraban las túnicas cortas sin mangas tabaríes y argelinas (*al-abdān al-ṭabariyyāt al-jazā'iriyyāt*), las piezas de tejidos tunecinas (*al-maqāṭi' al-tūnisiyya*)[32], una especie de calzón (*al-fuwaṭ*)[33] cinturones, mantos (*kibab*)[34] y bonetes (*ġafā'ir*). Algunas de estas prendas duraban tanto

---

29 Arié, «Quelques remarques», p. 158.

30 Los puertos de Málaga y Almería fueron testigos de cómo la seda fabricada en al-Andalus se exportaba hacia el Oriente Musulmán (Dolores Serrano-Niza, «Los vestidos según la ley islámica. La seda», *Boletín de la Asociación Española de Orientalistas*, 29 [1993], pp. 155-165, p. 160). Véase también Joaquín Vallvé, «La industria en al-Andalus», *Al-Qanṭara*, 1-2 (1980), pp. 209-242, p. 230.

31 Es una especie de manto, cf. Reinhart Dozy, *Dictionnaire détallé des noms des vêtements chez les arabes* (Amsterdam: Jean Müller, 1845), p. 393.

32 Ibn al-Jaṭīb utiliza este mismo término al referirse a los vestidos de las mujeres granadinas de su época, lo que parece indicar que su uso era generalizado en el reino nazarí de Granada. Véase *al-Lamḥa al-Badriyya*, texto, 27 y trad. Arié en «Quelques remarques», p. 249. Arié traduce *al-maqāṭi' al-tūnisiyyāt* por «pièces d'étoffes tunisiennes».

33 Dozy, *Dictionnaire,* p. 340; *Supplément aux dictionnaires arabes* (Leiden: Brill, 1927), p. 287.

34 Puede que el autor o el copista haya cometido un error, por *kabba* (pl. *kibab*) y no *kibāb* (que es como aparece en el texto). *Kibab* pueden ser capas sin mangas (Dozy, *Supplément,* vol. II, p. 436).

porque solo se usaban en determinadas ocasiones. Incluso, en el caso de los *ġafā'ir*, se calcula que pueden durar más de cuatro años.

Ibn Bāq se refiere igualmente a los vestidos que se ponen las mujeres para salir a la calle (*ṯiyāb al- ḫurūj*) y la ropa de casa, apoyándose en al-Matīṭī. Esta parte del ajuar se componía de almalafas o mantos, zaragüelles, mantos negros (*ḫamāsī*), calzas (*ġawārib*), un cinturón introducido por la cinturilla (*tikak*) y, en cuanto a la ropa de casa, fieltros (*labad*), tapices de color (*hanbal*). Por otro lado, Ibn Bāq hace una importante diferenciación entre los vestidos en la ciudad y en el campo en lo que se refiere a su duración. Y por primera vez habla, aunque de manera efímera, de los hombres y sus vestidos. Por ejemplo, dice que los zaragüelles (*sarāwīl*) de los hombres en la ciudad duran siete meses, mientras que los de los hombres del campo duran solo seis, los alcorques o pantuflos (*arqāq*)[35] de los hombres son para un periodo de ocho meses, mientras que a los de las mujeres se les da un periodo indeterminado, por sus escasas salidas a la calle (*li-qillat ḫurūji-hinna*).

Ibn Bāq termina diciendo que las túnicas (*aksiya*), los sacos de lana gruesos (*ṭalāliṣ ġilāẓ*)[36], el tapiz de color para extender y para dormir son para cuatro años; las esteras para tres y el iškān, antes citado, para un tiempo indeterminado. El marido debe cambiar cada uno de estos enseres (*asbāb*) cuando termina su plazo y reemplazar los que estén gastados. Ibn Bāq deja claro que es al *fāriḍ* a quien corresponde examinar estos muebles y determinar las obligaciones pertinentes para el marido, teniendo en cuenta que las mujeres sin hijos tienen un estatus y las madres tienen otro, y que han de considerarse igualmente las necesidades de las mujeres de alto rango (*li-l-mufrada ḥukm li-ḏawāt al-awlād ḥukm wa-li ahl al-šaraf wa-l-rafāhiya ḥukm*).

---

[35] Sobre los alcorques, cf. Jaime Oliver Asín, «*Quercus* en la España musulmana», *Al-Andalus*, 24 (1959), pp. 125-181.

[36] También pueden ser tapices (Dozy, *Supplément*, vol. I, p. 150).

b. Uso del baño público, o el Ḥammām

Este es el apartado en el que más se manifiesta el cambio de las normas mālikíes al respecto, favoreciendo normas y costumbres locales.

Hemos visto que las mujeres tenían derecho a recibir vestidos especiales para sus salidas de la casa. ¿A dónde iban las mujeres? Los alfaquíes discutieron, por ejemplo, sobre si estaba permitido que fueran al baño público (*ḥammām*), y algunos se mostraron partidarios de que se les prohibiera este tipo de salidas[37]. Algunos alfaquíes, escandalizados por la ruptura de las normas sociales que rigen las salidas a la calle –las limitan en tres salidas: salida hacia la casa de su marido cuando se casa, la salida cuando fallecen sus padres, y la salida al cementerio cuando ella muere– ruptura que se manifiesta en la salida de las mujeres a la calle y mezclarse con los hombres[38]. Cuando su salida a la calle se convirtió en realidad se empezó a crear normas que prohibían hablar con ellas (–ةروع اهتوص–), y mezclarse con ellas a través de la ventas y comercio conducía a la *fitna* (corrupción), entre otras normas[39].

La *ṭahāra*, o los rituales de higiene, es uno de los aspectos más presentes en las normas legales existentes sobre el cumplimento de rituales básicos en el islam, como la oración, el ayuno, el parto, y demás aspectos que exigen una purificación para poder llevar a cabo dichos rituales. Por ello, lugares como el *ḥammām* o el baño, no solo tienen una gran

---

[37] El uso de del *Ḥammām* también fue tema de discusión entre los juristas de Túnez en el siglo XV, llegando a prohibirlo a las mujeres, con el pretexto de que se desnudaban en él (*nisā' al-waqt jadjulna fīhā 'urāt*). De esta cuestión se ocupa al-Burzulī, *Jāmi' masā'il al-aḥkām mimmā nazal min al-qaḍāyā bi-muftīn wa-l-ḥukkām*, ms. 450 del ms. De la B.G.R, fol. 30, cf. Manuela Marín, «Derecho islámico medieval y fronteras de género: reflexiones sobre textos de al-Burzulī (m. 841/1438)», *CLEPSYDRA*, 9 (2010), pp. 21-40; Cristina de la Puente, «Judicial Sources for the Study of Women: Limitations for the Female's Capacity to Act According to Mālikí Law», en Manuela Marín y Randi Diguilhem (eds.), *Writing the Feminine: Women in Arab Sources* (London-New York; I.B. Tauris, 2002), pp. 95-110.

[38] Muḥammad Yāsir al-Hilālī, *Al-jasad al-unṯawī fī awāḫir al-aṣr al-wasīṭ wa-bidāyat al-ḥadīṯ. Wāqi', ṣuwar wa-tamaṯṯulāt, A'māl nadwa: Al-jasad al-unṯawī fī mujtami'āt al-Mutawassiṭ min al-qarn al-sādis 'ašar ilā al-yawm. Tamaṯṯulāt, ma' ārif* (Jāmi 'at Tūnis: Kulliyat al-'Ulūm al-Insāniyya, 2010), pp. 9-38, p. 14.

[39] al-Hilālī, *Al-jasad al-unṯawī*, p. 14.

presencia para la consecución de dicha purificación, sino también forman parte del propio tejido urbano de las ciudades islámicas. Hay que tener en cuenta, por otro lado, la

> dimensión simbología del *iġtisāl*, como consecuencia de un acto sexual, de cuyos objetivos básicos, limpiar el cuerpo del acto sexual y sus consecuencias y regresar al estado de conciencia de fe, como estado permanente a través del puente de la higiene o *tahāra* con agua.

El ritual de higiene es el que garantiza pasar una vez más al tiempo de la fe, como tiempo dominante en la conciencia del creyente[40].

Los fluidos corporales, como dice Manuela Marín:

> se consideran causa de contaminación y pérdida de esa pureza necesaria para el encuentro con Dios; de ahí que quienes hayan mantenido relaciones sexuales debe lavar su cuerpo completo antes de orar y que las mujeres deban hacerlo también tras la menstruación o el parto[41].

Para el musulmán, el cuerpo es el instrumento o el medio de acercamiento del ser humano a Dios, como dice Ben Ziyyān Ḫayra[42]. El uso del *ḥammām* «significa en muchos países árabes hacer el amor», ya que el *ḥammām* y todo el interés que implica es «una preparación un hecho concreto, es el resumen y un preámbulo del hecho sexual»[43].

Al ser un lugar frecuentado por hombres y mujeres, se ha convertido en un lugar de reuniones sociales y, por lo tanto, obedece a unas normativas de diversa índole, legales, y por supuesto sociales. En este sentido, al-Andalus marca cierta diferencia, si lo comparamos con otros lugares del occidente islámico, como es el caso de Fez del siglo XIII, o Túnez del siglo XV, los cuales veremos a continuación.

---

[40] al-Hilālī, *Al-jasad al-unṯawī*, p. 28.

[41] Marín, «Derecho islámico medieval y fronteras de género», pp. 33-34.

[42] Jayra Ben Ziyyān, «Al-Ṭuqūs al-Nisā'iyya wa-l-fadā' al-Ijtimā'ī. Al-Ḥammām al-Ša'bī namūḏagan», *al-Ḥiwār al-Ṯaqāfī*, 5/2 (2016), pp. 143-148.

[43] Ben Ziyyān, «Al-Ṭuqūs al-Nisā'iyya wa-l-faḍā' al-Ijtimā'ī».

Ibn Bāq presta mucha atención, haciendo hincapié en la opinión legal, y por lo tanto en la normativa mālikí vigente en al-Andalus nazarí, al uso de los baños públicos por las mujeres. Fiel a su método en toda la obra, Ibn Bāq empieza por la exposición de la opinión de los juristas mālikíes, orientales y occidentales, si las hubiera, y se traslada a hablar de la opinión de los juristas nazaríes. Según Ibn Bāq, Ibn 'Āt (m. 609/1222) prohibía a las mujeres ir al baño público (*ḥammām*) e incluso fijó un castigo para ellas y para el dueño del *ḥammām* que les permitiese la entrada[44]. Sin embargo, en la práctica, en Almería no solo estaba permitido, sino que el marido estaba obligado a correr con ese gasto. Ibn Bāq informa que los alfaquíes, imanes y gente de alto rango iban al *ḥammām*, como cosa permitida por la ley. En cuanto a las mujeres, dice que no quedada una, niña o adulta, que no lo hiciera, especialmente en las fiestas (*a'yād*), hasta el punto de que en algunas ciudades existían baños exclusivamente para ellas, a los que no se permitía entrar a los hombres. En Almería ir al *ḥammām* era, tal como dice el autor, una costumbre muy extendida, y las mujeres lo utilizaban para prepararse para la noche de bodas[45].

El uso del *ḥammām* suscitó un intercambio de opiniones entre los juristas de las dos ciudades más importantes del reino nazarí de Granada. Según Ibn Bāq, los almerienses enviaron a los granadinos un texto en el que se mostraron partidarios de que, teniendo en cuenta la costumbre y el interés común, fuera obligatorio que el marido pagase los gastos de las salidas al baño de su mujer. Los granadinos se mostraron de acuerdo, aunque consideraban reprobable que se hiciera obligatorio el uso del *ḥammām*.

Ibn Bāq, por otro lado, pone de manifiesto que las obligaciones del marido en Almería dependían en gran medida de la clase social a la que pertenecían las mujeres. A las almerienses de clase elevada (*ḏawāt al-šaraf wa-l-qadr*) les corresponden varios vestidos en su pensión: el vestido para ir al *ḥammām* es diferente del que se ponen normalmente

---

44 De la Puente, «Judicial Sources for the Study of Women», p. 229.

45 Sobre las bodas, véase Manuela Marín, *Mujeres en al-Andalus* (Madrid, CSIC, 2000), pp. 418 y ss.

en su casa o de otros vestidos de salida. Además se le pagan todas las necesidades para ir al *ḥammām*: la alheña y la masajista y su sueldo, entre otras cosas (*wa-qad ra'ay-tu ba'ḍ al-quḍāt fī zanāni-nā faraḍa li-imra'a min ahl al-ḫāh wa-l-rafāhiya kiswa mu'ayyana lil-ḥammām 'alā infirād dūn kiswati-hā wa-kiswat ḫurūji-hā wa-faraḍa la-hā min al-ḥinna wa-l-ṭayyāba wa-uḫrat la-hu, ilā ġayr dālika mimmā yata'allaq bi-l-ḥammām*).

Estas mujeres también tenían derecho a un vestido de tela fina para las épocas del calor (*al-ṯiyāb al-riqāq fī zaman al-ḥarr*), y a otro para sus tareas de casa (*kiswat al-imtihān*). Por esto las llama Ibn Bāq *ḏawāt al-kiswāt al-muḫtalifāt* ('mujeres de diversos trajes', y esto puede llevar a la conclusión de que sus vestidos variaban según las distintas estaciones del año, así como en ocasiones especiales, como son las fiestas religiosas (*a'yād*) y otras ceremonias familiares (bodas), etc. En cada uno de estos casos estas mujeres de buena familia disponían de un vestido específico y diferente al que llevaban normalmente.

c. Al-Iḫdām, o servidumbre

Además del vestido y del uso del *ḥammām*, los juristas malikíes, al menos están de acuerdo con que las mujeres de alta cuña tienen derecho a disponer del servicio doméstico. Hay toda una literatura jurídica sobre este tema. Si el propio Ibn Rašīq, jurista almeriense de época de taifas que constituye una fuente de capital importancia para la obra de Ibn Bāq, limita el número de los sirvientes, teniendo en cuenta la recomendación de Mālik, incluso si el marido tiene buenos medios para disponer de más criados[46], parece ser que la situación cambió mucho en época nazarí. Ibn Bāq pone de manifiesto la obligación del marido de

[46] Véanse los trabajos de Seila de Castro, «El *Kitāb al-nafaqāt* de Ibn Rašīq (s. XI). Una compilación sobre las pensiones en al-Andalus», *eHumanista*, 9 (2016), pp. 237-253; «Matrimonios interreligiosos y pensiones (nafaqāt) en el derecho islámico. Su reflejo en el *Kitāb al-Nafaqāt* del andalusí Ibn Rašīq (s. XI)», en Manuel Cabrera Espinosa y Juan Antonio López Cordero (eds.), *VII Congreso Virtual sobre Historia de las Mujeres (15 al 31 de octubre de 2015). Comunicaciones* (Jaén: Asociación de Amigos del Archivo Histórico Diocesano de Jaén, 2015), pp. 95-112.

proporcionar servidumbre a su mujer. El número de sirvientes que debe contrata el marido depende, por una parte, de su situación económica y, por otra, de la clase social de su mujer. El marido debe hacerse cargo del salario de la sirvienta y su vestido. Ibn Bāq también subraya que el marido debe proporcionar todo el material de limpieza que necesita su hogar, según su situación económica y la de su mujer *(ʻalā qadr ḥāl al-zawj aw-l-zawja)*; además, debe contratar a quien se encargue de llevar a cabo todas las tareas de la casa (cocina, limpieza, etc.) si su mujer no es de las que suelen hacerlo, excepto si ella se ofrece voluntariamente para realizar este trabajo.

La singularidad de la escuela mālikí nazarí, y almeriense en particular, también se deja ver en el apartado de «La pensión alimenticia». Ibn Bāq proporciona algunas noticias acerca de la pensión alimenticia de las mujeres, especialmente las que gozan de una elevada posición social. Para definir esta situación, Ibn Bāq utiliza expresiones como *dawāt al-šaraf wa-l-qadr*, o bien indica que se refiere a mujeres que disponen de cuatro sirvientes y diversos vestidos (*ḏawāt al-jadam al-arbaʻ*, *ḏawāt al-kiswāt al-muḫtalifāt*). A estas mujeres le corresponden alimentos adecuados a su posición social, como la adárgama (*darmak*) –harina blanca de alta calidad– carne para el desayuno, comida y cena, y todo tipo de comidas (alimentos) que corresponden a su posición. Ibn Bāq dice que estas medidas fueron tomadas en su presencia en Almería.

Respecto al pago del condumio, Ibn Bāq destaca que en Almería dicho pago incluía ¼ de vinagre y medio kilo cuarto de aceite cada viernes, en vez de cada mes, tal que como opina Ibn Rašīq (autor almeriense de época de taifas, murió en Almería en 446/1054). Ibn Bāq tiene en cuenta el aceite que se destina a la iluminación (lámpara, candil). El condumio incluye especias, sal, agua, vajilla (*al-awānī*), leña, loza (*awānī al-fajjār*), una cuerda, un cubo y una garrucha (*baraka*) para lavar la ropa y la vajilla. Es obligatorio, por otro lado, la compra de escobas (*makānis*) para barrer las alfombras (*furš*). Ibn Bāq insiste en destacar que la naturaleza del condumio depende tanto de los medios económicos del marido como de las costumbres de cada país (*rājiʻ ilā ʻādāt al-buldān*). El condumio también incluye el pescado (ḥūt), atún salado (*tūn mumallaḥ*) y garbanzos (*ḥummuṣ*). Ibn Bāq informa que algunos *furrāḍ* incluyen los caracoles (*ḥalazūn* o *qawqan*) en el condumio. A esto hay que añadir la manteca (*sumn*), miel, queso fresco y seco (*al-jubn al-ṭarī wa-l-yābis*), huevos y aceitunas. Ibn Bāq termina diciendo que el pago de la fruta fresca y de los frutos secos no es obligatorio, independientemente de la clase social a la que pertenece la mujer (*sawā' kānat imra'a ġaniyya aw faqīra*), aunque el autor afirma que algunos juristas opinan lo contrario e incluyen dichos alimentos en el condumio por tratarse de producto de consumo generalizado.

IV. ALGUNAS REFLEXIONES

Tal como se ha podido ver, a pesar de que la obra de Ibn Bāq se sitúa dentro de la tradición mālikí, podemos apreciar algunas singularidades de la escuela mālikí en época nazarí, ligadas, sin duda, al periodo que atravesaba una sociedad fronteriza como al-Andalus. Temas como la vestimenta, el uso del *ḥammām*, la pensión alimenticia y la servidumbre, constituyen, unos más que otros, los aspectos donde más se aprecian las normas y costumbres mālikíes locales –nazaríes– que hicieron que la escuela mālikī en época nazarí gozara de singularidades propias. Creo que las nuevas circunstancias estuvieron detrás de la aparición del cargo de *fāriḍ* que no consta en ninguna otra época de la historia de al-Andalus.

Finalmente, creo que las prácticas sociales y legales de la época de Ibn Bāq, especialmente en su ciudad de Almería, dejan claro que el periodo en el que le tocó vivir, siglo XIV, lo obligó a él y a los juristas a tomar decisiones legales que se adecuaran a las demandas sociales de dicho periodo, y que hicieron que los mālikíes de la época se desmarcaran del carácter estricto de la escuela, como ha podido apreciarse en el apartado del *ḥammām* y del vestido. Creo que no puede pasar por desapercibida la aparición de una literatura jurídica andalusí en época nazarí, que tomó la forma de manuales jurídicos, que pretendían resolver, a mi parecer, un gran conflicto social relacionado con la determinación de las pensiones de las mujeres nazaríes, o almerienses en particular. Insisto, la composición de una buena parte de las obras jurídicas del periodo nazarí, entre las que se encuentra la de Ibn Bāq, objeto de esta contribución, o la de la Ibn Manẓūr, antes mencionada, sobre la evaluación

–obligación, por qué no– del pago de las pensiones de las mujeres divorciadas, deben situarse en este contexto. La situación delicada por la que pasaba al-Andalus, además de su condición de sociedad de frontera, puede estar detrás de las crisis que sufría la sociedad social nazarí. Probablemente, hecho que no se puede descartar, en esta crisis se ocultara una asimilación social de la pérdida y desaparición de al-Andalus, realidad que debió de afectar mucho a la sociedad, a sus valores sociales y ético-morales, dando lugar a una manifiesta conflictividad social y matrimonial. El hecho de que las dos obras, de las que tenemos constancia, insisten sobre la evaluación de las pensiones y pagos por parte del marido, puede llevarnos a deducir que hubo una gran resistencia por parte de los maridos a realizar dichos pagos. Es curioso que la primera obra sobre pensiones apareciera en la ciudad de Almería en época nazarí. Tres siglos más tarde aparece otra obra en las que se detallan las pensiones, y un siglo después, no solo se habla en general de las pensiones, sino que se habla de las pensiones de las mujeres divorciadas y la de las encargadas o responsables de la custodia. Creo que, a medida que pasaba el tiempo, aumentaba el grado de conflictividad social sobre temas relacionados con la disolución del matrimonio. La sociedad nazarí debió de sufrir una especie de paranoia, incluso diría mucho estrés, por el estado permanente de amenaza de caer en manos cristianas, es decir, de desaparecer.

Cinco textos mozárabes sobre ritos de tradición cristiana

Juan Pedro Monferrer-Sala
Universidad de Córdoba

Joaquín Mellado Rodríguez
in memoriam

I. Introducción

La pobreza de datos que proporcionan las fuentes árabes sobre las prácticas de tradiciones seguidas por los cristianos andalusíes, en concreto por los llamados mozárabes (*musta'ri/ab*)[1], sumadas a la escasez de textos árabes producidos por estos, ha podido ser una de las causas

[1] Sobre las denominaciones dadas a los cristianos de al-Andalus, véase Eva Lapiedra Gutiérrez, *Cómo los musulmanes llamaban a los cristianos hispánicos* (Alicante: Instituto de Cultura «Juan Gil Albert», 1997). Véanse, además, sobre el término: Robert Hitchcock, «¿Quiénes fueron los verdaderos mozárabes? Una contribución a la historia del mozarabismo», *Nueva Revista de Filología Hispánica*, 30 (1982), p. 576; Federico Corriente, «Tres mitos contemporáneos frente a la realidad de Alandalús: romanticismo filoárabe, "cultura mozárabe" y "cultura sefardí"», en Gonzalo Fernández Parrilla y Manuel Feria García (eds.), *Orientalismo, exotismo y traducción* (Cuenca: Servicio de Publicaciones de la Universidad de Castilla-La Mancha, 2000), pp. 39-47; Jean-Pierre Molénat, «Le problème du rôle des notaires mozarabes dans l'oeuvre des

del escaso interés que se le ha prestado en nuestro país a la literatura árabe cristiana andalusí.

En este sentido, la visión tradicional de una sociedad cristiana dividida entre colaboradores y opositores al estado islámico ha ayudado más bien poco en este sentido, pues autores de uno y otro lado han preferido centrarse en uno de los ámbitos de esa sociedad en supuesto conflicto permanente[2], donde el grupo de los opositores no solo no colaboraría y se enfrentaría al poder, sino que además no participaría del proceso de arabización. Se trata de una visión del todo errónea en nuestra opinión y que ya hemos tratado de argumentar en otros lugares. Y junto con la pobreza de los textos que han logrado sobrevivir, sería esta otra de las causas de la falta de interés por los textos en lengua árabe que tradujeron o compusieron los mozárabes entre los siglos IX y XII dentro y fuera de al-Andalus[3]. Lo que llama poderosamente la atención de esta segunda causa es que ha podido funcionar a modo de inducción al presentar a estos grupos cristianos como una realidad en buena medida ajena a lo andalusí, en una suerte de *apartheid* ideológico y cultural, cuando en realidad no fue así.

Los cinco textos objeto de este estudio fueron transmitidos en una obra que es conocida como *al-I'lām*[4], libro que se enmarca en el género polemista y fue compuesto por el erudito cordobés Abū l-Ḥasan Aḥmad b. 'Umar b. Ibrāhīm b. 'Umar al-Anṣārī al-Qurṭubī (1182-1258 d. C.),

traducteurs de Tolède (XIIe-XIIIe siècles)», *En la España Medieval*, 18 (1995), p. 41, notas 8 y 10.

2 Cf. Rafael Jiménez Pedrajas, *Historia de los mozárabes en Al Ándalus. Mozárabes y musulmanes en Al Ándalus ¿Relaciones de convivencia?, ¿o de antagonismo y lucha?* (Córdoba: Almuzara, 2013); Eduardo Manzano Moreno, *Épocas medievales*, en Josep Fontana y Ramón Villares (eds.), *Historia de España* (Barcelona: Crítica, 2010), vol. II, pp. 170-180.

3 Véase sobre el mismo Juan Pedro Monferrer-Sala, «The Arabicized Christians in Cordoba: Social Context and Literary Production», en Juan Pedro Monferrer-Sala y Antonio Monterroso Checa (eds.), *A Companion to Late Antique and Medieval Islamic Cordoba: Capital of Roman Baetica and Caliphate of al-Andalus* (Leiden-Boston: Brill, 2023), pp. 353-377.

4 Al-Imām al-Qurṭubī, *Al-I'lām bimā fī dīn al-naṣārā min al-fasād wa-l-awhām wa-iḍhār maḥāsin dīn al-islām wa-ithbāt nubuwwat Muḥammad* 'alayhi *al-ṣalāt wa-l-salām*. Ed. Aḥmad Ḥijāzī al-Saqqā (El Cairo: Dār al-Turāth al-'Arabī, 1980).

jurista *mālikī*, experto tradicionista y *faqīh uṣūlī* conocido como al-Imām al-Qurṭubī.

La obra, que se conserva en tres manuscritos (ms 794b y 814 en la Biblioteca *Köprülü Aḥmad* de Estambul y el ms 83 de al-*Ḫizānah al-ʿĀmmah* de *al-Maktabah al-Malikiyyah* en Rabat, Marruecos) fue parcialmente editada por Devillard a partir del ms 794b; años más tarde el erudito egipcio al-Saqqā publicó una edición completa de *al-Iʿlām* a partir de los dos manuscritos preservados en Estambul.

Junto con otras obras como por ejemplo *al-Fiṣal* de Ibn Ḥazm o *Maqāmiʿ al-ṣulbān* de al-Ḫazrajī, el *Iʿlām* de al-Qurṭubī es –y ello hay que recalcarlo una y otra vez– una obra de enorme relevancia para los estudios árabes cristianos andalusíes no solo por su contenido polémico y apologético, sino también porque contiene textos correspondientes a diez tratados cristianos que nos ayudan a comprender, hasta cierto punto, el ambiente religioso en el que vivían las comunidades mozárabes andalusíes arabizadas.

II. Los textos

II.1. Consideraciones generales

Entre las citas correspondientes a posibles tratados de autores cristianos transmitidos en *al-Iʿlām* de al-Imām al-Qurṭubī[5] interesa en esta ocasión uno que en nuestra edición hemos denominado *baʿḍ kutub Ḥafṣ b. Albar al-Qūṭī*, es decir «algunos de los libros de Ḥafṣ b. Albar

[5] Cf. textos árabes en Juan Pedro Monferrer-Sala, *Scripta Theologica Arabica Christiana. Andalusi Christian Arabic Fragments Preserved in Ms. 83 (al-Maktabah al-Malikkiyyah, Rabat)*. Diplomatic edition, critical apparatus and indexes (Ribeirão, Portugal: Ediçoes Húmus, 2016). Véanse, además, Thomas E. Burman, *Religious Polemic and the Intellectual History of the Mozarabs, c. 1050-1200* (Leiden-New York-Köln: Brill, 1994), pp. 70-80, 80-84; Cyrille Aillet, *Les mozárabes. Christianisme, islamisation et arabisation en péninsule Ibérique (IXe-XIIe siècle)*. Préface de Gabriel Martínez-Gros (Madrid: Casa de Velázquez, 2010), pp. 219-221, 222-224, 224-226; Daniel Potthast, *Christen und Muslime im al-Andalus. Andalusische Christen und ihre Literatur nach religionspolemischen Texten des zehnten bis zwölften Jahrhunderts* (Wiesbaden: Harrassowitz, 2013), pp. 327-338, 338-346, 346-348, 349-351, 351-352, 560, 561.

al-Qūṭī» tomando prestadas las palabras del autor musulmán[6]. Este título que le dio al-Imām al-Qurṭubī pudiera indicar que los textos procediesen de tratados, o más bien de opúsculos distintos, si bien es esta una cuestión que por el momento no podemos dilucidar ante la falta de información existente.

En este apartado ofrecemos una traducción con comentario sobre algunos aspectos que suscitan los cinco textos, los cuales tratan de cinco cuestiones distintas: el ayuno, las festividades, la eucaristía, la santificación de las casas con sal y la señal de la cruz[7], con las que el autor responde de modo conciso y directo a partir de prácticas, referencias bíblicas y textos de la tradición cristiana.

Estos cinco textos en los que su posible autor se refiere a prácticas habituales pertenecientes a la tradición cristiana, cuatro de ellas podemos decir que son de práctica religiosa, en tanto que una de carácter más bien antropológico, corresponden todas ellas al contexto social en el que vivían las comunidades cristianas andalusíes que fue descrito de forma acertada por Manuela Marín hace años:

> Funcionarios, médicos, artesanos o comerciantes, los cristianos cuyas vidas asoman a las fuentes árabes pertenecen a minorías urbanas que viven en condiciones de holgura económica y sin dificultad para ejercer su religión y sus prácticas rituales. Conservaban su lengua propia y al mismo tiempo estaban muy arabizados, tanto en la onomástica […] como en usos y costumbres sociales, a veces también impregnados, entre los musulmanes, de reminiscencias cristianas[8].

La cita, por fuerza sucinta, ha de completarse con la información que ofrece Juan Gil en la introducción a su nueva edición del *Corpus* de textos mozárabes[9]. Sin embargo, hemos de admitir que, cual fuera en realidad la práctica diaria en materia religiosa, es difícil de describir,

---

[6] Cf. Potthast, *Christen und Muslime*, pp. 349-351.

[7] Cf. Monferrer-Sala, *Scripta Theologica Arabica Christiana*, pp. 59-61.

[8] Manuela Marín, *Individuo y sociedad en al-Andalus* (Madrid: Mapfre, 1992), p. 50.

[9] Juan Gil, *Scriptores muzarabici saeculi VIII-XI* (Turnhout: Brepols, 2020), vol. I, pp. 11-42.

pues por fuerza, siendo del todo insuficiente la información en árabe transmitida por estos cristianos arabizados, ha de restringirse a los datos que nos suministran los textos latinos mozárabes[10]. Aun así, el texto de los denominados *Cánones de la Iglesia andalusí*, esto es: *al-Qānūn al-muqaddas*, preservado en el texto de El Escorial, nos permite suponer que un texto de capital importancia como este, que formaría parte de una rica biblioteca de un prelado de alto rango, un obispo lo más probable, pudiera ser la muestra no solo del alto nivel de arabización de la iglesia andalusí, sino también de la cultura árabe de sus prelados y la de sus feligreses en el medio urbano, además, obviamente, de los círculos de intelectuales y traductores bilingües latino-árabes asentados en las diversas ciudades andalusíes[11].

Tal vez pudiera ser este el contexto de estos cinco textos, puesto que creer que se trate de textos que fueron traducidos al árabe del latín no nos parece lo más probable. En nuestra opinión, se trata de textos compuestos originalmente en árabe por un sacerdote dirigidos a su comunidad de feligreses siguiendo el esquema pregunta-respuesta formuladas por el mismo autor. Si el autor de estos textos fue Ḥafṣ b. Albar al-Qūṭī[12], de acuerdo con la atribución que realizara al-Imām al-Qurṭubī, entonces hay que datarlos entre finales del siglo IX y comienzos del siglo X, que es la época en la que floreció el intelectual y traductor mozárabe cordobés.

---

[10] Anne-Marie Eddé, Françoise Micheau y Christophe Picard, *Communautés chrétiennes en pays d'islam du debut du VIIe siècle au milieu du XIe siècle* (Condé-sur-Noireau: Sedes, 1997), pp. 117-121.

[11] Juan Pedro Monferrer-Sala, «Traductores bilingües latino-árabes andalusíes: textos y contextos», *Cuadernos del Cemyr*, 29 (2021), pp. 67-85.

[12] Sobre este personaje y su obra, véanse: Pieter Sjoerd van Koningsveld, «Christian Arabic Literature from Medieval Spain: An Attempt at Periodization», en Samir Khalil Samir y Jørgen S. Nielsen (eds.), *Christian Arabic Apologetics during the Abbasid Period (750-1258)* (Leiden-New York-Köln: Brill, 1994), pp. 207-212; Juan Pedro Monferrer-Sala, «Ibn Albar al-Qūṭī (Ḥafṣ b. Albar al-Qūṭī)», en *Enciclopedia de la cultura andalusí. Biblioteca de al-Andalus,* vol. II: *De Ibn Aḍḥà a Ibn Bušrà*, ed. Jorge Lirola Delgado (Almería: Fundación Ibn Tufayl de Estudios Árabes, 2009), pp. 87-89; Juan Pedro Monferrer-Sala, «Ḥafṣ b. Albar al-Qūṭī», en *Christian-Muslim Relations,* vol. II: *(900-1050 CE)*, ed. David Thomas *et alii* (Leiden-Boston: Brill, 2010), pp. 281-284.

El objetivo de los textos no parece ser otro que ofrecer de forma sencilla y clara una serie de informaciones, digámoslo así, de cultura general cristiana, bien en atención a la petición de los feligreses o más bien con una finalidad formativa colectiva dirigida a una probable nutrida feligresía ayuna de conocimientos de la tradición religiosa cristiana. En el caso de al-Imām al-Qurṭubī, obviamente, el uso de los textos atiende a otro planteamiento, ya que los textos quedaron restringidos exclusivamente al interés polemista del *I'lām*.

II.2. Textos y comentarios

El primero de los textos versa sobre el ayuno (*ṣiyām*). Se trata de un fragmento breve con el que el autor justifica la práctica del ayuno en la tradición monoteísta judía y cristiana. Para ello remonta el origen del ayuno a Moisés, que es mencionado como Mūsā b. 'Imrān, esto es con la denominación islámica y más en concreto coránica[13]. Otro concepto interesante que registra el texto es el termino técnico islámico *'ulamā'*[14], de uso también entre los intelectuales cristianos para referirse a las autoridades intelectuales cristianas[15], si bien Ḥafṣ b. Albar al-Qūṭī, en su introducción en verso (*urjūzah*) a su traducción del libro de Los Salmos se refiere a estos maestros con el préstamo árabe *ḥabar*[16], utilizado por lo general

---

[13] Véase Cornelia Schöck, «Moses», en Janne Dammen McAuliffe (ed.), *Encyclopaedia of the Qur'ān* (Leiden-Boston: Brill, 2001-2006), vol. III, pp. 419-426.

[14] Cf. Federico Corriente, Christophe Pereira y Ángeles Vicente, *Dictionnaire du faisceau dialectal árabe andalou. Perspectives phraséologiques et étymologiques* (Berlin-Boston: de Gruyter, 2017), p. 886. Para el sentido general del término, véase Jamīl Ṣalībah, *al-Mu'jam al-falsafī* (Beirut: Dār al-Kitāb al-Lubnānī-Maktabat al-Madrasah, 1982), vol. II, pp. 99-103.

[15] Juan Pedro Monferrer-Sala, «Standardized theological Mozarabic vocabulary in *Kitāb Tathlīth al-Waḥdāniyyah*», en Charles Burnett y Pedro Mantas (eds.), *Mark of Toledo: Intellectual Context and Debates between Christians and Muslims in Early Thirteenth Century Iberia* (Córdoba: UCOPress, 2022), p. 207.

[16] Juan Pedro Monferrer-Sala, «Translating in ninth century Cordoba. Notes on the *urjūzah* of Ḥafṣ ibn Albar al-Qūṭī to his Arabic poetic version of *Sifr al-zubūr*», *Transletters. International Journal of Translation and Interpreting*, 1/1 (2018), p. 88.

para referirse a los rabinos o autoridades talmúdicas[17]. Otros dos términos que figuran en el texto son las voces *sunnah* y *ḥawārī*. El primero es un conocido término árabe preislámico que alude a las prácticas y normas consuetudinarias que regían en el medio tribal árabe, que posteriormente el islam adaptó para denominar a los textos que conforman la «tradición islámica». Los traductores e intelectuales árabes judíos y cristianos también se sirvieron del término, aplicándolo a la Ley mosaica[18]. En cuanto al segundo, *ḥawārī*, se trata de un término coránico, préstamo del etiópico[19], utilizado por los traductores árabes cristianos en Oriente, al menos desde el siglo IX[20], para designar a los apóstoles o seguidores del Cristo.

El texto árabe[21] y su traducción castellana dicen así:

اول من صام الاربعين يوما موسى بن عمران وبعد ذلك صامها الياس النبي الذي رفعه الله في عصر بني اسرائيل ثم بعد ذلك صامها المسيح واما العلماء فاكملوها ثلاثة واربعين يوما وانما هي عشر ايام السنة كما قال بولش الحواري في يعض رسائله (كما تودون العشرات من اموالكم فادوا العشرات من ابدانكم) فهذا هو الصيام المفروض

El que ayunó cuarenta días es Moisés, hijo de ʻImrān. Tras ello, los ayunó el profeta Elías, al que Dios arrebató a su presencia[22] en los días

[17] Cf. Corriente, Pereira y Vicente, *Dictionnaire du faisceau dialectal árabe*, p. 308 y n. 9.

[18] Juan Pedro Monferrer-Sala, «Arabic Renderings of νόμος and νομικός in an Eleventh Century Greek-Arabic Lectionary», *Folia Orientalia*, 49 (2012), pp. 309-317 (*Festschrift in Honor of Prof. Andrzej Zaborski*); Juan Pedro Monferrer-Sala, «In the Eyes of the Others: *Nāmūs* and *sharīʻah* in Christian Arab Authors. Some preliminary Details for a Typological Study», en Ana Echevarría, Juan Pedro Monferrer-Sala y John Tolan (eds.), *Law and Religious Minorities in Medieval Societies: Between Theory and Praxis* (Turnhout: Brepols, 2016), pp. 111-124.

[19] Theodore Nöldeke, *Neue Beiträge zur semitischen Sprachwissenschaft* (Strassburg: Verlag von Karl J. Trübner, 1910), p. 48; Arthur Jeffery, *The Foreign Vocabulary of the Qurʼān*. Foreword by Gerhard Böwering and Jane Dammen MacAuliffe (Leiden-Boston: Brill, 2007), pp. 115-116.

[20] Juan Pedro Monferrer-Sala, «Quranic Echoes in an Early Christian Arabic Version of the Gospels Rendered from Syriac», en Georg Anton Kiraz y Hannah Stork (eds.), *Mfaḥmono Kashiro: Perspectives on the Syriac Bible in Honor of Andreas Juckel* (Piscataway, New Jersey: Gorgias Press, 2024), pp. 87-102.

[21] Cf. Monferrer-Sala, *Scripta Theologica Arabica Christiana*, p. 59.

[22] Lit.: «al que Dios elevó a sí».

de los israelitas[23]. Tras ello, los ayunó el Cristo. En cuanto a los sabios (ʻulamāʼ), los completaron [hasta] cuarenta y tres días, pues son diez días de la Ley (*sunnah*) como dijo el apóstol (*al-ḥawārī*) Pablo en una de sus epístolas: «Al igual que pagáis los diezmos de vuestras pertenencias, pagad pues los diezmos de vuestros cuerpos». Este es el ayuno prescrito.

Los antecedentes del texto pudieran hallarse en la carta 36 de san Agustín, dedicada a la refutación de un escrito sobre el ayuno en sábado (cf. 36.13.16), cuya respuesta comienza así:

> Me preguntas si es lícito ayunar en sábado. Te contesto que, si no fuese lícito, ni Moisés, ni Elías, ni el mismo Señor hubiesen ayunado durante cuarenta días seguidos (36.2).

Sin embargo, la referencia directa del texto atribuido a Ḥafṣ b. Albar al-Qūṭī corresponde al Sermón 205 del Obispo de Hipona en el que trata del sentido de la cuaresma y donde expone lo siguiente:

> En esta fecha iniciamos la observancia de la cuaresma, que, una vez más, se presenta con la acostumbrada solemnidad. Es deber mío dirigiros una exhortación también solemne, para que la palabra de Dios, servida por nuestro ministerio, alimente el corazón de quienes van a ayunar corporalmente. De esta forma, vigorizado el hombre interior por su propio alimento, podrá llevar a cabo y mantener con fortaleza la mortificación del exterior. Se ajusta a nuestra devoción el que quienes vamos a celebrar la pasión, ya cercana, del Señor crucificado, nos hagamos también nosotros mismos una cruz consistente en refrenar los placeres de la carne, conforme a las palabras del Apóstol: Los que son de Jesucristo crucificaron la carne con sus pasiones y concupiscencias (Gal 5,24). El cristiano debe permanecer pendiente de esta cruz durante toda esta vida que transcurre en medio de tentaciones. No hay tiempo en esta vida para arrancar los clavos de los que se dice en el salmo: Traspasa mi carne con los clavos de tu temor (Sal 118,120). Carne equivale aquí a concupiscencia carnal; los clavos son los preceptos de la justicia; con ellos clava a la carne el temor de Dios, que nos crucifica cual hostia aceptable para él. Por eso dice también el Apóstol: Os

[23] Lit.: «en la época de los hijos de Israel».

suplico, por tanto, hermanos, por la misericordia de Dios, que ofrezcáis vuestros cuerpos como hostia viva, santa, agradable a Dios (Rom 12,1). Es ésta una cruz en la que el siervo de Dios no sólo no se siente confundido, sino de la que hasta se gloría, al decir: Lejos de mí gloriarme en otra cosa que no sea la cruz de nuestro Señor Jesucristo, por quien el mundo está crucificado para mí, y yo para el mundo (Gal 6,14). Esta cruz, digo, no dura sólo cuarenta días, sino la totalidad de esta vida, simbolizada en el número místico de estos cuarenta días, sea porque, según la opinión de algunos, el hombre que ha de venir al mundo se forma en el seno materno en el espacio de cuarenta días, sea porque los cuatro evangelios van de acuerdo con los diez mandamientos, y la multiplicación de ambos números da aquel otro, manifestando así que ambas Escrituras son necesarias en esta vida; sea, finalmente, por cualquier otro motivo, más probable quizá, que pueda hallar otra mente mejor y con más luces. Ésta es la razón por la que tanto Moisés y Elías como el mismo Señor ayunaron durante cuarenta días: darnos a entender que en Moisés, Elías y en el mismo Cristo, es decir, en la ley, los profetas y el Evangelio, estamos nosotros en el punto de mira, para que no nos acomodemos y adhiramos a este mundo, sino que crucifiquemos el hombre viejo, no entregándonos a comilonas y borracheras, a deshonestidades e inmundicias, a pendencias o envidias, sino revistiéndonos del Señor Jesús, sin hacer caso de la carne y sus apetencias (cf. Rom 13,13-14). Cristiano, vive siempre así en este mundo. Si no quieres hundir tus pasos en el fango de la tierra, no desciendas de esa cruz. Mas si esto ha de hacerse durante toda la vida, ¡con cuánto mayor motivo en estos días de cuaresma, en los que no sólo se vive, sino que se simboliza esta vida! (205.1).

Tras aludir a los cuarenta días que ayunaran Moisés, Elías y Jesús, el texto añade, además, que «los sabios (*'ulamā'*) los completaron [hasta] cuarenta y tres días, pues son diez días de la Ley (*sunnah*)». Esta información podría corresponder al ayuno de cuarenta y tres días del clero (veintitrés para el vulgo) que precede a la Natividad de Jesús de la tradición copta (anticalcedonia; del 25 de noviembre al 6 de enero), que corresponden a los cuarenta días de ayuno de Moisés en el desierto antes de recibir la Ley, cómputo al que suman, a partir del siglo X, tres días adicionales correspondientes al ayuno del Patriarca Abraham (Abra'am o Afraham) ibn Zur'ah[24], abstención que en la tradición ortodoxa etiópica es conocida como el «ayuno de los profetas»[25].

De ser esta la referencia directa de la información que ofrece el texto sería una prueba más de las conexiones que había entre los cristianos andalusíes y los coptos. De estas relaciones con el mundo copto-árabe tenemos evidencias en el uso de notación alfanumérica copta en un manuscrito mozárabe del siglo X[26], así como en referencias a festividades en el Calendario de Córdoba: *v.gr. 'īd al-maġrah*, i.e. «la fiesta de la almagra», también conocida como la «fiesta del cirio», *'īd al-šam'*, que conmemoraba la entrada de Jesús en el templo[27]. Y también sabemos que Ḫālid b. Yazīd b. Rūmān, médico cordobés de mediados del siglo IX, mantuvo contacto con el médico copto Nasṭās b. Jurayḥ, con quien incluso intercambió libros[28]. Los contactos con los cristianos egipcios, por lo tanto, existían y en consecuencia la información y las influencias fluirían en una y otra dirección con cierta normalidad[29].

---

[24] Sobre este personaje, el sexagésimo segundo patriarca de Alejandría, y su célebre milagro del monte *Muqattam*, véase Mark N. Swanson, *The Coptic Papacy in Islamic Egypt (641-1517)* (El Cairo: The American University in Cairo Press, 2010), pp. 48-52. Véanse, además, Stefanos Alexopoulos y Maxwell E. Johnson, *Introduction to Eastern Christian Liturgies* (Collegeville, Minnesota: Liturgical Press Academic, 2022), p. 150. Véase, además, Subhi Y. Labib, «Abraham, Saint», en Aziz S. Atiya (ed.), *The Coptic Encyclopedia* (New York: Macmillan Publishing Company, 1991), vol. I, pp. 10-11.

[25] Tom Boylston, *The Stranger at the Feast: Prohibition and Mediation in an Ethiopian Orthodox Christian Community* (Oakland, California: California University Press, 2018), p. 55, n. 1.

[26] Rosa Comes, «Arabic, Rūmī, Coptic, or merely Greek Alphanumerical Notation? The Case of a Mozarabic 10th Century Andalusī Manuscript», *Suhayl*, 3 (2002-2003), pp. 157-185. Sobre este tipo de notación, véase Juan Pedro Monferrer-Sala, «Dos tablas inéditas con alfabeto copto y cifras coptas cursivas insertas en un códice del s. XIII del Monasterio de Santa Catalina, Monte Sinaí», *Collectanea Christiana Orientalia*, 12 (2015), pp. 279-286.

[27] *Le Calendrier de Cordoue*. Publié par R. Dozy. Nouvelle édition accompagnée d'une traduction française annotée par Charles Pellat (Leiden: Brill, 1961), pp. 54-55.

[28] Ibn Juljul, *Ṭabaqāt al-aṭibbā' wa-l-ḥukamā'. Wa-yalīhi Ta'rīḫ al-aṭibbā' wa-l-falāsifah li-Isḥāq b. Ḥunayn*. Ed. Fuat Sezgin (Beirut: Mu'assasat al-Risālah, 1405 AH/1985 EC), pp. 82, 96.

[29] Ann Christys, *Christians in al-Andalus, 711-1000* (London-New York: Routledge, 2002), p. 119. Para la cuaresma, cf. Maged S.A. Mikhail, «The Evolution of

Pero de tenerla por cierta, la referencia por parte del texto mozárabe a este ayuno de la Iglesia copta anticalcedonia plantea serios inconvenientes, puesto que si este primer texto es obra de Ḥafṣ b. Albar al-Qūṭī entonces el ayuno de cuarenta y tres días es una tradición coetánea de nuestro autor mozárabe, el siglo X. Esta posibilidad no solo plantea problemas desde el punto de vista cronológico, sino también porque siendo este ayuno una práctica anticalcedonia, y por lo tanto ajena a la tradición de la Iglesia latina, no se nos diga nada sobre quienes eran esos «doctos» (*'ulamā'*) que completaron los días hasta cuarenta y tres, y que además llame «doctos» a prelados de una «iglesia herética». Todo indica, pues, que la información le era familiar al autor y por eso no se cree en la necesidad de tener que dar más explicaciones sobre el dato, dado que correspondía al cómputo cuaresmal establecido en función de la estructura adoptada[30].

Por último, la referencia a «una de sus epístolas» (*ba'ḍ rasā'ilihi*), en referencia a Pablo, no es en realidad una cita, sino más bien una supuesta cita de Rom 12,1 traída de memoria y defectuosa, que en todo caso no se debería al autor del texto citado, sea o no Ḥafṣ, sino que lo sería de al-Imām al-Qurṭubī, pues la versión no guarda relación con el texto latino, que dice así:

> *Obsecro itaque vos fratres per misericordiam Dei ut exhibeatis corpora vestra hostiam viventem sanctam Deo placentem rationabile obsequium vestrum.*

> Así que, hermanos, os ruego por la misericordia de Dios, que presentéis vuestros cuerpos en sacrificio vivo, santo, agradable a Dios, vuestro servicio razonable.

El segundo texto, por su parte, corresponde a otra cuestión contestada por Ḥafṣ b. Albar al-Qūṭī, cuyo título es el de «cuestión acerca de

Lent in Alexandria and the Alleged Reforms of Patriarch Demetrius», en Nelly van Doorn-Harder (ed.), *Copts in Context: Negotiating Identity, Tradition, and Modernity* (Columbia, SC: University of South Carolina Press, 2017), pp. 169-180.

[30] Adolfo Ivorra, *Liturgia hispano-mozárabe* (Barcelona: Centre de Pastoral Litúrgica, 2017), p. 146.

las festividades que se celebran» (*mas'alat fī a'yādihim al-muṣānah*)[31], en la que su autor se limita a enumerar siete festividades[32] mediante una sucinta alusión a las referencias bíblicas que son el origen de la festividad en cuestión, aunque sin entrar en detalles de carácter ritual o litúrgico. La intención que persigue la explicación es formulada con nitidez al final, donde señala: «conviene, pues, que todos los que tengan motivos las celebren tanto en la urbe como en la aldea», puede que con la intención de incitar a los habitantes de las zonas rurales a la celebración de las festividades reconocidas por la iglesia como un medio de combatir la religiosidad popular existente que sería motivo de no pocos desvíos entre la población[33].

El texto árabe y su traducción castellana son como siguen[34]:

اما بعد فان الذي اردت علمه من الاعياد السبعة التي امر القانون بصيانتها فهي معروفة
فاول يوم منها اذ بشر جبريل الملك مريم بايلاد المسيح واليوم الثاني اذا ولد المسيح والثالث
اذا ختن الى ثمانية ايام والرابع اذ ظهر للهجين واهدوا اليه ذهبا ولوبانا ومرا وهو يوم
النجم والخامس يوم الفصح اذا قام على القبر والسادس اذا تخطفته السحابة ورقى الى
السماء بمحضر الحواريين والسابع اذا نزل روح القدس على الحواريين وتكلموا بجميع
الالسن واما غيرها من الايام التي استشهد فيها الشهداء ويصونها الناس ويتصدقوا فيها
على المساكين والضعفاء فواجب على ذي عقل ان يصونها اما في مدينة واما في قرية

En cuanto a si lo que quieres es informarte sobre las siete festividades que el Canon (*al-Qānūn*)[35] ordena que se celebren, [estas] son conocidas: El primer día de ellas es cuando el ángel Gabriel (*Jibrīl*) anunció a María el

---

[31] Cf. Monferrer-Sala, *Scripta Theologica Arabica Christiana*, p. 59.

[32] Cf. Eddé, Micheau y Picard, *Communautés chrétiennes en pays d'islam*, pp. 118-119.

[33] Sobre las prácticas religiosas populares en época visigoda, véase Jocelyn Nigel Hillgarth, «Popular Religion in Visigothic Spain», en Edward James (ed.), *Visigothic Spain: New Approaches* (Oxford: Oxford University Press, 1980), pp. 3-60.

[34] Otra versión, en francés, es la de Aillet, *Les mozárabes*, p. 199.

[35] Cf. Joaquín Mellado Rodríguez, *Léxico de los concilios visigóticos de Toledo* (Córdoba: Servicio de Publicaciones de la Universidad de Córdoba-Monte Piedad y Caja de Ahorros de Córdoba, 1990), vol. I, p. 98.

nacimiento del Cristo[36]. El segundo día es cuando nació el Cristo[37]. El tercero cuando fue circuncidado a los ocho días[38]. El cuarto, cuando fue presentado al vulgo (*al-hajīn*) [y los Magos] le ofrecieron oro, incienso y mirra, que es el día de la estrella[39]. El quinto es el día de la Pascua (*al-Fiṣḥ*), cuando resucitó del sepulcro[40]. El sexto es cuando lo arrebató la nube y ascendió al cielo en presencia de los apóstoles (*al-ḥawāriyyīn*)[41]. El séptimo es cuando descendió el Espíritu Santo sobre los apóstoles y hablaron en todas las lenguas[42]. En cuanto a los demás días en los que se da testimonio de los mártires[43], la gente los celebra y en ellos da limosna (*yataṣaddaqūna*) a los pobres y desvalidos. Conviene, pues, que todos los que tengan motivos las celebren tanto en la urbe como en la aldea.

Cabe precisar que de entre la aparente insustancialidad que parece exhibir el texto sobresale una interesante alusión a una obra, el Canon (*al-Qānūn*), que con alta probabilidad debe referirse a *al-Qānūn*

[36] Cf. Lc 1,26-38. Se trata de la fiesta de la Encarnación (*'īd al-iltiḥām*), cf. Dozy y Pellat, *Le Calendrier de Cordoue*, pp. 58-59.

[37] Cf. Mt 1,18-24; Lc 2,1-7. Se trata de la fiesta de la Natividad de Jesús el Mesías (*'īd mīlād 'Īsā al-Masīḥ*), cf. Dozy y Pellat, *Le Calendrier de Cordoue*, pp. 182-183; Fernando de la Granja, «Fiestas cristianas en al-Andalus (Materiales para su estudio) I: "Al-Durr al-Munaẓẓam" de al-'Azafī», *Al-Andalus*, 34 (1969), pp. 33, 36-37, 38, 41 (cito la traducción, a la que acompañan notas explicativas); «Fiestas cristianas en al-Andalus (Materiales para su estudio) II: Textos de Ṭurṭūšī, el Cadí 'Iyāḍ y Wanšārīsī», *Al-Andalus*, 35 (1970), pp. 136, 139.

[38] Cf. Lc 2,21. Se trata de la fiesta de la Circuncisión del Mesías según la tradición de la Ley (*'īd ḫitān al-Masīḥ bi-sunnat al-Tawrāh*), cf. Dozy y Pellat, *Le Calendrier de Cordoue*, pp. 26-27.

[39] Cf. Mt 2,10-11.

[40] Cf. Mt 28,1-10; Mc 16,1-8; Lc 24,1-12; Jn 20-1-10. Se trata de la fiesta de Pascua de Resurrección (*Fiṣḥ*), cf. Dozy y Pellat, *Le Calendrier de Cordoue*, pp. 58-59.

[41] Cf. Mc 16,19-20; Lc 20,50-53.

[42] Cf. Hch 2,1-4. Se trata de la festividad de Pentecostés, entre los coptos llamada *'Anṣarah*, término que en al-Andalus se utilizaba para la festividad del día de san Juan, véase de la Granja, «Fiestas cristianas en al-Andalus ... I», pp. 36, 38, 41; «Fiestas cristianas en al-Andalus ... II», pp. 122-123, 124; cf. Dozy y Pellat, *Le Calendrier de Cordoue*, pp. 100-101.

[43] Cf. Dozy y Pellat, *Le Calendrier de Cordoue, passim.*

al-Muqaddas ('Los Santos Cánones')[44], esto es el «Canon de la Iglesia andalusí», que ha sido preservado en un *unicum*, el Ms. árabe 1623 de la Real Biblioteca de El Escorial (*olim* Ms. BN 4879)[45] y representa la traducción árabe de la colección «hispana» de los cánones[46]. De hecho, el *I'lām* incluye una referencia a *Kitāb al-Qānūn al-Muqaddas*[47].

Lo interesante de esta cita es que de ser cierta la atribución del texto a Ḥafṣ b. Albar al-Qūṭī, entonces el original perdido de los diez libros de *al-Qānūn al-Muqaddas* pudo haber sido traducido del latín al árabe a finales del siglo IX o comienzos del X, que es la época en la que estuvo activo Ḥafṣ.

El tercero de los textos recogidos por al-Imām al-Qurṭūbī se ocupa concretamente del origen de la Eucaristía[48], que el autor remonta al alba del periodo patriarcal.

Así dice la respuesta en árabe y en su versión castellana[49]:

اعلم ان الذي اردت معرفته من خبر القربان وشرحه فان الانبياء وبني اسرائيل كانوا يقربون القربان على ما تحكيه التورية العجول والجزر والخرفان فاما ملك صدق فانه اول من قرب القربان من الخبز والخمر وكان قسيس اللـه في بدي واليه ودى ابراهيم العشرات المفروضة وقد حكى داوود النبي في الزبور خبر ملك صدق اذا بشر بالمسيح سيدنا وانزله منزلته واحله محله وجعله قسا في الابد فقال (الرب اقسم يمينا وليس يقدم انت ابدا قسيس في خطة القسيسين ملك صدق) فاما الحواريون واتباعهم فانهم فرضوا هذا القربان الذي يقسده الاساقفة والقساوس على المذبح من الخمر والخبر على ما تقدم من فعل ملك صدق وكما قال المسيح في الانجيل (من اكل لحمي وشرب دمي كان في وكنت فيه) (وانا الخبو النازل من السماء فمن اكلني يحيي بي)

---

[44] Juan Pedro Monferrer-Sala, *Los cánones árabes de la iglesia andalusí. Al-Qānūn al-Muqaddas X. Ms. árabe 1623 de la Biblioteca de El Escorial* (Madrid: Sindéresis, 2020), pp. 27-33.

[45] Monferrer-Sala, *Los cánones árabes de la iglesia andalusí*, p. 41.

[46] Sobre la colección «hispana», véase Gonzalo Martínez Díez, *La colección canónica hispana,* vol. I: *Estudio* (Madrid-Barcelona: Consejo Superior de Investigaciones Científicas-Instituto Enrique Flórez, 1966). Para una valoración de la importancia de esta colección, véase José Orlandis, *Historia de España. Época visigoda, 409-711* (Madrid: Editorial Gredos, 1987), pp. 231-232.

[47] Monferrer-Sala, *Scripta Theologica Arabica Christiana*, p. 73.

[48] Cf. Monferrer-Sala, *Scripta Theologica Arabica Christiana*, p. 60. Para la eucaristía mozárabe, véase Ivorra, *Liturgia hispano-mozárabe*, pp. 266-347.

[49] Otra versión en Aillet, *Les mozárabes*, pp. 199-200.

Tú que deseas saber acerca de la eucaristía (*qurbān*) y [sobre] su explicación, conoce que los profetas y los hijos de Israel ofrecían dones según lo que narra la Torah: terneros, sacrificios y corderos. En cuanto a Melquisédec (*Malk Ṣadaq*), fue él el primero en presentar la ofrenda del pan y el vino. Fue sacerdote de Dios al principio y Abraham le pagó el diezmo prescrito[50]. Cuenta el profeta David en los Salmos el relato de Melquisédec cuando él anunció al Cristo nuestro Señor, que fue descendido a su casa y lo sentó en su lugar, haciéndolo sacerdote (*qassān*) para siempre. El Señor dijo: «Siéntate a mi diestra [...]. Serás sacerdote para siempre según el orden sacerdotal de Melquisédec»[51]. En cuanto a los apóstoles y sus seguidores, ellos prescribieron esta eucaristía[52] que consagran los obispos (*al-asāqifah*) y los sacerdotes (*al-qasāwis*) por el sacrificio (*al-maḏbaḥ*) del pan y el vino, como lo había hecho antes Melquisédec y tal como dijera el Cristo en el evangelio (*al-injīl*): «Quien come mi carne y bebe mi sangre está en mí y yo en él [...]. Yo soy el pan que baja del cielo [...]. Quien coma de mi vivirá por siempre»[53].

Como podemos advertir, el autor responde a un anónimo peticionario –muy probablemente ficticio, como en los ejemplos restantes– recurriendo a referencias y citas bíblicas, así como a la *Didachē* o «Enseñanza» de los Apóstoles, con una perspectiva histórica que remonta a los días del Antiguo Testamento para enlazar con los apóstoles y las propias palabras de Jesús. La respuesta está basada en un texto de Cipriano de Cartago (s. III d. C.) en el que el padre africano se refiere al sacramento de la eucaristía recurriendo a Melquisédec[54], figura

50 Cf. Gn 14,17-20; Heb 7,1-3.

51 Sal 110,1.4.

52 Debe aludir a *Didachē* IX,1-5 y X,1-7, cf. Jean-Paul Audet, *La Didachè. Instructions des Apôtres* (Paris: Librairie Lecoffre J. Gabalda et Cie Éditeurs, 1958), pp. 234-237.

53 Jn 6,56-58.

54 Cipriano de Cartago, *Cartas* 63,4 (A Cecilio), en Divi Caecilii Cypriani, carthaginensis episcopi, *Opera Omnia* (Lyon-Paris: Bibliopolas, 1847), p. 91 (epístola LXII); traducción inglesa en: *The Fathers of the Church,* vol. LI: *Saint Cyprian, Letters (1-81).* Trad. Sister Rose Bernard Donna (Washington: The Catholic University of America Press, 1964), p. 204. Aillet (*Les mozárabes*, p. 199) alude a esta y otra posibilidad, pero no da referencia alguna.

recurrente como prototipo sacerdotal, superior a Abraham, en textos patrísticos como en los de Juan Crisóstomo[55].

El cuarto texto, en el que su autor trata de la costumbre cristiana de santificar hogares y casas con sal[56], alude a la conocida agua bendita (*aqua benedicta*)[57] obtenida tras diluir la sal en el agua en un recipiente, cuyo uso en el seno del cristianismo remonta a una tradición apostólica que podría haber sido adaptada a partir del Antiguo Testamento[58], si bien se trata de un rito ancestral documentado en diversas culturas[59].

El texto, en árabe y castellano, ofrece la siguiente explicación[60]:

اما الملح الذي نقدس به الدور و البيوت و اردت فهم ذات فانا وجدنا في سير الياس النبي الذي رفعه اللـه ان تلميذه اليسع مكث بمدينة اريحا زمانا فقال له اهلها ان عندنا عينا جارية تنفجر منها مياه كثيرة مدة لا نفع فيها فامر ان يوتى اليه باناء جديد فادخل فيه الملح وقدس به ماء العين فمن هذا السبب صرنا نقدس البيوت و الدور بالملح المقدس بعد ما يتلو عليه القساوس ايات من النبوة

En cuanto a la sal (*milḥ*) con la que santificamos (*nuqaddisu*) los hogares (*duwar*) y las casas (*buyūt*) querrás conocer [su] esencia. Hemos hallado en la vida del profeta Elías (*Ilyās*), al que Dios subió [a su presencia], que su discípulo Eliseo (*Ilīsa'*) moró un tiempo en la ciudad de Jericó (*Arīḥā*) y sus gentes le dijeron: Tenemos una fuente de la que fluye abundante agua constantemente, pero no vale [para beber]. Entonces [Eliseo] pidió que le trajeran una vasija nueva, echó en ella la sal y santificó

[55] Demetrios E. Tonias, *Abraham in the Works of John Chrysostom* (Minneapolis: Fortress Press, 2014), pp. 29, 116-121.

[56] Cf. Monferrer-Sala, *Scripta Theologica Arabica Christiana*, p. 61.

[57] William Edward Scudamore, «Holy Water», en William Smith y Samuel Cheetham (eds.), *A Dictionary of Christian Antiquities* (London: John Murray, 1908), vol. I, pp. 777-779.

[58] James E. Latham, *The Religious Symbolism of Salt* (Paris: Éditions Beauchesne, 1982), pp. 149-159.

[59] James Macnabb Campbell, «Notes on the Spirit Basis of Belief and Custom», *The Indian Antiquary, A Journal of Oriental Research*, 26 (1897), pp. 7-14, aquí 10-14. Véase también Germán Prado, *Textos inéditos de la liturgia mozárabe. Rito solemne de la iniciación cristiana, Consagración de las iglesias, Unción de los enfermos* (Madrid: Junta para la Ampliación de Estudios e Investigaciones Científicas-Centro de Estudios Históricos, 1926), pp. 164-166.

[60] Otra versión puede leerse en Aillet, *Les mozárabes*, p. 200.

con ella el agua de la fuente[61]. Por este motivo bendecimos las casas y los hogares con la sal consagrada (*bi-l-milḥ al-muqaddas*), pues los sacerdotes (*al-qasāwis*) siguen las señales (*āyāt*) de la profecía (*al-nubuwwah*).

Como en los otros textos, nada se nos dice sobre esta práctica en el medio mozárabe o en el periodo visigodo anterior[62]. Aillet afirma que se trata de «une practique directement issue de la liturgie visigothique» y citando a Férotin precisa que el «*exorcismus salis* est aussi associé dans l'Église visigothique à la benédiction et à la purification, avec de l'eau et du sel, des logis»[63]. Hemos de admitir que tenemos nuestras dudas acerca de esta identificación con el *exorcismus salis* recogida en el *Liber Ordinum* en uso entre los mozárabes, pues la función del ritual en este texto no es la de bendecir o santificar (*taqdīs*) hogares y casas, sino la de exorcizar de cualquier lugar y persona a espíritus nocivos e inmundos, demonios y al mismo diablo[64], cosa que como puede deducirse responde a un ritual distinto al expresado en el texto. Y en el caso de que así fuera, como sostiene nuestro docto colega, hemos de reconvenir que se trata de un rito ya practicado siglos atrás no solo por el cristianismo, sino por culturas diversas y con aplicaciones varias.

En todo caso, sea cual sea el origen directo, creemos que no podemos perder de vista la última oración del texto: «Los sacerdotes siguen las señales de la profecía» (*yatalū ʻalayhi al-qasāwis āyāt al-nubuwwah*). Nada dice el autor de que los sacerdotes sigan un ritual practicado en la Iglesia hispana, que insistimos es muy plausible, sino que según afirma, sus sacerdotes se limitan a seguir los *signa prophetiae*.

---

[61] Cf. 2 Re 2,19-22.

[62] Si bien en el medio rural había núcleos habitados exclusivamente por población cristiana, en cambio en las ciudades los cristianos vivían tanto mezclados con el resto de la población o bien en barrios y arrabales independientes, dentro y fuera de la medina, véase Leopoldo Torres Balbás, *Ciudades hispanomusulmanas*. Introducción y conclusión por Henri Terrasse (Madrid: Instituto Hispano-Árabe de Cultura, 1985²), pp. 197-198.

[63] Aillet, *Les mozárabes*, p. 200.

[64] Cf. Marius Férotin, *Le Liber Ordinum en usage dans l'Église wisigothique et mozarabe d'Espagne du cinquième au onzième siècle* (Paris: Librairie Firmin-Didot et Cie, 1904), cols. 12-22.

En lo que hace al texto propiamente dicho, el autor de la respuesta fundamenta la misma en el pasaje de 2 Re 2,19-22 y en la figura de Eliseo[65]. Que no aluda a la tradición apostólica de usar el agua bendita con sal para asperjar a las gentes para beneficio corporal y anímico de estas[66], puede deberse a que el texto se refiere a un uso espacial, no humano, del agua bendita: los lugares habitados por las personas, rito utilizado desde antiguo en el cristianismo[67]. El prodigio de Eliseo, una entre «las señales de la profecía» (*āyāt min al-nubuwwati*), esto es entre los prodigios obrados por los profetas, sirve al autor para situar a este ritual cristiano en la estela de los actos de los profetas del Antiguo Testamento, al tiempo que califica a los sacerdotes como seguidores de los profetas al hacer pervivir sus hechos mediante los ritos practicados por los sacerdotes.

El quinto y último texto versa, *prima facie*, sobre el origen de la práctica de la señal de la cruz[68], si bien el texto sirve en realidad al autor para centrar su respuesta en la visión, a plena luz del día, de la cruz en el cielo en forma flamígera por parte del emperador Constantino I el Grande y del sueño que tuviera este acerca del empleo de la imagen como poderoso emblema que debían portar sus tropas frente a los enemigos.

Así reza el texto en árabe y traducido al castellano:

انما نصلب على وجو هنا لانا وجدنا في كتب علماينا السابقين انه لما ار اد ملك قسطنطنية يغزو
بعض اعدابه ترای له في السماء صورة صليب من لهب وملك من الملائكة يخاطبه ويقول
له ان كنت تريد غلبة اعدائك فاجعل هذه الصورة علامة تكون قدامك فانك غالب ظاهر بها
على جميع اعدائك فامن وفعل كما قال له الملك وو الذي بحث وكشف عن صليب المسيح
حتى وجده مدفونا و عمل من المسامير التي كانت فيه لجاما لفرسه وزين جبينه بصليب من
ذهب فلم يزل من حينئذ اهل ملة المسيح يستعملون هذه العلامة لانها عامة السبق و الظفر

Nos persignamos (*nuṣallibu*) en nuestros rostros porque [así] lo hemos hallado en los libros de los sabios (*'ulamā'*) que nos han precedido. Cuando el emperador (*malik*) de Constantinopla (*Qusṭanṭiniyyah*) quería

[65] Férotin, *Le Liber Ordinum*, col. 12.

[66] Cf. Férotin, *Le Liber Ordinum*, col. 12.

[67] Antonio Lobera y Abio, *El porqué de todas las ceremonias de la Iglesia y sus misterios* (Barcelona: Imprenta de los Consortes Sierra y Martí, 1791), p. 556.

[68] Cf. Monferrer-Sala, *Scripta Theologica Arabica Christiana*, p. 61.

atacar a alguno de sus enemigos se le aparecía en el cielo la imagen de una cruz (*ṣūrat ṣalīb*) en llamas (*lahab*) y uno de los ángeles le hablaba diciéndole: «Si quieres derrotar a tus enemigos coloca esta imagen [como] señal delante de ti y entonces saldrás victorioso y triunfante sobre todos tus enemigos». Creyó e hizo como le dijera el ángel, pues él es el que indagó y descubrió la cruz del Cristo hallándola sepultada. Con los clavos hizo un bocado para su caballo y adornó su frente con una cruz de oro. Desde aquella hora, las gentes de la fe (*millah*) del Cristo no dejaron de llevar delante esta divisa, porque era la señal de la superioridad y del triunfo.

El texto abre con un *topicus classicus* presente, entre otros textos, en célebres obras como las de Sozómeno o Sócrates, pero también en otras menores como la de Teodoreto, información que remonta a una narración de Eusebio de Cesarea. Se trata del «topos» de la visión de la cruz en el cielo a pleno día y del sueño de Constantino acerca del empleo de la imagen, que el texto árabe dice que se manifestó en forma de llama (*lahab*), cuando las versiones griegas prefieren el término φῶς ('luz, brillo'), y que a modo de emblema sirvió de protección y poder de los ejércitos cristianos que lo portaban a la cabeza de los mismos al acudir a la batalla[69].

Por otro lado, aunque el texto nos refiere que el descubrimiento del *lignum crucis* donde fuera crucificado Jesús lo halló Constantino I el Grande, cuadragésimo cuarto emperador y el primero en abrazar la fe cristiana –cuyo nombre en ningún momento es mencionado en el texto– en realidad fue su madre Helena quien –siempre de acuerdo con la tradición cristiana– habiéndose desplazado a Palestina en el año 326 con el fin de encontrar el Santo Sepulcro que se encontraba desaparecido, acabó hallando la cruz en una antigua cisterna, junto con las otras dos que la flanqueaban como mencionan los evangelios. Allí fueron hallados también los clavos y el *titulus* de Pilato[70].

---

[69] Eusebio, *Vita Constantini* I,28-30, en *Nicene and Post-Nicene Fathers of the Christian Church,* vol. I: Eusebius, *Church History, Life of Constantine the Great and Oration in Praise of Constantine*. Ed. Philip Schaff y Henry Wace (Grand Rapids, Michigan: Wm.D. Eerdmans Publishing Company, 1952), p. 490.

[70] Sobre la leyenda, véase Stephan Borgehamma, *How the Holy Cross Was Found: From Event to Medieval Legend* (Stockholm: Almquist & Wicksell International, 1991).

Finalmente, debemos referirnos al acto de la persignación, una expresión religiosa que como sucedía con otras manifestaciones públicas tal vez pudieron haber sido prohibidas por las autoridades islámicas. Es interesante advertir en este punto que Álvaro de Córdoba, en su *Indiculus*, afirma que los cristianos, «en público, ante los gentiles, no hacen la oración, ni indolentes protegen su frente con la señal de la cruz» (*quum enim palam coram etnicis orationem non faciunt, signum crucis oscitantes frontem non muniunt*)[71].

III. Consideraciones finales

Como hemos podido apreciar, los cinco textos pueden, de acuerdo con su contenido, pertenecer a uno o dos tratados, más bien opúsculos en nuestra opinión, que habrían sido compuestos por un sacerdote para instrucción no solo de un vulgo de fe cristiana necesitado de instrucción básica, sino que posiblemente también pudiera estar destinado a alumnos sobre prácticas y ritos fundamentales del cristianismo y su origen.

El opúsculo o los opúsculos de los que pudieron haber formado parte estos cinco textos pudieran haber sido compuestos por una necesidad práctica con la que el autor buscaría informar a sus lectores sobre diversos temas, aunque tal vez también a modo de instrucción profiláctica, cuya intención sería la de prevenir de posibles corrupciones procedentes de medios heréticos cristianos, pero también de posibles contaminaciones sobre ritos practicados por los musulmanes, como pudiera ser, por ejemplo, en el caso del ayuno.

Al hilo de lo que venimos exponiendo, piensa Aillet que sin ser propiamente una obra litúrgica, algunos de los textos de los que nos hemos ocupado –tres concretamente: el segundo, el tercero y el cuarto– formarían parte de un *Tratado sobre los ritos del cristianismo*[72]. Ciertamente es esta una posibilidad no poco atractiva, pero como ya hemos manifestado con anterioridad, creemos que hubo de tratarse de un opúsculo compuesto a partir

[71] Albari *Indiculus* § 9, ls. 6-8, en Gil, *Scripores muzarabici saeculi*, vol. I, p. 599, ls. 409-411.

[72] Aillet, *Les mozárabes*, pp. 199-200.

de un esquema de tipología pregunta-respuesta, que obviamente idearía el propio autor a partir de la selección de una serie de temas de variada naturaleza que eran de importancia fundamental en la tradición cristiana.

Con independencia de la enorme relevancia que tiene el hecho de que esos textos constituyesen, o no, parte de un tratadito sobre aspectos rituales del cristianismo, o puede que de otra naturaleza, lo que también es, sin duda importante, es el contenido de los textos. Ya hemos dicho antes que se trata de textos de carácter informativo, elaborados con un lenguaje sencillo, claro y de exposición sintética, al menos a juzgar por la forma en la que nos han llegado. Así las cosas, no estamos, pues, ante textos que fueran compuestos para lectores avezados, ni dirigidos a medios intelectuales. No indagan honduras teológicas, ni se ocupan de cuestiones sacramentales[73], ni siquiera exhiben un tono apologético y mucho menos responden a una finalidad polemista[74]. Todo lo contrario, son textos formativos, a modo de tipología homilética, con los que su autor solo pretende dar una explicación breve, clara y sucinta sobre el origen de determinadas prácticas que todo cristiano debe conocer.

De lo que no albergamos duda alguna es de la importancia que revisten estos textos, pues además de lo expuesto anteriormente, también nos permiten vislumbrar que sean parte, probablemente, de un manual utilizado en escuelas cristianas andalusíes, que sitas en iglesias y en monasterios, ofrecían entre otras materias de aprendizaje el estudio de la lengua árabe y su cultura[75]. Los *magistri* de estas escuelas, atendidas por clérigos (*collegium clericorum*), dispensaban una formación básica sobre prácticas de la tradición cristiana, pues un aspecto esencial de la enseñanza era la instrucción sobre la doctrina y principios de la iglesia[76]. Estas escuelas, ya fuera en basílicas o en monasterios, desempeña-

[73] Sobre este asunto, véase Marius Férotin, *Liber mozarabicus sacramentorum et les manuscrits mozárabes* (Paris: Librairie de Firmin-Didot et Cie, 1912).

[74] Véase al respecto Burman, *Religious Polemic.*

[75] Dominique Millet-Gérard, *Chrétiens mozarabes et culture islamique dans l'Espagne des VIIIe-IXe siècles* (Paris: Institute d'Études Augustiniennes, 1982), pp. 57, 62.

[76] Justo Pérez de Urbel, *Los monjes españoles en la Edad Media* (Madrid, Ediciones Ancla, 1933), vol. II, pp. 194-195.

ron una labor crucial en la preservación y transmisión de lo que hoy día conocemos como cultura mozárabe, tanto en latín como en árabe, aun cuando el número de los textos en esta última lengua, del que es botón de muestra el presente caso, sean realmente exiguos[77].

Por último, estos cinco textos suscitan una cuestión añadida, también difícil de resolver por el momento. Dicha cuestión, además, atiende a un doble planteamiento: en primer lugar, no podemos asegurar con total certidumbre que las citas de los textos preservadas por al-Imām al-Qurṭubī en su *I'lām* son una cita literal del texto original del autor mozárabe o, por el contrario, son una adaptación o selección realizada por el autor musulmán, que pudo haber adecuado el texto original de acuerdo con sus necesidades polemistas. En segundo lugar, como ya hemos avanzado unas páginas atrás, carecemos de evidencias con las que saber si los cinco textos fueron compuestos originalmente en latín y luego fueron traducidos al árabe o por el contrario fueron compuestos originalmente en árabe.

Sobre este segundo aspecto, nos inclinamos a pensar que pudo ser así, que Ḥafṣ b. Albar al-Quṭī, o quien fuese su autor si la atribución de los textos a este autor no es correcta, hubo de componer en árabe el opúsculo del que formarían parte estos cinco textos. Evidencia no tenemos ninguna, pero el nivel de arabización del que gozaba la población urbana cristiana a finales del siglo IX y comienzos del X permite siquiera aventurar esta posibilidad, que por otro lado no hubo de ser *rara avis* en este tipo de materiales de naturaleza instructiva. De hecho, si al-Imām al-Qurṭubī tenía acceso en el siglo XIII a materiales compuestos en los siglos IX o X, puede ser esta una evidencia externa no solo de la existencia de este tipo de obras, sino de que estos textos circulaban en árabe desde hacía tiempo.

Es verdad que el hecho de que un tratadito como este circulase por al-Andalus desde tiempo atrás no prueba que fueran compuestos

---

[77] Juan Pedro Monferrer-Sala, «Cenobios cordobeses durante los siglos IX y X», en Antonio Ramos Millán *et alii* (eds.), *La historiografía de los estudios monásticos en España: Entre el cristianismo y el islamismo, monjes, morabitos y frailes* (Granada: EUG, 2022), pp. 185-207.

originalmente en árabe. Ahora bien, permítasenos añadir algo más en apoyo a nuestra hipótesis de un original árabe del supuesto opúsculo; a saber: que los textos –que, no lo olvidemos, pueden haber sido retocados por al-Imām al-Qurṭubī– presentan un registro clásico, que no solo se halla libre de interferencias del medio coloquial, sino que no exhibe ningún calco, sintáctico ni léxico, ni préstamo latino o iberorromance[78] alguno que pueda dar idea de que estemos ante una traducción árabe hecha a partir de un original latino, como pudiera ser el caso del segundo texto. En este, al referirse a la séptima festividad, el descenso del Espíritu sobre los apóstoles, es decir Pentecostés, no se usa el término bajo-latino *pentecoste*(*n*)[79] ni el iberorrománico *binṭīqusṭī* o una de sus variantes[80].

Cierto que no siempre es fácil detectar cuál pueda ser el término que esté detrás del término traducido y este, en consecuencia, puede pasar fácilmente desapercibido: *v.gr.* el arameismo *qurbān*, que obviamente puede ser traducción del latín *oblatio*. Pero somos plenamente conscientes de que esta estrategia tampoco resuelve el problema, aunque por el momento es lo único que podemos aducir a favor de la hipótesis de un original árabe, a tenor de los datos con que contamos.

---

[78] *v.gr.* Francisco Javier Simonet, *Glosario de voces ibéricas y latinas usadas entre los mozárabes, precedido de un estudio sobre el dialecto hispano-mozárabe* (Madrid: Establecimiento Tipográfico de Fortanet, 1888), p. 188: *ūqarištiyā*, *efẖāristiyā* (eucaristía); cf. Corriente, Pereira y Vicente, *Dictionnaire du faisceau dialectal árabe*, p. 89: *'wqrštyā*.

[79] Cf. Mellado Rodríguez, *Léxico de los concilios visigóticos*, vol. II, p. 496.

[80] Cf. Simonet, *Glosario*, p. 434; Corriente, Pereira y Vicente, *Dictionnaire du faisceau dialectal árabe*, p. 185: *bntquštan*, *bnṭyqsṭy*.

Veinticuatro
de noviembre
de dos mil venticinco